Religionsbuch

1

Neue Ausgabe für den evangelischen Religionsunterricht

Herausgegeben von
Ulrike Baumann
und Michael Wermke

Erarbeitet von
Ulrike Baumann
Bernhard Böttge
Torsten-Philipp Hubel
Udo Marenbach
Hans Jürgen Rundnagel †
Margret Schoenborn
Anita Schröder-Klein
Michael Wermke
und Tobias Ziegler

Unter Beratung von
Ingrid Käss

Cornelsen

1

Wenn du dieses Kapitel bearbeitet hast, kannst du:

... deine Einzigartigkeit und deinen Wert erklären und beweisen, zugleich aber auch deine Grenzen erkennen.

... dir mithilfe des Schreibgesprächs Klarheit und Übersicht über deine Gedanken verschaffen.

... dir mithilfe der Collage ein Bild von einem Thema machen.

... das Gebet als hilfreich in unterschiedlichen Situationen wahrnehmen und verstehen.

2

Wenn du dieses Kapitel bearbeitet hast, kannst du:

... Geschichten vom Zweifeln und Vertrauen erzählen.

... erklären, warum der Glaube an Gott Menschen ermutigt, sich auf ihrem Lebensweg für Neues zu öffnen.

... verstehen, warum Gottes Segen auf vielfältige Weise erfahrbar ist.

... dir einen Text aneignen und ihn ausdrucksvoll zum Sprechen bringen.

3

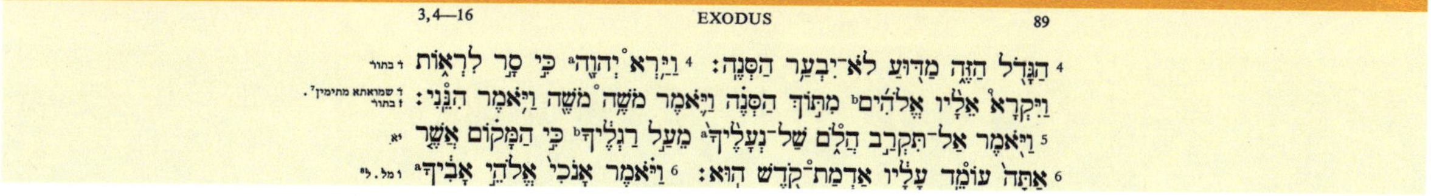

Eine Geschichte, die Hoffnung schenkt 38

Wenn du dieses Kapitel bearbeitet hast, kannst du:

... verstehen, was die Knechtschaft in Ägypten für die Hebräer bedeutete.
... erkennen, welches große Versprechen sich mit dem Gottesnamen JHWH verbindet.
... erklären, warum die Exodusgeschichte bis heute Anlass zur Freude und Hoffnung ist.
... in Liedern Gefühle und Hoffnungen ausdrücken.

4

Gottes Schöpfung – uns anvertraut 54

Wenn du dieses Kapitel bearbeitet hast, kannst du:

... von Vorfällen berichten, die der Umwelt Schaden zufügen.
... solche Ereignisse im Rahmen eines Zeitungstheaters von verschiedenen Sichtweisen her bewerten.
... verstehen, was die Bibel mit Gottes guter Schöpfung meint.
... aufzeigen, warum Gottes Schöpfung uns Menschen braucht.

5

Wenn du dieses Kapitel bearbeitet hast, kannst du:

... erklären, was es bedeutet, dass Menschen als Gottes Ebenbilder bezeichnet werden.
... deine Einzigartigkeit und die Bedeutung von Namen begründen.
... erläutern, warum Menschen oft auch gefährlich handeln.
... beschreiben, wie Menschen mit ihren Gaben für andere da sein können.
... Bilder beschreiben und deuten und mithilfe von kreativen Methoden mit ihnen arbeiten.

6

Wenn du dieses Kapitel bearbeitet hast, kannst du:

... beschreiben, wie die Menschen damals in Israel lebten.
... erklären, warum die Menschen so sehr auf den Messias warteten und wie sie Jesus sahen.
... Jesu Handeln, seine Botschaft und das Ende seines Lebens besser verstehen und anhand von Standbildern nachvollziehen.
... mit anderen in kreativen Aufgaben der Frage nachgehen, was Jesus für uns heute bedeutet.

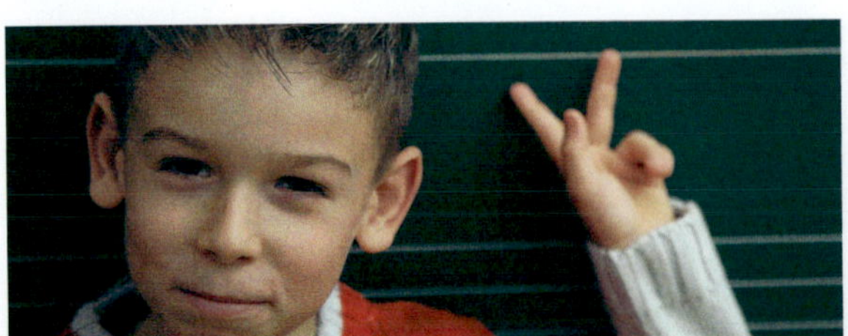

7

Furchtbar streiten – fruchtbar streiten 110

Wenn du dieses Kapitel bearbeitet hast, kannst du:

... Ursachen, Beginn und Folgen eines Streites erkennen.
... das 5. und 8. Gebot als Hilfe gegen Unfrieden verstehen und nutzen.
... Regeln anwenden, die eine Einigung trotz unterschiedlicher Standpunkte ermöglichen.
... Maßnahmen gegen Streitstifter und Mobbing planen und durchführen.

8

Orientierung auf einem langen Weg 124

Wenn du dieses Kapitel bearbeitet hast, kannst du:

... erläutern, wie du in deinem Leben durch andere begleitet worden bist.
... wichtige Stationen in der Geschichte des Volkes Israel darstellen und erklären, wie Gott Menschen begleitet hat.
... begründen und Beispiele dafür nennen, dass Gott besonders für die da ist, die benachteiligt und missachtet werden.
... darstellen, dass Gott dafür steht, dass der Mensch nicht über alles verfügen darf, sondern im Vertrauen auf Gott Mitgefühl und Verantwortung für andere entwickelt.

9

Wenn du dieses Kapitel bearbeitet hast, kannst du:

... über die Entstehung und Ausbreitung des Christentums, ihre Konflikte und Feste berichten.
... die Bedeutung der Taufe und des Abendmahls verstehen.
... Unterschiede zwischen der evangelischen und katholischen Kirche erklären.
... die Geschichte deiner Kirche erforschen.

10

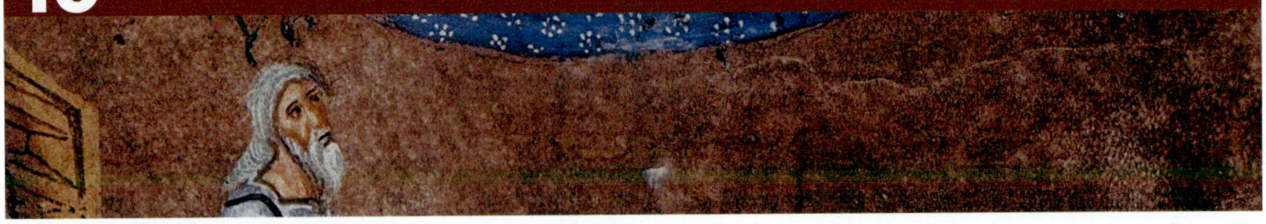

Wenn du dieses Kapitel bearbeitet hast, kannst du:

... erklären, warum sich Juden, Christen und Muslime als Kinder Abrahams bezeichnen.
... nachvollziehen, wie Juden, Christen und Muslime ihren Glauben, ihre Geschichte, ihre Feste und ihr Leben in Deutschland leben.
... die Religionen mithilfe einer Mindmap genauer betrachten und wertschätzen.
... einen Stadtrundgang der Religionen vorbereiten.

11

Wege zur Bibel finden 174

Wenn du dieses Kapitel bearbeitet hast, kannst du:

... die Vielfalt der Bibel nachvollziehen und wichtige Erzählungen darin finden und verstehen.

... darstellen, wie die Bibel entstand und in welchen Sprachen sie verfasst ist.

... Unterschiede der jüdischen, katholischen und evangelischen Bibelausgaben benennen und Gründe dafür darlegen.

... herausfinden und Beispiele nennen, wie die Bibel für Menschen Bedeutung gewinnt und ihr Handeln bestimmt.

METHODEN

1

Psalmen* sind Gebete zu Gott.
Im Psalm 139 bittet der Beter Gott,
dass der ihn auf seinem Lebensweg leite.
Er ist sich ganz sicher, dass Gott immer in seiner Nähe ist,
ihn schützt und ihn bis in die geheimsten Gedanken hinein kennt.
Er dankt Gott dafür, dass der ihn geschaffen hat:
Ich bin so wunderbar gemacht.
Durch Umstellen der Worte entsteht ein Gedicht,
dessen Sätze Unterschiedliches betonen:

Ich bin so wunderbar gemacht

ICH BIN SO WUNDERBAR GEMACHT

SO BIN ICH WUNDERBAR GEMACHT

SO WUNDERBAR BIN ICH GEMACHT

SO GEMACHT BIN ICH WUNDERBAR

SO BIN ICH

ICH BIN SO

1. Beschreibt das Mädchen. Was mag es denken, während es in den Spiegel schaut?
2. Was geht in dir vor, wenn du dich im Spiegel lächeln siehst?
3. Welcher Satz des Gedichts könnte zu deinen Gedanken und Gefühlen passen? Begründe deine Wahl.

Altes machen – Neues machen

Wie immer – wie niemals zuvor

Gehen, wie immer
Nach Hause, zur Schule,
zum Supermarkt, ins Bett

Gehen, wie niemals zuvor
Tipp, tapp, tippetitapp, tapp: tah! –
den ersten Schritt im Stolpertritt,
den letzten mit gestyltem Haar.

Reden, wie immer
Danke, bitte, guten Tag.
Wie war's? Okay!

Reden, wie niemals zuvor
Ein Müsli für des Wolkenhammels Frau,
die färbt darauf den Bauch tiefblau.
Den Wolkenhammel ärgert das:
Er macht das Rumpelstilzchen nass.

Denken, wie immer
Immer ich. Alle ärgern mich. Ey!
Das ist gemein!

Denken, wie niemals zuvor
Wenn ich die Mücken stechen könnte
und Autos, die zu schnell sind, stoppen,
wenn mein Freund Donald wär', die Ente,
die mutig watschelt und laut quakt
und Abenteuer mit mir wagt,
könnt ich die Bösen all' verkloppen:
Mir würde niemand widersteh'n und
wer's versucht, der wird ja seh'n.

Träumen, wie immer
Reich, schön, wichtig, stark sein!

Träumen, wie niemals zuvor
In einen Leuchtturm sich begeben,
wir beide sind dort ganz allein
und heben ab im Abendschein,
der Turm beginnt ganz leicht
zu schweben
und wendet sich zur Pirouette,
er dreht sich steil hinein ins All,
tief unten auf dem Erdenball
verschwinden Flüsse, Berge, Städte.
Wir lesen unser Sternenbuch
und leuchten Himmelskörper an,
decken den Tisch, denn dann und wann
kommt Gott mal eben zu Besuch.

Katrin Marenbach, 1990

1. Auch ihr könnt Dinge das erste Mal auf dieser Welt tun: Beginnt mit einer ausgefallenen Schrittfolge oder einem besonderen Satz.
2. Erfindet eine Geschichte über das, was das Mädchen in der Mitte des Bildes erlebt. Woher kommt sie? Wohin geht sie? Was macht sie in dieser wundersamen Umgebung?
3. Klebt eine eigene Collage zu einem Traum.
4. Was verbindet Gott und Mensch, wenn sie etwas »Neues machen«? Was unterscheidet sie?

Methode **Eine Collage gestalten**

Du schaffst etwas ganz Neues und bringst die Betrachter auf ganz neue Gedanken. Ganz Neues zeigen Bilder, die man wegen ihrer Machart Collage nennt (Collage: frz. coller – festkleben). So gehst du vor:

- Du wählst ein Thema, in das unterschiedliche Vorstellungen, Gedanken passen: Solche Themen sind Träume, Wünsche, Zukunft, Umwelt ...
- Du schneidest aus Magazinen, Werbung, Fotos, Postkarten, Zeitungen, auch Stoffen Bilder aus, die zum Thema Unterschiedliches beitragen können.
- Du legst Bilder auf farbigen Karton und probierst mögliche Verteilungen, Häufungen, Kontraste aus. Du kannst mit der Schere einzelne Bilder weiter bearbeiten – so wie du sie brauchst.
- Du entscheidest dich für eine endgültige Anordnung der Bildelemente und klebst sie auf das Kartonblatt.
- Du schaffst mit Pinsel und Farbe zusätzliche Verbindungen, Akzente (Betonungen).

Leistung bringen – Grenzen erkennen

Julians Einsatz

»Ob sie mich mitspielen lassen?« Julian konnte an nichts anderes denken. Es hing ja so viel davon ab: Er würde dazugehören, er würde mit der Mannschaft für die Klasse auflaufen, alle Mitschüler würden klatschen, sie anfeuern und auch ihn damit meinen. Und Anna wäre auch dabei und würde ihn bewundern. Gerade dann, wenn das Spiel schon verloren schien – etwa in der letzten Spielminute – würde er sich durchdribbeln und dann – Julian wurde in seinen Gedanken jäh unterbrochen. »Musst du nicht los?«, fragte ihn seine Mutter. Er machte sich auf den Weg zum Sportplatz. Seine Sachen hatte er längst gepackt: Die neuen Fußballschuhe, das neue Trikot, sein ganzes gespartes Taschengeld war dafür draufgegangen. Nein, er hatte nichts versäumt. Sogar Gott hatte er dringend um Hilfe gebeten. Und immer wieder hatte er trainiert. »Von nichts kommt nichts«, hatte der Sportlehrer gesagt. Nein, da hatte er sich nichts vorzuwerfen. Es war nur so gemein: Torsten trainierte wenig, und alles, was er auf dem Platz machte, war so mühelos, so sicher. Er gehörte dazu, obwohl er gerade neu in die Klasse gekommen war. Er war ja auch stärker und schneller. Und leider guckte Anna im Unterricht häufig zu ihm hin.

Julian hatte inzwischen den Sportplatz erreicht.

Er war einer der ersten, der sich umzog. »Ich kann ja Verteidigung spielen«, sagte er etwas atemlos, als er auf Ulf, den Mannschaftskapitän, zuging. Der sah kurz zu ihm hin und murmelte: »Mal sehen.«

Inzwischen kamen alle anderen Spieler. Und es ging sehr schnell: Jeder nahm seinen Platz ein. Jeder wusste, was er spielen würde. Es war alles ausgemacht. Und Julian konnte nur denken: »Wozu haben sie mich überhaupt herbestellt?« Ulf schien etwas von Julians Gefühlen mitzubekommen, denn er kam ein wenig verlegen auf ihn zu und sagte: »Das finde ich ganz prima, dass du da bist. Wenn einer verletzt ist oder schlapp macht …«

Julian drehte sich um und ging auf die Tribüne. Nein, es wurde keiner verletzt, und es machte keiner schlapp, und man wechselte ihn nicht ein, und das Spiel lief bis zum Ende hervorragend, und das erste Tor fiel nicht in der letzten Spielminute. Nein, alles passierte ohne ihn, und alle jubelten und trommelten, als Torsten das dritte und vierte Tor schoss. Sie freuten sich, dass sie mit dem Neuen einen so starken Spieler in die Klasse bekommen hatten. Und von dem schien Anna besonders viel zu halten – so oft, wie sie zu ihm hinguckte.

Um den Ersatzspieler kümmerte sich nach dem Schlusspfiff niemand: Julian packte langsam Trikot und Fußballschuhe ein und hörte, wie der große Pulk seiner Klassenkameraden sich jubelnd und lärmend entfernte.

1. Schreibt die Gedanken auf, die Julian vermutlich durch den Kopf gingen, während er nach dem Spiel seine Tasche packte. Was hat Julian über sich erfahren?
2. Besprecht, ob nach einem Scheitern das Schlaraffenland zu einem begehrten Ziel werden könnte.
3. Die beiden Bilder heißen »Das Schlaraffenland« und »Die Bauarbeiter«. Beschreibt die Menschen, die in den beiden Bildern dargestellt sind.
4. Zu welcher Gruppe möchtet ihr lieber gehören: Zu den Bewohnern des Schlaraffenlands? Zu den arbeitenden Menschen? Oder zu einer ganz anderen Gruppe?

Pieter Brueghel d. Ä., 1567

Das Schlaraffenland
Im Märchen vom Schlaraffenland heißt es: Der echte Schlaraffe kann nichts als schlafen, essen, trinken, der Faulste wird zum König des Landes gemacht und hat ein großes Einkommen. Die schönste Kleidung wächst überall auf Bäumen, die Spanferkel laufen gebraten umher, das leckerste Geflügel fliegt einem zubereitet direkt in den Mund.

Fernand Léger, 1950

Freundschaft halten

Die Wahl

Alles machten sie zusammen – schon seit dem Kindergarten. Und deshalb wurden sie auch »die Zwillinge« genannt, obwohl sie einander überhaupt nicht ähnlich waren: die blonde Katrin, die viel lachte, immer einen witzigen Spruch wusste, sich energisch durchsetzte, und die dunkelhaarige Maren, die etwas verträumt und schüchtern war. »Warum konnten wir nicht bei Hilke, Esther und all den anderen bleiben, warum mussten wir hierher?«, beklagte sie sich mit leiser Stimme. Sie waren beide als einzige aus ihrer alten Grundschulklasse in diese Schule übergewechselt, während sich der größte Teil der neuen Mitschülerinnen und Mitschüler schon seit dem ersten Schuljahr kannte. Katrin lachte ihre Freundin aus: »Du wirst sehen, wie schnell wir uns mit allen gut verstehen werden, bald wird es wieder so sein wie in unserer alten vierten Klasse.« Diesmal aber hatte Katrin die Lage wohl doch etwas zu rosig eingeschätzt, und daran waren vor allem »die Fünf« schuld. »Die Fünf« hielten wie Pech und Schwefel zusammen und waren selbst in den Pausen unzertrennlich, sie trafen sich nachmittags zum Spielen und luden sich gegenseitig zu den Geburtstagen ein. Darüber erzählten sie dann viel: Einer der Väter hatte »die Fünf« zu einer Fahrradtour abgeholt, ein anderer hatte sie zu einer Kanufahrt eingeladen – mit Übernachtung in einer Scheune im Heu. Klar, dass auch Julia, die Klassensprecherin, aus dieser Gruppe stammte, klar auch, dass jeder gern zu dieser Gruppe gehört hätte.

Wer zu wem gehört, musste entschieden werden, als die Klassenfahrt nahte. »In der Jugendherberge werdet ihr in Sechsbettzimmern untergebracht«, hatte ihre Lehrerin sie informiert. »Am besten bildet ihr bereits jetzt Sechsergruppen, eine Woche in einem gemeinsamen Zimmer – da ist es schon gut, wenn man sich versteht.« »Und wir sind wieder einmal übrig und werden dahin gesteckt, wo zum Schluss noch Platz ist«, murmelte Maren ein wenig traurig, als Katrin sie achselzuckend ansah.

Doch es sollte ganz anders kommen: Es war in der großen Pause, als sich Julia aus der Gruppe der »Fünf« löste und quer über den Schulhof zielbewusst auf Katrin zusteuerte, die gerade mit Maren einen Schokoriegel teilte. »Wir müssen mit dir reden«, sagte sie ohne weitere Erklärung. Katrin schlug das Herz bis zum Halse, als sie Julia zur Gruppe folgte. Maren ahnte, was kommen würde und schickte ein Stoßgebet zum Himmel: »Bitte nicht ..., nur das nicht ...« Währenddessen erfuhr Katrin von ihrem Glück, das ihr dann in der Runde strahlender Gesichter feierlich mitgeteilt wurde: »Wir haben dich als sechste für unser Zimmer gewählt.« »Weil du zu uns passt«, fügte eine andere hinzu und meinte grinsend: » ›Die Fünf‹ könnten mal einen neuen Namen gebrauchen, ›Die Sechs‹ klingt doch auch nicht schlecht.« Alles lachte, und Katrin war glücklich, sehr glücklich – bis sie zu ihrer Freundin hinüber sah.

Der Schauspieler Jean Belmondo spielt in einem Film den obdachlosen Offizier Monsieur Charles

Ein Mann und sein Hund

Der ehemalige Offizier Monsieur Charles hat mit seinem Hund in der Dachkammer einer Villa zur Miete gewohnt. Dem alten Mann wird gekündigt, weil die Vermieterin seine Anwesenheit als lästig empfindet. Außerdem geht ihr der Hund auf die Nerven, der durch sein Kläffen stört, wenn sie für ihre vornehmen Freunde Klavier spielt. Da Monsieur Charles nun obdachlos und einsam ist, sucht er für seinen Hund einen neuen Besitzer und ein neues Zuhause. Dies ist das letzte Ziel, das der hoffnungslose Mann in seinem Leben noch erreichen möchte.

1. Überlegt, wie die Geschichte »Die Wahl« weitergehen könnte: Welche Fortsetzungen sind denkbar, welche wünscht ihr euch?
2. Spielt die Geschichte mit einem selbst verfassten Schluss.
3. Welche Gründe mag es dafür geben, dass Monsieur Charles der Hund so wichtig ist?
4. Klärt, ob man das Verhältnis zwischen Herr und Hund als Freundschaft bezeichnen kann.
5. Untersucht: Worin unterscheidet sich dieses Verhältnis von Mensch zu Tier von der Freundschaft, wie sie in der Geschichte von Katrin und Maren zum Ausdruck kommt.

Um Hilfe bitten

Kevins Dank

Kevins Mutter hatte es eilig, als sie ihm zurief: »Nimm dir Geld aus dem Portemonnaie – es liegt auf dem Küchentisch – und bring mir zwanzig Briefumschläge mit«.

Kevin hatte kaum mehr Zeit: »Zwei Hefte liniert, eins mit Karos, ein weicher Bleistift, zwanzig Umschläge, und nun los, bevor sie zumachen, « murmelte er vor sich hin. Er hielt sich nicht lange mit Geldzählen auf, sondern stopfte gleich das ganze Portemonnaie in die Hosentasche, schwang sich aufs Fahrrad und hatte schnell den Papierladen erreicht: »Zwei Hefte liniert, eins mit Karos Rand, einen weichen Bleistift! Ja, bitte eine Tüte!« Rasch bezahlen und ab aufs Fahrrad. Kurz vor der eigenen Haustür Vollbremsung: »Nein, die Briefumschläge! Nicht schon wieder dieses Kann-man-sich-denn-gar-nicht-auf-dich-Verlassen!« Also zurück. Vergeblich. Das Geschäft war geschlossen.

»Nicht mein Tag heute«, dachte er, bis ihm seine Klassenkameradin Lela begegnete. Nun konnte es ja doch noch ein erfreulicher Tag werden. »Gehen wir ein Eis essen«, schlug Kevin vor. »Leider habe ich kein Geld dabei«, bedauerte Lela. Aber Kevin beruhigte sie: »Ich habe genügend mit, ich kann mir etwas von meiner Mutter leihen« und griff in die rechte Hosentasche.

Ein Entsetzensschrei: »Nein, das darf nicht wahr sein!« Die Hosentasche war leer, die linke auch, fieberhaftes Durchsuchen der Jacke – nichts! Ihm schossen die Tränen in die Augen. Als Lela mitleidig fragte: »Ist es denn viel Geld?«, konnte er nur noch schluchzen: »Geld und Führerschein und Ausweis meiner Mutter. Wenn das alles weg ist, gibt es furchtbaren Krach zu Hause, und meinen Geburtstag kann ich auch vergessen und ...« »Nun lass uns in Ruhe suchen, wo könntest du es noch gehabt haben?« Sie gingen den ganzen Weg ab und suchten sorgfältig. Vergeblich. Hatte es Kevin bei der Vollbremsung kurz vor der Haustür verloren? Auch dort war nichts zu finden. Je länger sie suchten, desto mehr setzte sich in ihm ein Gedanke fest: »Lieber Gott, ich weiß ja, dass ich mich zu wenig um dich kümmere, aber bitte, besorg mir das Portemonnaie wieder, bitte!« Vergeblich. »Vielleicht findet es ja jemand und bringt es zum Fundbüro«, versuchte Lela zu trösten. Kevin schüttelte mutlos den Kopf: »Wer lässt sich schon so viel Geld entgehen!«

Lela begleitete ihren Freund bis zur Haustür, und sie war es, der ein weißer Zettel an der Tür auffiel. »Sehen Sie in den Briefkasten!«, stand darauf gekritzelt. »Nun mach schon«, drängelte sie, als er den Kasten aufschloss und einen braunen Umschlag herausholte. Kein Absender, keine Adresse. Er riss ihn auf, griff hinein, holte das Portemonnaie heraus, öffnete es mit zitternden Händen: Papiere, Geld, alles da. Tiefes Durchatmen. Dann Kevins lautes »Danke!« Ein wenig bedauernd sah Lela auf den unbeschriebenen Umschlag, als sie fragte: »Danke – an wen?«

Eine Mutter in Seoul/Südkorea am Prüfungstag ihrer Tochter vor dem Haupttor der Schule

In Südkorea müssen alle Schülerinnen und Schüler die Abiturprüfungen am selben Tag ablegen. Etwa 900 000 Mädchen und Jungen kämpfen dann von morgens bis abends um die Noten. Nach Auffassung vieler Koreaner entscheidet sich mit dieser Prüfung der weitere Lebensweg – Wahl des Berufs, Einkommen, Ansehen.

METHODE **Ein Schreibgespräch durchführen**

Ihr überlegt gründlich, bevor ihr etwas niederschreibt. Ein Schreibpartner bringt euch zur Überprüfung eurer Gedanken, vielleicht auch Änderungen.

So geht ihr vor:

- Das ganze »Gespräch« verläuft nur schriftlich. Besonders intensiv verläuft es zu zweit. Die Dauer wird vorher festgelegt (z. B. 10 Min.).
- Voraus geht zumeist die Darstellung einer Sache, über die man streiten kann, oder eine Geschichte, die Fragen aufwirft.
- Partner/in 1 schreibt einen Satz auf ein Blatt Papier: eine Behauptung, eine Bewertung, eine Antwort auf eine Frage.
- Partner/in 2 bestätigt völlig (mit Begründung), einschränkend (»ja – aber«), widerspricht, widerlegt, erbittet eine Erklärung (»wie meinst du...«), nennt die eigene Auffassung.
- Partner/in 1 antwortet darauf mit neuen Gedanken usw.
- Nach Ablauf der Zeit sehen sich beide das beschriebene Papier an und besprechen: Wo stimmen wir überein? Wo konnten wir uns nicht einigen? Warum nicht?

1. Eine Antwort auf Lelas Frage könnt ihr in einem Schreibgespräch suchen und finden.
2. Beschreibt das Bild. Welche Gedanken könnte die Frau haben?
3. Besprecht, ob die Mutter für ihre Tochter eine Hilfe ist.

Beten und Singen

Autismus ist eine schwere Behinderung, eine Störung, die vor allem die Sprache und Verständigung mit anderen Menschen betrifft. Auch haben autistische Menschen Schwierigkeiten, ihre Verhaltensweisen zu kontrollieren. Diese Störungen können dazu führen, dass die Behinderten von den »Normalen« gemieden werden und sich ihre Einsamkeit verstärkt. Da es autistischen Menschen nicht an Intelligenz fehlt, sehen sie ihre eigene Lage schmerzhaft klar.

Tinas Gebet

Tina ist anders. Wenn ihre Mitschülerinnen schwatzend durch die Gänge laufen, kann es vorkommen, dass sie auf jemanden zugeht, den sie kennt und mag, und ihn auch anfasst, aber zu einem Gespräch kann es nicht kommen. Tina lebt in einer Welt für sich. Sie ist eine Autistin. Früher hätten Menschen mit dieser Behinderung kaum Chancen gehabt, die Mauern zur Außenwelt zu durchdringen. Heute sind Tinas Möglichkeiten größer: Sie kann sich nicht mündlich äußern, sich aber bei Gesprächen über den Bildschirm eines Computers mitteilen. Und so kann sie am Unterricht in einer normalen Schule erfolgreich teilnehmen, indem sie ihre Wortmeldungen schriftlich gibt. Eine ihr vertraute und lieb gewordene Betreuerin hilft ihr dabei. Was in Tina vorgeht, wie sie Dinge lernt, weiß man nicht genau. Aber dass sie klug ist, kann man ihren Beiträgen entnehmen. Sie gebraucht dabei ein Deutsch, das nicht das der gewohnten Umgangssprache ist: Es ist ungewöhnlich, ausgesucht, es ist manchmal die Sprache wie in Gedichten. Einmal ging es im Religionsunterricht um das Gebet. Dabei haben die Schülerinnen und Schüler die Fragen genannt, die beim Beten angesprochen werden:

Wofür bist du dankbar?
Worüber freust du dich?
Was wünschst du dir?
Was macht dich traurig?
Wovor hast du Angst?
Was wünschst du dir für andere?

Zur Erleichterung wurden dann zu diesen Fragen Sätze – blaufarbig – vorgegeben.

Tina schrieb folgenden Text:

1. Ich bin dankbar,
dass einerseits leider am Abend die Liebe endet, aber am Morgen neu erschaffen wird. Dass ich mit dir in die Schule gehen kann.

2. Ich habe mich gefreut,
dass wir in München waren und so viele liebe Menschen getroffen haben.

3. Ich wünsche mir so sehr,
dass mich einer von meinem Autismus erlöst, dass ich normal bin.

4. Es hat mich traurig gemacht,
dass einerseits Kinder mich viel nicht verstehen und mich auslachen.

5. Ich habe manchmal Angst,
dass ich nicht mal probieren kann, zu einer guten löblichen Zukunft zu kommen.

6. Auch für liebe Eltern wünsche ich mir,
dass eine richtige Zukunft für mich abenteuerlich möglich ist.

Fahr nicht schneller, als dein Schutzengel fliegen kann

2009 zum 26. Mal: 40 000 Biker treffen sich in und um den Hamburger Michel zum jährlichen Motorradgottesdienst (MOGO). Viele von ihnen suchen die Verbindung zu Gott und hoffen, dass seine Engel ihnen beistehen. Darum warten sie nach der Predigt auf ihr Lied, auf das Lied »Schutzengel«, das Pastor und Motorradfahrer Erich Faehling geschrieben hat:

Schutzengel
Ich fahr meine Straße,
hab den Wind im Gesicht.
Sie kommt mir entgegen,
andres zählt heute nicht.
Hab die Freiheit im Bauch
und ein Ziel nur im Blick.
Nur nach vorn geht die Straße
und niemals zurück.

Refrain Und ich weiß genau,
denn nur so komm ich an:
Ich fahr nie schneller mein Freund,
als mein Schutzengel fliegen kann.

Da war mal mein Kumpel,
ein echt guter Freund.
Wir hatten Ziele,
hab'n dasselbe geträumt.
War'n oft gut drauf,
bis es neulich geschah.
Und ein wichtiger Mensch
ist nun nicht mehr da.
Refrain
Gottes Engel sind mit uns,
sind für uns da.
Gott schickt uns Menschen,
so kommt er uns nah.
Fahr'n mit uns durchs Leben,
sind ganz dicht dran,
so kann man von Gott erfahren,
dass er helfen kann.
Sind geschaffen für uns,
also denkt immer dran:
Fahrt nie schneller, oh no,
als euer Schutzengel fliegen kann.

Beim MOGO 2009

Während des Gottesdiensts denken die Biker an ihre im letzten Jahr verunglückten Freunde, einige Besucher entzünden Kerzen. Segen und Orgelspiel schließen den Gottesdienst ab. Danach bewegt sich ein 40 Kilometer langer Konvoi von Motorrädern nordwärts zu einem großen Parkplatz in Kaltenkirchen. Dort feiern die Biker – Alte, Junge, Männer, Frauen, Kinder, Jugendliche – und verabreden sich für ein Wiedersehen im nächsten Jahr.

1. Schreibe eigene Fortsetzungen zu den blau gedruckten Sätzen. Worin siehst du Gemeinsamkeiten, worin Unterschiede zu Tinas Gebet?
2. Gebt Erklärungen für den Erfolg des MOGO-Treffens.
3. Warum darf für die Besucher das Lied »Schutzengel« im Gottesdienst nicht fehlen?

Viele Gründe zum Beten

In diesem Kapitel habt ihr gelernt, dass Gebete sich in unterschiedlicher Weise an Gott richten und unterschiedliche Merkmale haben: Sie werden gedacht, gesprochen, gesungen. Man findet eigene Worte oder sie sind sprachlich vorgegeben. Sie erfolgen heimlich, öffentlich, mit anderen Menschen oder ganz für sich allein. Sie sind voller Dankbarkeit, voller Klage, voller Hilferuf, voller Zweifel, voll Vertrauen. Sie bitten für sich selbst oder für andere, die Beistand brauchen. Sie bitten um Hilfe, um Heilung, um Kraft, um Selbstbewusstsein, um Freundschaft, um Schutz, um Trost, um Frieden. Und danken dafür.

DAS WEISST DU

Menschen, die erleben: Ich bin so wunderbar gemacht.
⇢ S. 8

Maren, die ihre Freundin nicht verlieren möchte
⇢ S. 14

Kevins Not und seine Erleichterung
⇢ S. 16

Eine südkoreanische Mutter, die für ihre Tochter hofft
⇢ S. 17

Ein Motorradfahrer denkt an den Unfall des Kumpels.
⇢ S. 19

1. Welche Merkmale haben die Gebete dieser Menschen?
2. Welche Merkmale kommen am häufigsten vor?
3. Welche Erklärung habt ihr dafür?

Gebete gestalten

Bereits am Anfang dieses Kapitels *···⊱S. 8* *habt ihr etwas über Psalmen* erfahren. Weil in ihnen bestimmte geschichtliche Ereignisse vorkommen, kann man auf ihr Alter schließen: etwa 2300 bis 2800 Jahre. Wie sie entstanden sind, warum sie gesungen wurden, kann man in den meisten Fällen nur vermuten. Hinweise geben uns die Inhalte der Psalmen, in denen Klage, Lob, Vertrauen oder Zweifel laut werden.*
Der 91. Psalm handelt von einem Menschen, der Zuflucht im Tempel in Jerusalem sucht. Er begibt sich unter Gottes schützenden Schirm, betet seine Not und bekommt den Zuspruch, der Vertrauen schenkt, ihn tröstet und stark macht. Man bezeichnet diesen Psalm deshalb auch als »Vertrauenspsalm«.
Was für eine Not der Hilfesuchende erlebt hat – ob Krankheit, ob Bedrohung durch Feinde – wissen wir nicht. Auch kennen wir nicht seine Herkunft und seinen Weg, der ihn durch die Wüste, von den Bergen, aus einem Dorf oder einer Stadt geführt haben mag.

Aus Psalm* 91

1 Wer unter dem Schirm des Höchsten sitzt
und unter dem Schatten des Allmächtigen bleibt,
2 der spricht zu dem Herrn:
Meine Zuversicht und meine Burg,
mein Gott, auf den ich hoffe.

4b Seine Wahrheit ist Schirm und Schild,
5 dass du nicht erschrecken musst
vor dem Grauen der Nacht,
vor den Pfeilen, die des Tages fliegen,
6a vor der Pest, die im Finstern schleicht.

10 Es wird dir kein Übel begegnen,
und keine Plage wird sich deinem Haus nahen.
11 Denn er hat seinen Engeln befohlen,
dass sie dich behüten auf allen deinen Wegen,
12 dass sie dich auf den Händen tragen
und du deinen Fuß nicht an einen Stein stoßest.

Raffael, o. J.

4. Tragt die Verse des 91. Psalms und das Bikerlied ···⊱S. 19 hintereinander vor. Eine Hilfe für einen gelungenen Vortrag findet ihr ···⊱ S. 29.
5. Die Biker in Hamburgs Kirche St. Michaelis – der Beter im Tempel: Was haben sie gemeinsam, worin unterscheiden sie sich?
6. Klebt eine Collage mit dem Titel »Schutzengel«. Nutzt dabei die Verse des 91. Psalms und das Bikerlied.

2

1. Wähle eines der beiden Bilder aus und betrachte es genauer. Stelle eine Verbindung zwischen dem Bild und der Überschrift des Kapitels her.
2. Tauscht euch in Kleingruppen über die Bilder aus, die ihr gewählt habt.

Auf dem Weg, doch nicht allein

Gott ruft zum Aufbruch

Auf dieser Landkarte ist der Weg eingezeichnet, den Abram und seine Sippe gingen, von Ur über Haran ins Land Kanaan. Lot ließ sich schließlich in Sodom nieder. Solche umherziehenden Sippen lebten schon über 1500 Jahre v. Chr. Bis heute gibt es Nomaden in Israel, in Afrika und Asien.*

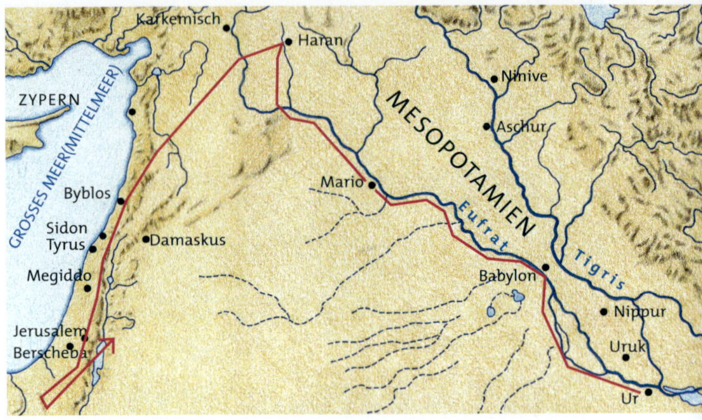

Abrams Weg beginnt

Ur war eine mächtige Stadt im Land Mesopotamien. Starke Könige hat es dort gegeben. Noch stärker erschien den Einwohnern Marduk, ihr streitbarer und kämpferischer Gott. Sie glaubten auch an andere Götter, aber Marduk war der mächtigste. »Herr der Welt« nannten sie ihn. Aus der Stadt Ur stammte Abram, ein reicher Mann. Seine Frau hieß Sarai, und sie war sehr schön. Als beide alt wurden, ließen sie sich in Haran nieder. Sie hatten inzwischen viele Knechte und Mägde, und ansehnliche Viehherden gehörten ihnen. Trotzdem waren sie oft betrübt, denn sie hatten keine Kinder bekommen. Abram verehrte nicht den Gott Marduk, sondern er glaubte an einen anderen Gott. El hieß dieser Gott, und ihm allein vertraute er.

Zwischen Abram, Sarai und ihrem Gott El begann eine besondere Geschichte. Gott sprach zu Abram: »Geh fort aus deinem Vaterland und von deiner Verwandtschaft. Trenne dich vom Haus deines Vaters. Geh in ein Land, das ich dir zeigen will. Ich werde dich zu einem großen Volk machen und dich segnen. Ich werde deinen Namen groß machen, und du sollst für andere ein Segen sein. Ich will segnen, die dich segnen. Wer dir Übles will, den werde ich verfluchen. Durch dich sollen alle Völker der Erde Segen erfahren.«

Großes hatte Abram durch seinen Gott gehört. Reichen Segen wolle er ihm schenken, hatte Gott gesagt. Ihn hatte Gott auserwählt, obwohl es in den Städten Stärkere und Mächtigere gab. Abram kannte das Land nicht, in das er gehen sollte. Noch nie war er dort gewesen, und er wusste nicht, was dort geschehen konnte. Doch Abram vertraute auf seinen Gott. Er zog fort aus der Stadt Haran. Mit ihm gingen seine Frau Sarai und sein Neffe Lot und all ihre Knechte und Mägde. Ihren Besitz luden sie auf ihre Kamele, und auch die anderen Tiere nahmen sie mit, Esel, Schafe und Ziegen. Von jetzt an wohnten sie in Zelten, und sie zogen nach Süden in das Land Kanaan. Ein neues Leben begann.

Nach Genesis 11,27–12,5*

Die Menschen in Mesopotamien verehrten den Gott Marduk. Sie glaubten, dass er die Tiamat, Urgöttin und Tier, getötet hat. Im Kampf habe er ihren Körper zerteilt und daraus Himmel und Erde geformt.

1. Vergleicht den Gott Abrams mit dem Gott Marduk.
2. Das Bild von Marc Chagall stellt die beiden Hauptpersonen unserer Geschichte dar, Abram und Sarai. Was mag Sarai gedacht haben, als Abram so plötzlich ihre Heimat verlassen wollte?
3. So könnte ein Gespräch zwischen den Figuren auf dem Bild von Marc Chagall beginnen: »Das ist ja unglaublich, was du von Gott er-

Marc Chagall, 1956

zählst«, sagte Sarai zweifelnd. »Alles sollen wir verlassen! Viele Nachkommen sollen wir haben! Glaubst du etwa daran?« Setzt das Gespräch fort.

4. Was bedeutet Segen für Sarai und Abram? Was empfinden Menschen heute als Segen? Nehmt zur Beantwortung dieser Frage auch den Text des Liedes zu Hilfe.

Gott sieht und hört

Viele alte Völker hielten Kinder für ein Geschenk der Götter. Kinderlos zu sein, wie es Sarai und Abram lange Jahre waren, bedeutete für die Menschen ein schlimmes Schicksal. Frauen wurden wegen Kinderlosigkeit nicht selten in ihren Großfamilien verachtet. Wenn eine kinderlose Frau eine Dienerin hatte, konnte diese stellvertretend für sie ein Kind bekommen. Es wurde als eigenes Kind der Frau anerkannt.

Nomadenfrau mit Kind

Möge mein Gott, der mir zürnt, umkehren zu mir, möge meine Sünde vergeben und meine Schuld erlassen werden! Ach, Göttin, schenke mir doch Namen und Nachkommenschaft, lass endlich meinen Schoß fruchtbar werden.

Gebet einer Frau aus Mesopotamien, 2. Jahrtausend vor Christus

Sarai und Hagar

Sarai und Abram wurden alt, aber sie hatten immer noch keine Kinder bekommen. Dabei hatte Gott ihnen versprochen, sie zu einem großen Volk zu machen. Was sollte geschehen?

Sarai hatte eine ägyptische Dienerin, die hieß Hagar. Sarai sagte zu Abram: »Heirate meine Dienerin Hagar als zweite Frau. Ich überlasse sie dir. Vielleicht wird sie uns ein Kind zur Welt bringen, einen Sohn.« Abram hörte auf Sarais Vorschlag und nahm auch Hagar zur Frau.

Hagar wurde schwanger. Als sie das merkte, war sie sehr stolz. Sie fühlte sich höher geachtet als Sarai und ihr überlegen. Deshalb beklagte sich Sarai bei Abram: »Mir geschieht Unrecht. Ich habe dir meine Dienerin Hagar überlassen. Seit sie weiß, dass sie ein Kind von dir bekommt, sieht sie auf mich herab und verachtet mich.« Abram aber antwortete: »Sie ist doch deine Dienerin. Behandle sie, wie du willst.« So demütigte Sarai ihre Dienerin Hagar und ließ sie niedrige Arbeiten verrichten. Doch Hagar war stolz. Sie hielt es nicht mehr aus bei diesen Menschen und lief davon. Bei einer Wasserquelle in der Wüste rastete sie.

Dort fand sie der Engel Gottes. »Hagar, Sarais Dienerin«, sprach er sie an, »wo kommst du her und wo willst du hin?« Sie antwortete: »Ich bin vor Sarai, meiner Herrin, geflohen.« Der Engel Gottes sagte zu ihr: »Geh wieder zurück zu ihr und gehorche ihr in allem. Sieh, du bist schwanger geworden und wirst einen Sohn zur Welt bringen. Du sollst ihn Ismael nennen. Deine Nachkommen werden einmal so zahlreich sein, dass niemand sie mehr zählen kann.« Hagar war sich sicher, dass Gott mit ihr gesprochen und sie in ihrem Elend gesehen hatte. Deshalb dankte sie ihm und rief: »Du bist der Gott, der mich sieht.«

Hagar kehrte zurück und brachte dem Abram einen Sohn zur Welt. Sie nannten ihn Ismael. Das bedeutet »Gott hört«.

Nach Genesis 16,1–15*

Auch Hagar und Ismael hat Gott zahlreiche Nachkommen verheißen. Die muslimischen Gläubigen führen sich auf Ismael zurück. Im Kapitel »Wir sind Kinder Abrahams« *→S. 158 ff* *könnt ihr mehr darüber erfahren.*

Alexej von Jawlensky, 1921

1. Beschreibt das Gesicht auf dem Bild von Alexej von Jawlensky.
2. Vielleicht hat Sarai einmal einen solchen Gesichtsausdruck gehabt, vielleicht ein anderes Mal Hagar.
   - Schreibt Gedanken auf, die den jeweiligen Personen durch den Kopf gegangen sein könnten.
   - Prüft anschließend, ob ihr solche Gedanken auch von euch selbst kennt.
3. Durch Hagar und Ismael lernen wir verschiedene Eigenschaften Gottes kennen: Er spricht nicht nur, sondern er kann auch sehen und hören. Warum waren gerade diese Eigenschaften Gottes für Hagar wichtig?

Francesco dei Franceschi, 1450

Gott schickt Boten

Engel-Tage
Manchmal wünsche ich,
ein Engel käme und nähme mich in die Arme,
wenn alle anderen mir die kalte Schulter zeigen.
Manchmal wünsche ich,
ein gutes Wort dringt an mein Ohr,
wenn die schlimmen Nachrichten
meine Seele lähmen.
Manchmal wünsche ich
einen freundlichen Blick, der mir begegnet,
wenn Blicke mich schneiden
und wir aneinander erstarren.
Manchmal wünsche ich mir einen Engel,
der mich an die Hand nimmt
und mit einem Händedruck mich spüren lässt:
Ich bin mit dir und für dich.
Uwe Seidel

Der Weg zum Leben
1 Bewahre mich, Gott, denn ich traue auf dich.
7 Ich lobe den HERRN der mich beraten hat;
auch mahnt mich mein Herz des Nachts.
8 Ich habe den HERRN allezeit vor Augen;
steht er mir zur Rechten,
so werde ich fest bleiben.
9 Darum freut sich mein Herz
und meine Seele ist fröhlich;
auch mein Leib wird sicher liegen.
11 Du tust mir kund den Weg des Lebens:
vor dir ist Freude die Fülle
und Wonne zu deiner Rechten ewiglich.
Psalm 16, 1, 7–9, 11

METHODE
Einen Text wirkungsvoll vortragen
Kunstvoll gestaltete Texte wie Psalmen* kannst du wirkungsvoll vortragen. Du kannst einen Psalm zum Sprechen bringen, sodass andere mit Interesse zuhören.
So gehst du vor:
- Schreibe den Psalm sauber in dein Heft. Jetzt überlege, wie du ihn später vortragen willst. Welche Wörter möchtest du besonders betonen? An welchen Stellen möchtest du eine Pause machen? Die betonten Wörter kannst du mit Bleistift unterstreichen. An Stellen mit Pausen machst du einen senkrechten Strich.
- Lerne den Text Vers für Vers auswendig. Du behältst ihn besser, wenn du dir für den Vortrag eine bestimmte Gestik, Mimik oder Körperhaltung überlegst. Du erinnerst dich an den Text, wenn du die Bewegung ausführst.
- Verteilt den Psalmtext auf eine Gruppe aus mehreren Sprecherinnen oder Sprechern. Stellt euch nach euren Vorstellungen im Raum auf. Tragt den Text jetzt der Reihe nach vor. Ihr könnt den Vortrag auch mit verschiedenen Rhythmusinstrumenten begleiten.

1. In der Bibel sind Engel Boten Gottes. Auch zu Hagar kommt ein Bote Gottes. Beschreibt die Botschaft, die er ihr bringt, mit euren eigenen Worten. Was hat Hagar von ihrem Engel gelernt?
2. »Du bist ein Engel«, sagen wir manchmal zu einem anderen. Menschen können Boten Gottes sein. Tragt dazu das Gedicht von Uwe Seidel vor. Sucht euch jeweils zu zweit eine Strophe des Gedichts aus. Überlegt, wie der darin enthaltene Wunsch in Erfüllung gehen könnte.
3. Welche Vorstellung von Engeln hat der Künstler Francesco dei Franceschi in seinem Gemälde zum Ausdruck gebracht?
4. Was fällt dir zum Stichwort »Engel« ein? Gestalte einen kurzen Text, der deinen Vorstellungen dazu entspricht. Du kannst dich auch von Uwe Seidels Gedicht oder Psalm 16 anregen lassen.

Gott und das Lachen

Gott segne dich und behüte dich.
Gott lasse sein Angesicht leuchten über dir
und sei dir gnädig.
Gott sehe dich freundlich an
und gebe dir seinen Frieden.
Aaronitischer Segen, Numeri* 6, 24–26*

»Sieh zum Himmel und zähle die Sterne. Kannst du sie zählen? So zahlreich sollen deine Nachkommen sein«, sagte Gott. Abram glaubte Gott. Abram war Gott recht, weil er ihm vertraute.
Genesis 15, 5–6*

Zweifel und Glaube

»Du sollst nicht mehr Abram heißen, sondern Abraham; denn ich werde dich zum Vater vieler Völker machen. Deine Frau Sarai wird auch einen Sohn bekommen. Zum Zeichen dafür sollst du sie von nun an Sara nennen«, das versprach Gott Abraham. Da fiel Abraham auf sein Angesicht und lachte. Er sagte zu sich selbst: »Wir sind doch schon viel zu alt, Sara und ich. Soll nur Hagars Sohn Ismael leben und gesund bleiben.« Aber Gott antwortete: »Es wird sein, wie ich gesagt habe. Sara wird einen Sohn bekommen. Ihr sollt ihn Isaak nennen. Mit ihm und seinen Nachkommen will ich mich verbinden.« Doch die Zeit verging, und immer noch warteten Sara und Abraham auf ein Kind.

Sie hatten ihre Zelte unter den Eichen von Mamre aufgeschlagen. Dort geschah etwas Besonderes. Abraham hatte sich am Eingang seines Zeltes im Schatten niedergelassen. Plötzlich sah er aus der flimmernden Mittagshitze drei Männer auf sich zukommen. »Das sind Gäste«, dachte er, sprang auf und lief ihnen entgegen. »Mein Herr«, bat Abraham würdevoll, »habe ich Gnade vor deinen Augen gefunden, so geh nicht an deinem Knecht vorüber. Man soll Wasser bringen und deine Füße waschen. Danach ruh dich aus im Schatten der Eichen«.

Schnell lief Abraham zu Sara ins Zelt zurück: »Nimm dein bestes Mehl und backe Brot daraus. Ich werde ein zartes Kalb aussuchen. Die Knechte sollen es schlachten und zubereiten für unsere Gäste.« Mit Brot, Milch und Sahne setzte Abraham den drei Männern das gebratene Fleisch vor und aß mit ihnen. »Wo ist Sara, deine Frau«, fragte plötzlich einer der Männer. »Drinnen im Zelt«, antwortete Abraham. »In einem Jahr werde ich wieder zu euch kommen«, sagte der Mann, »dann wird Sara einen Sohn haben.«

Hinter dem Vorhang des Zeltes hatte Sara gestanden und alles mit angehört. Jetzt musste sie lachen. »Nun bin ich alt und soll noch Liebesfreuden erfahren. Mein Mann ist auch alt. Das kann nicht mehr geschehen«, dachte sie bei sich. Doch da hörte sie, wie der Mann Abraham fragte: »Warum lacht Sara? Soll bei Gott etwas unmöglich sein? Wenn ich in einem Jahr wiederkomme, wird Sara einen Sohn haben.« Sara trat hinter der Zeltwand vor. »Ich habe nicht gelacht«, leugnete sie, denn sie hatte auf einmal Angst. »Doch, du hast gelacht«, entgegnete der Mann.

Die drei Männer standen auf und gingen. Nach einiger Zeit aber geschah das Wunderbare. Sara wurde schwanger trotz ihres Alters. Sie gebar dem Abraham einen Sohn, und sie nannten ihn Isaak. Das bedeutet »Lachen«. Jetzt konnte Sara von ganzem Herzen lachen, und sie dankte Gott dafür. Alle, die sie lachen sahen in ihrem Glück, freuten sich mit ihr.
Nach Genesis 17,5, 15–19; 18,1–16; 21,1–7

1. Beschreibt Abrahams und Saras Haltung auf dem Bild von Jan Provost. Worüber könnten sie sprechen, nachdem Sara aus dem Hintergrund vorgetreten ist?
2. Sara und Abraham nennen ihren Sohn »Isaak«. Das heißt »Lachen«. Was soll damit ausgedrückt werden? Bringt mithilfe eines Namenslexikons etwas über eure Namen in Erfahrung.

Jan Provost, um 1600

3. Nicht nur Freude bringt Menschen zum Lachen. Stellt euch gegenseitig Fotos von lachenden Menschen vor; ihr findet sie z. B. in der Werbung oder auf Bildern aus Zeitschriften. Wie wirkt ihr Lachen und worauf führt Ihr die Wirkung zurück?

SCHLÜSSELWISSEN

Segen

Durch Gottes Segen erfahren gläubige Menschen Gottes Begleitung im Alltag, wodurch ihr Leben bereichert wird. Zur Zeit Abrahams wurden Kinder, aber auch die Fruchtbarkeit der Tiere und Felder als Segen betrachtet. Gott verspricht durch Abraham allen Menschen seinen Segen. Der Priester Aaron wünschte den Gläubigen im Segen Gottes Schutz und Freundlichkeit. Bis heute spricht man diesen Segenswunsch am Ende des Gottesdiensts. Die Bibel erzählt, dass Jesus sich den Kindern zuwandte und sie segnete. Sie gehören zu Gottes neuer Welt.
Auch wir Menschen können einander segnen und im Namen Gottes Gutes wünschen. Oft geschieht das bei besonderen Anlässen oder beim Abschied. Das Wort »Tschüss« oder »Tschö« ist eine Kurzform für »adieu«, »Gott befohlen«.

Gottes Wille: Kein Mensch soll Opfer sein

In der Bibel wird eine Geschichte von Abraham und seinem Sohn Isaak erzählt, die Angst machen und erschrecken kann. Trotzdem wurde sie weitergegeben. Vielleicht hat das folgenden Grund: In alten Zeiten glaubten die Menschen an viele Götter. Es waren auch Götter dabei, die Menschenopfer forderten. Andere Menschen glaubten an den Gott Abrahams, an den einen Gott. Sie sagten: »Unser Gott verlangt manchmal viel von uns. Aber er will nicht, dass wir Menschen opfern.« Deshalb erzählten sie folgende Geschichte von Abraham, Isaak und Gott.

Gott fällt Abraham in den Arm

Gott wollte Abraham prüfen, als dies geschah. Gott sprach: »Abraham!« Er antwortete: »Hier bin ich.« Und Gott sagte: »Nimm Isaak, deinen Sohn, den du lieb hast. Geh in das Land Morija und opfere ihn dort auf einem Berg, den ich dir zeigen werde.« Früh am Morgen stand Abraham auf und sattelte seinen Esel. Er nahm zwei Knechte mit sich und seinen Sohn Isaak. Zuvor hatte er Holz für ein Brandopfer gespalten, danach machte er sich mit allen auf den Weg zu dem Ort, den Gott ihm genannt hatte. Nach zwei Tagen sah Abraham von weitem den Berg.

Er befahl seinen Knechten: »Bleibt ihr hier mit dem Esel zurück. Mein Sohn und ich werden auf den Berg gehen. Wenn wir dort zu Gott gebetet haben, werden wir wieder zu euch zurückkehren.« Abraham lud seinem Sohn Isaak das Opferholz auf die Schultern. Er selbst nahm eine brennende Fackel und ein Messer mit. Gemeinsam machten sich beide auf den Weg. Verwundert sprach Isaak seinen Vater an: »Mein Vater!« Abraham antwortete: »Hier bin ich, mein Sohn!« Isaak fragte: »Wir haben Feuer und Holz dabei, aber wo ist das Schaf für das Brandopfer?« »Gott wird schon ein Schaf finden«, entgegnete Abraham, und beide gingen weiter.

Als sie an den richtigen Ort kamen, baute Abraham dort einen Altar und legte Holz darauf. Er band seinen Sohn Isaak oben auf dem Holz fest und griff nach dem Messer. Da rief ein Engel Gottes von oben herab: »Abraham, Abraham!« Er antwortete: »Hier bin ich.« »Tue deinem Sohn nichts an«, rief der Engel, »Gott weiß ja, dass du alles für ihn geben würdest, was dir lieb ist.«

Da blickte Abraham auf und sah einen Widder, der sich mit seinen Hörnern in einer Hecke verfangen hatte. Diesen Widder fing Abraham und brachte ihn als Brandopfer dar. Abraham nannte diesen Ort »Gott sieht«, denn Gott hatte Abraham in seinem Glauben gesehen.

Durch den Engel sprach Gott noch einmal zu Abraham: »Mein Segen gilt. Dein Sohn soll dir nicht genommen werden. Du sollst so viele Nachkommen haben wie Sterne am Himmel und Sandkörner am Ufer des Meeres. Ein Segen sollen sie für die Völker der Erde sein.« Abraham kehrte zurück zu seinen Knechten und zu seinen Zelten. Isaak wuchs auf und wurde ein Mann.

Nach Genesis 22, 1–19*

Schlafende Kinder in einem Lager in Tschetschenien, 2008

Ziegel schleppendes Mädchen, Bangladesch

1. Beschreibt mit eigenen Worten, wie Gott in der Geschichte handelt. Tauscht eure Gedanken dazu aus.
2. Überlegt, wie es zu den Situationen gekommen sein könnte, die auf den beiden Bildern zu erkennen sind. Inwiefern kann man die Menschen hier als Opfer bezeichnen?
3. Was könnte man dagegen tun, dass Menschen in eine solche Lage geraten?

Gott und den Menschen vertrauen können

Und die Mutter sprach: Es werde Licht!
Und es ward Licht.
Und immer, wenn sie sich dem Kind zuwandte,
tauchte sie die Welt in Licht.
Wandte sie sich ab, kehrte die Finsternis zurück.
So schied sie das Licht von der Finsternis.
Das Kind aber nannte das Licht Vertrauen und
die Finsternis Angst.
Und die Mutter sprach: Es werde Vertrauen!
Und es geschah so.
Und sie hörte auf den Ruf des Kindes,
schützte es vor dem Fall von der Treppe,
behütete seine ersten Schritte,
gab ihm zu essen, wenn es schrie,
war wach, wenn es rief.
Und das Kind spürte die Treue,
und es glaubte an sie.
Und panischer Schrecken ergriff es,
wenn es sich verlassen glaubte.
Und es nannte die Treue sein Vertrauen.
Hans-Jürgen Fraas, Hans May

Im Vertrauen verbunden

Um das Jahr 54 nach Christus schrieb der Apostel Paulus einen Brief an eine christliche Gemeinde in Rom. Er erinnerte die Christen dort an Abraham und Sara:

Abraham hat aus Glauben gelebt. Deshalb ist er unser aller Vater. Denn wir sind mit ihm verbunden im Glauben an den einen Gott.
»Du sollst Vater vieler Völker werden«, hatte Gott zu Abraham gesagt. Abraham hatte auf dieses Wort Gottes vertraut und gehofft, wo dem Augenschein nach nichts mehr zu hoffen war. Er wurde im Glauben nicht schwach. Wenn er seine Frau Sara und sich selber ansah, wusste er zwar, dass sie schon viel zu alt für Kinder waren. Aber er vertraute Gott mehr als allem anderen und wurde im Glauben stark. Er war sich gewiss: Was Gott verspricht, kann er auch tun. Weil Abraham so an ihn glaubte, war er Gott recht.
Auch wir sind Gott recht, wenn wir nur glauben: Wir können ihm in allem vertrauen. Gott ist sogar stärker als der Tod.
Nach Römer 4,16–24

Diese Verbindung zu Abraham und Sara halten Christinnen und Christen bis heute fest.

1. Auf diesen Seiten ist vom Vertrauen zwischen Mutter und Kind und vom Vertrauen zu Gott die Rede. Überlegt, was beide Arten des Vertrauens miteinander zu tun haben könnten.
2. Suche dir einen Mitschüler oder eine Mitschülerin. Schließe die Augen und lass dich an der Hand durch die Klasse oder das Schulgebäude führen. Tauscht anschließend die Rollen. Sprecht über eure Erfahrungen: Wann war es leicht, dem anderen zu vertrauen? Wann fiel es schwer?
3. Betrachte das Bild auf der rechten Seite. Stell dir vor, du gingst auf diesem Weg. Wohin könnte er dich führen? Was könntest du unterwegs erfahren? Was machte es aus, wenn dich jemand begleitete?
4. Auch unser Leben können wir uns wie einen Weg vorstellen.
   Wer sollte auf den verschiedenen Strecken deines Lebenswegs mit dir gehen? Auf wen möchtest du vertrauen können?

SCHLÜSSELWISSEN:

Der Weg – ein Bild für das Leben

Oft beschreiben wir unser Leben mit dem Bild eines Weges. Wir machen auf diesem Weg unterschiedliche Erfahrungen. Es tut gut, mit Menschen darüber zu sprechen, die uns begleiten und verstehen. Gemeinsam oder allein verfolgen wir Ziele auf diesem Weg. Abraham und Sara waren zuversichtlich: Gott kennt das Ziel unseres Lebens. Auf dem Weg dorthin sind sie ihm immer wieder begegnet. Bis heute vertrauen gläubige Menschen darauf, dass Gott ihren Lebensweg sieht und sie begleitet.

Heinrich Müller, o. J.

Weg-Geschichten schreiben und vortragen

DAS WEISST DU

In diesem Kapitel habt Ihr erfahren, dass Menschen in ihrem Leben oft zweifeln und ängstlich sind. Aber ihr Vertrauen zu Gott kann auch so stark sein, dass sie sich auf Neues einlassen. Das haben euch die Geschichten von Abraham, Sara und Hagar gezeigt. Ihr habt gelernt, welche Wege sie im Vertrauen auf Gott gegangen sind. Gott begleitete und segnete ihr Leben, so wie er es ihnen versprochen hatte.

O Gott, leite mich mit denen,
die Du rechtgeleitet hast,
und schütze mich mit denen,
die Du schützest!
Nimm mich als Freund unter denen,
die Du als Freund genommen hast;
segne mich in dem, was Du mir schenkst,
und bewahre mich vor dem Übel dessen,
was Du beschlossen hast.
Denn Du bist es, der beschließt,
und niemand kann gegen Dich beschließen,
und wahrlich, niemals ist der erniedrigt,
den Du als Freund nimmst.
Gesegnet und erhaben bist Du, o Herr!
Muhammad

1. Erzähle aus der Sicht einer der drei Hauptfiguren Abraham, Sara oder Hagar eine Geschichte über ihre Zweifel und ihr Vertrauen: Wo beginnt die Geschichte? Was möchte die Person zuerst sagen? Schildere anschaulich den Weg des Geschehens. Beschreibe, wie die Person sich fühlt. Überlege, wie ihre Erzählung enden soll.
2. Trage deine Geschichte in der Klasse vor und höre den Erzählungen der anderen zu.
3. Muslime verehren Abraham als einen Propheten Gottes. Vergleiche die Geschichten über Abrahams Weg in diesem Kapitel mit der koranischen Erzählung auf → S. 164.
4. Was sagt das muslimische Segensgebet über Gott aus? Vergleiche deine Beobachtungen mit dem aaronitischen Segen* → S. 30.

Ein Segensbuch herstellen

METHODE **Ein Mini-Book erstellen**

- Falte ein A4-Blatt der Länge nach in der Mitte.
- Öffne es wieder und falte es der Breite nach in der Mitte.
- Und dann noch einmal in der Mitte.
- Falte es bis auf das Format A5 wieder auf und schneide der mittleren Faltlinie folgend das Papier auf.
- Falte das Papier wieder der Länge nach und schiebe die Enden aufeinander zu, sodass die in der Mitte entstehende Raute sich wieder schließt.
- Durch Umschlagen der Außenflächen entsteht ein achtseitiges kleines Schreibbuch. Hier kannst du kurze Texte festhalten und auch Zeichnungen dazu anbringen.

»Ich will dich segnen und du sollst ein Segen sein. So viele Nachkommen wie Sterne am Himmel sollst du haben. Sie sollen ein Segen für die Völker sein«, das hatte Gott Abraham versprochen. Abraham, Sara, Hagar und ihre Kinder haben etwas von Gottes Segen gespürt. Finde heraus, wie Menschen sonst noch Segen erfahren:

5. »Viel Glück und viel Segen« wünschen wir uns etwa zum Geburtstag. Sammle solche Glück- und Segensworte. Schreibe sie in ein Mini-Book. So kannst du sie immer bei dir tragen.

6. Schreibe eine Segensgeschichte für unsere Zeit in ein Mini-Book: Benutze dazu eines der Bilder auf ➝S. 33. Schildere das Problem der Menschen dort. Finde eine Veränderung, die ihre Lage zum Besseren wendet. Wie endet die Geschichte?

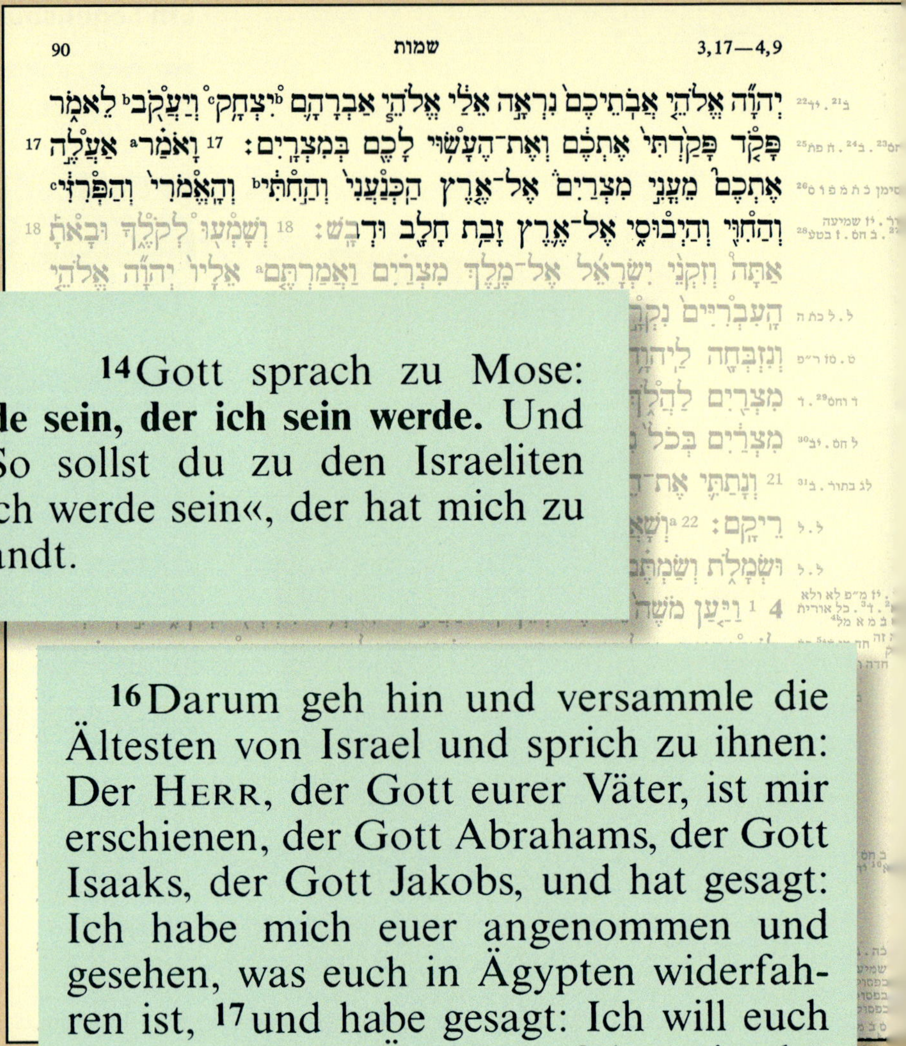
90 שמות 3,17—4,9

3

[14] Gott sprach zu Mose: [a] **Ich werde sein, der ich sein werde.** Und sprach: So sollst du zu den Israeliten sagen: »Ich werde sein«, der hat mich zu euch gesandt.

[16] Darum geh hin und versammle die Ältesten von Israel und sprich zu ihnen: Der HERR, der Gott eurer Väter, ist mir erschienen, der Gott Abrahams, der Gott Isaaks, der Gott Jakobs, und hat gesagt: Ich habe mich euer angenommen und gesehen, was euch in Ägypten widerfahren ist, [17] und habe gesagt: Ich will euch aus dem Elend Ägyptens führen in das Land der Kanaaniter, Hetiter, Amoriter, Perisiter, Hiwiter und Jebusiter, in das Land, darin Milch und Honig fließt.

Brasilianische Mädchen

1. Die Fotos auf der Doppelseite zeigen Menschen, die vielleicht gerade diesen Text aus Exodus* lesen. Was aus dem Text kann ihnen Hoffnung geben?
2. Welche Geschichten verbindet ihr mit Freude und Hoffnung?

Eine Geschichte, die Hoffnung schenkt

*Jüdische Kantorin**

Sederfeier

Leben in der Knechtschaft

Im alten Ägypten herrschte der Pharao als Gott mit unumschränkter Macht. »Mächtiger, siegreicher Stier« war sein Titel. Diese Wandmalerei aus der Grabkammer eines Pharao (um 1450 v. Chr.) zeigt Sklaven bei der Arbeit.

Im Sklavenhaus

Vor 3300 Jahren waren die Ägypter ein reiches und mächtiges Volk. Sie hatten das fruchtbare Niltal mit Kanälen durchzogen. So konnten an beiden Ufern des Flusses Weizen und Gerste, Obst, Gemüse und sogar Wein gedeihen. Die Ägypter trieben Handel mit fremden Völkern. Ihre Beamten verwalteten große Ländereien. Durch eine komplizierte Schrift, die auf Papyrus* geschrieben wurde, verständigten sie sich. Den Beamten waren die Priester übergeordnet. Sie dienten den Göttinnen und Göttern, die man in Ägypten als Herrscher über die Reiche der Lebenden und der Toten verehrte. Wie sie herrschte der Pharao als ein Gottkönig über ganz Ägypten. Er besaß eine starke Streitmacht und viele Schiffe. Die Ägypter glaubten, er regiere überall, wo die Sonne scheint.

Ein solcher Pharao hatte zu Beginn seiner Regierung ein großes Problem. Fremde Menschen waren in Scharen von Norden her nach Ägypten eingewandert. In ihrer Heimat hatten sich Dürre und Hungersnot ausgebreitet. Aber in Ägypten gab es genug zu essen für alle. Deshalb gründeten sie dort Familien und lebten in einfachen Hütten. »Hebräer«* nannte man sie in Ägypten. Dem mächtigen Pharao machten diese Hebräer zu schaffen: »Sie werden immer mehr. Am Ende werden sie stärker sein als wir Ägypter selbst. Wir müssen sie klein halten, denn sonst könnten sie sich eines Tages mit unseren Feinden zusammenschließen und sich gegen uns auflehnen.« Deshalb ließ der Pharao die Hebräer harte Zwangsarbeit verrichten. In den Städten Pitom und Ramses mussten sie in glühender Hitze Steine bearbeiten, damit die Pyramide für den göttlichen Pharao errichtet werden konnte, die größte Grabstätte, die sich je ein Mensch erbauen ließ. Dabei wurden sie von ägyptischen Aufsehern streng bewacht.

In dieser Zeit kam der junge Mose an den Hof des Pharao. Eine ägyptische Prinzessin hatte ihn aufgenommen und ihm eine vornehme ägyptische Erziehung ermöglicht. Zusammen mit anderen Schülern hatte er Lesen und Schreiben gelernt und Einsicht in die Ordnung des Landes gewonnen. Mose wurde ein nachdenklicher junger Mann. Es fiel ihm nicht leicht, sich einzuordnen. Von Geburt war er ein Hebräer, und er spürte auch, dass er anders war als die Menschen in seiner prachtvollen Umgebung.

Eines Tages beobachtete Mose, wie ein ägyptischer Aufseher einen Hebräer packte, der seiner Meinung nach zu wenig gearbeitet hatte. Mit harten Stockschlägen schlug er den Hebräer zusammen. Mose sah, dass der Mann sich nicht wehrte. Da ergriff ihn die Wut. Er stürzte sich auf den Ägypter und schlug auf ihn ein. Doch plötzlich bewegte sich der Ägypter nicht mehr. Mose hielt inne: Der Ägypter war tot. Mose erschrak über seine Tat. Hastig begrub er den Toten im Sand. Als der Pharao von seiner Tat erfuhr, trachtete er ihm nach dem Leben. Mose musste aus Ägypten fliehen.

Nach Exodus 1,8–2,15*

Keith Haring, 1985

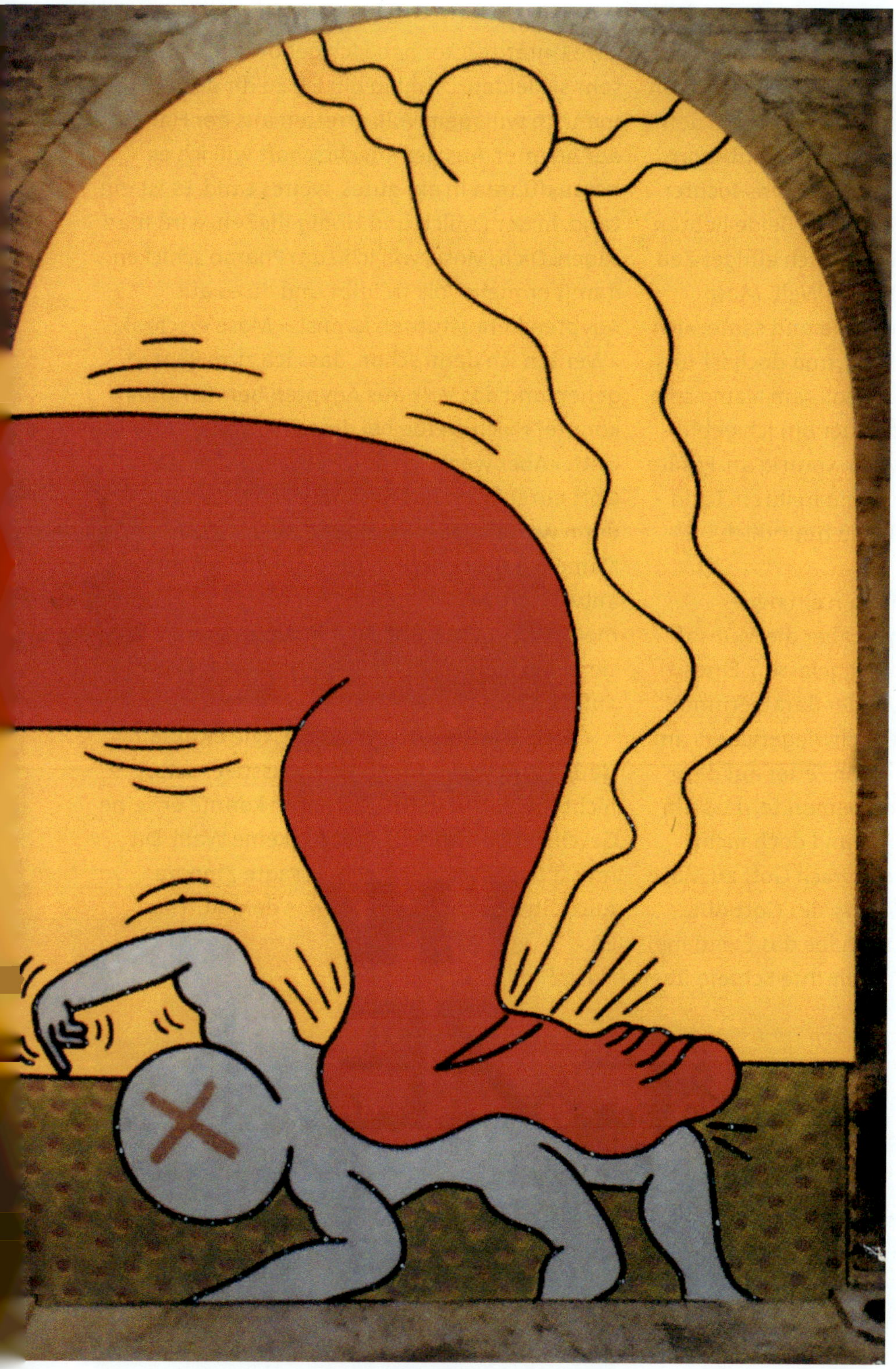

1. Setzt euch in kleinen Gruppen zusammen und bereitet ein Schreibgespräch vor → S. 17. Schreibt auf das Papier, was euch an dem Bild von Keith Haring auffällt. Lest euch anschließend durch, was andere Mitglieder eurer Gruppe geschrieben haben, und schreibt etwas hinzu.
2. Vergleicht das, was auf eurem Bogen steht, mit den Erfahrungen der Hebräer in Ägypten.
3. Findet in eurer Gruppe einen Titel für das Bild von Keith Haring.
4. Welche Gedanken könnten Mose durch den Kopf gegangen sein, als er die Zwangsarbeit der Hebräer sah? Überlegt, ob sich diese Gedanken nach seiner Tat verändert haben.

... in ein Land, wo Milch und Honig fließen

Ich bin da

Lange Zeit irrte Mose in der Wüste Sinai umher. Schließlich kam er von Ägypten weit nach Osten in das Land Midian. Dort fand er Arbeit bei dem Priester Jitro, der ihn in seine Familie aufnahm. Mose erging es gut. Besonders zu Jitros Tochter Zippora fühlte er sich hingezogen. Beide liebten einander sehr und heirateten. Nach einiger Zeit brachte Zippora einen Sohn zur Welt. Mose nahm ihn zärtlich in seine Arme und sagte: »Ich bin ein Gast im fremden Land, und doch ist uns ein Kind geboren. Gerschom soll sein Name sein, denn das bedeutet, ein Fremder bin ich geblieben.« Zippora sah ihren Mann traurig an. Fühlte er sich denn immer noch fremd in ihrem Land und in ihrer Familie, die ihn so freundlich aufgenommen hatten?

In Ägypten hatte inzwischen ein neuer Pharao den Thron bestiegen, aber die Mühsal der Hebräer* hatte nicht nachgelassen. Eines Tages wurde auch Mose wieder daran erinnert. Er hütete die Schafe seines Schwiegervaters am Berg Horeb. Plötzlich sah er ein Feuer auf dem Berg. Er ging darauf zu und bemerkte, dass ein Busch in dem Feuer brannte und doch nicht verbrannte. Aus dem Feuer sprach Gott zu Mose: »Ich bin der Gott deines Vaters, der Gott Abrahams, Isaaks und Jakobs. Ich habe das Elend meines Volkes in Ägypten gesehen. Ihre Schreie über ihre Unterdrücker habe ich gehört. Ich weiß, wie sehr sie leiden. Deshalb bin ich zu dir gekommen. Ich will mein Volk erretten aus der Hand der Ägypter. Aus der Knechtschaft will ich es herausführen in ein gutes, weites Land. Es ist ein Land, in dem Milch und Honig fließen, wird man sagen. Dich, Mose, will ich zum Pharao schicken, damit er mein Volk freigibt und du es aus Ägypten herausführen kannst.« Mose erschrak: »Wer bin ich denn schon, dass ich zum Pharao gehen und das Volk aus Ägypten herausführen könnte?« »Ich werde bei dir sein«, antwortete Gott. »Aber wenn ich den Hebräern sage: Der Gott eurer Väter hat mich zu euch gesandt, dann werden sie mich fragen: Wie ist sein Name?«, entgegnete Mose, »was soll ich ihnen antworten?« Gott sprach: »Ich bin da. Dies ist mein Name. Ihn sollst du dem Volk nennen. Rufe sie in die Freiheit in meinem Namen. Sie werden auf dich hören.«

Große Unruhe erfasste Mose. Wie er in sein Haus zurückgekommen war, wusste er selbst nicht mehr. Nur in Bruchstücken konnte er seine Geschichte erzählen. »Du hast keine Wahl. Du musst nach Ägypten gehen«, sagte Zippora. Auch Jitro bekräftigte: »Tu, was dein Auftrag ist.«

Nach Exodus 2,15–3,17*

יהוה

So sieht der Name Gottes aus, wenn er in den vier Buchstaben JHWH in hebräischer Schrift geschrieben wird. Der größte Teil der Bibel wurde zuerst in Hebräisch geschrieben. Diese Schrift wird von rechts nach links gelesen. Vokale werden gesprochen, aber nicht mitgeschrieben.

SCHLÜSSELWISSEN: **Der Gottesname**
JHWH* stammt von dem hebräischen Verb für »sein« ab, aber der Name lässt viele Übersetzungen zu. »Ich werde sein, der ich sein werde«, »Ich bin bei euch«, »Ich bin immer da«, all dies kann der Gottesname bedeuten. Die Juden begegnen dem Gottesnamen mit großer Achtung. Er ist ihnen heilig, und deshalb sprechen sie ihn nie aus. Überall, wo in der Bibel dieser Name steht, lesen sie ein anderes Wort: Adonaj. Das hebräische Wort »Adonaj« wird in deutschen Bibelübersetzungen mit »HERR« wiedergegeben.

Das Foto zeigt einen alten Obstgarten im Bergland von Israel. In der Mitte ist ein Haus aus Stein zu erkennen. Vielleicht hat sich Mose das Land, das Gott seinem Volk versprochen hat, so ähnlich vorgestellt. Vielleicht träumte Mose davon, mit seiner Familie in diesem Land zu leben.

Milch und Honig waren bei den Völkern des alten Orients Bilder für ein gutes Leben. Milch ist die erste Nahrung und verweist auf die Ursprünge des Lebens. Honig ist ein Zeichen für die Süßigkeit des Lebens und steht für das Glück zu leben.

1. Beschreibt einen Tag aus dem Leben in diesem Land, von dem Mose geträumt haben könnte.
2. Erinnert euch an das Märchen vom Schlaraffenland. Seht auch auf S. 13 nach. Vergleicht das Schlaraffenland mit dem Land, das Gott seinem Volk versprochen hat. Benennt die Unterschiede zwischen beiden Ländern.

Jindra Čapek, 1984

Die Befreiung beginnt

Der Aufbruch

»Elischeba, beeil dich«, rief Aaron seiner Frau zu, als er atemlos ihre Hütte betrat. »Morgen ist es endlich so weit. Wir werden aufbrechen. Back ungesäuertes Brot, das nicht verderben kann, sodass wir lange damit auskommen. Ich werde ein Lamm schlachten, und wir wollen mit unseren Kindern ein letztes Mal in dieser Hütte essen. Die ganze Nacht wollen wir wach bleiben. Noch unseren Enkeln und Urenkeln werden wir von diesem Aufbruch aus der Knechtschaft erzählen.«

Elischeba wunderte sich nicht über Aarons Eile. Seit sein Bruder Mose nach Ägypten zurückgekehrt war, hatte sich alles verändert. Mose hatte ihm von Gottes Auftrag erzählt und von dem verheißenen Land, das nach Milch und Honig roch. Abends hatten sie sich heimlich in die Siedlungen der Hebräer* geschlichen und mit den Ältesten des Volkes gesprochen. Die Hebräer vertrauten Mose und sie glaubten, dass Gott ihre Not gesehen hatte. Alle hatten neue Hoffnung geschöpft. Zusammen mit Aaron hatte er vor dem Pharao gestanden, aber nicht mehr wie ein Untertan.

»Als Sprecher des Gottes der Hebräer komme ich zu dir. Heute ergeht sein Befehl an dich: Lass mein Volk in die Freiheit ziehen«, so hatte Mose gefordert. Doch der Pharao hatte nur gelacht: »Wer ist dieser Gott, dass er mir Befehle geben kann? Ich kenne ihn nicht. Bückt euch unter euren Lasten und formt Ziegel!« Die Zwangsarbeit war schlimmer geworden. Der Weg in die Freiheit erschien wieder unerreichbar. Deshalb waren Mose und Aaron noch einmal vor den Pharao getreten mit der Forderung: »Lass mein Volk ziehen!« Aber der Pharao blieb unerbittlich. Doch es war schlimm bestellt um Ägypten in diesen Monaten. Der Nil führte nicht mehr genug Wasser, und weite Landstriche trockneten aus. Insekten und Frösche wurden zur Plage für die Dörfer, und die Menschen mussten mit Hunger und Krankheit kämpfen. Auch das Königshaus blieb nicht verschont. Der Sohn des Pharao war von einer unheilbaren Krankheit befallen worden. Waren die goldenen Zeiten des Landes vorbei? »Gott hat seine Hand auf die Ägypter gelegt. Er schickt ihnen Plagen, weil sie so hartherzig gegen uns sind«, sagten die Hebräer untereinander.

All das war Elischeba durch den Kopf gegangen, nachdem ein Hofbeamter Aaron und Mose am Morgen erneut in den Palast gerufen hatte. Der Pharao war verzweifelt: »Verschwindet endlich aus unserem Land, ihr und euer gesamtes Volk«, hatte er befohlen. »Zieht fort mit eurem Gott. Seit ihr uns bedrängt, herrscht hier der Tod!«

Jetzt mahnten Mose und Aaron zur Eile, denn sie glaubten nicht, dass ihnen viel Zeit bliebe. Wie Elischeba, ihr Mann und die vier Kinder, so aßen nachts alle hebräischen Familien still ein Lamm in ihren Hütten. Schweigend dachten sie an alles, was Gott mit ihnen vorhatte, und sie vertrauten ihm. Beim Morgengrauen mussten sie hastig aufbrechen. Nicht einmal ihr Brot konnten sie zu Ende backen; sie nahmen den Teig in den Schüsseln mit. So begann der Weg in die Freiheit.

Nach Exodus 4,18–12,51*

Dieses Bild haben jüdische Kinder aus St. Petersburg, denen die Geschichte vom Auszug aus Ägypten erzählt worden ist, 1996 gemalt.

בכל דור ודור חייב אדם לראות את עצמו כאילו הוא יצא ממצרים

1. Der hebräische Satz lautet: »In jeder Generation sollen wir bedenken, dass wir aus Ägypten befreit worden sind.« Wie ist dieser Satz gemeint?
2. Was bedeutet Freiheit für diese Kinder? Worüber freuen sie sich?
3. Gestaltet ein Plakat mit einem Sederteller und erklärt die Speisen, die dort zu finden sind. Informiert euch im Internet unter www.hagalil.de.

Linke Seite:
Im 16. Jahrhundert wurden Menschen aus Afrika nach Amerika verschleppt. Ihre Nachkommen haben dieses Lied komponiert und gesungen.

Schlüsselwissen: **Das Passahfest*** (Pessach)
Der Auszug aus Ägypten sollte der wichtigste Neuanfang in der Geschichte Israels werden. Seit vielen Generationen feiern die Juden, dass sie aus der Knechtschaft befreit worden sind. Das Passahfest im Frühling erinnert daran. Höhepunkt des Festes ist eine große Familienfeier: der Sederabend. Man denkt an die Nacht des Auszugs. Die Speisen auf dem Sederteller stehen mit Knechtschaft und Aufbruch in Verbindung. Auch in Zeiten voll Angst und Verzweiflung erinnern sich die Juden an diesen Aufbruch. Sie vertrauen darauf, dass Gott sie nicht im Stich lassen wird.

Gott führt in die Freiheit

Schon bald nach ihrer Flucht aus Ägypten gerieten die Hebräer vor ein großes Hindernis: Das Schilfmeer versperrte ihnen den Weg. Waren sie in eine Falle gelaufen? Wir wissen heute nicht mehr genau, wo das Schilfmeer gelegen hat. Wahrscheinlich befand es sich im Nordwesten der Halbinsel Sinai. Betrachtet dazu die Karte auf* *···› S. 124f.*

Bedrohung und Bewahrung

Das kleine Volk der Hebräer hatte sich auf den Weg gemacht und mit ihm viele andere Leute, denen die Knechtschaft in Ägypten zu schwer geworden war. Zeltstoffe und Matten, Öl, Krüge und Töpfe schleppten sie mit. Die Tragkörbe des Esels, den Elischeba führte, platzten fast vor lauter Essvorräten. Neben ihr trieb Abihu, ihr Sohn, zwei Schafe und eine Ziege. »Wie langsam sich unser Zug vorwärts schleppt«, bemerkte er. »Ob Mose es schaffen wird, uns so heil durch die Wüste zu bringen?« »Gott wird mit uns sein«, beruhigte ihn seine Mutter. »Er geht uns voran wie eine mächtige Wolke am Himmelsrand und wie ein Feuer in der Nacht.« »Weißt du, was ich merkwürdig finde«, fuhr Abihu fort, »dass Mose immer noch seinen ägyptischen Namen behält. Er gehört doch jetzt ganz zu uns Hebräern und glaubt mit uns an den einen Gott.« »Ja, aber in seiner Jugend hat er viel Gutes im ägyptischen Königshaus erfahren. Er wird durch diesen Namen an die Menschen erinnert, die ihn dort als Jungen gerufen haben. Deshalb kann er ihn nicht einfach ablegen.« »Mutter, wir wandern direkt auf das Schilfmeer zu«, rief Abihu erschrocken. »So ist es ausgemacht zwischen Mose, Aaron und den Ältesten«, erklärte Elischeba. »Mose hofft, dort eine Furt offen zu finden, durch die wir ziehen können, wenn Wind und Wasserströmung günstig sind. Das ist der kürzeste Weg, und wir werden die ägyptische Festungsstraße an der Küste umgehen.« Am Abend konnte sich das ganze Volk am Ufer des Schilfmeers ausruhen.

Der Pharao jedoch bereute bald seinen Entschluss: »Es war falsch, die Hebräer ziehen zu lassen«, sagte er zu seinen Ratgebern. »Wir haben zu viele Arbeiter verloren. Lasst sechshundert Streitwagen anspannen und mit den besten Soldaten besetzen. Wir wollen ihnen nachjagen und sie zurückholen.«

Am nächsten Morgen hatte der Wind das Wasser am Schilfmeer zurückgedrängt. Unter Moses Führung begannen die Hebräer, die Furt zu passieren. Aarons Familie ging am Ende des Zuges. Als sie die Hälfte der Furt durchschritten hatten, tauchten am Horizont ägyptische Streitwagen auf. Die Hebräer schrieen laut vor Furcht. Hastig und voller Verzweiflung gingen die letzten weiter. Elischeba legte ihre Hand fest auf Abihus Schulter. Aber sie hatte entsetzliche Angst. Konnten sie sich auf Gottes Hilfe verlassen? Elischeba lehnte sich in den Wind. Er war wie eine Wand, an der sie entlanggehen konnte, oder wie eine Hand, die auch sie stützte.

Wunderbar bewahrt kamen die Hebräer vollständig ans feste Ufer, da ließ der Wind nach. Noch bevor die Streitwagen die Mitte der Furt erreicht hatten, kehrte das Wasser zurück, mit einer unglaublichen Schnelligkeit. Nicht ein einziger Wagen erreichte das Trockene; sie gingen alle unter. Entsetzt starrten die Hebräer auf das Wasser. »Manchmal verstehe ich Gottes Wege nicht«, flüsterte Elischeba. Ihr Mann Aaron schwieg.

Nach Exodus 13,17–14,31*

Eine jüdische Sage erzählt:
Dem Herrn ist es nicht lieb, dass man jubelt, wenn der Feind fällt. In jener Stunde, als die Ägypter ertranken, wollten die Engel Gottes ein Loblied singen. Er aber rief: »Menschen, von mir geschaffen, gehen unter im Meer, und ihr wollt jauchzen?«

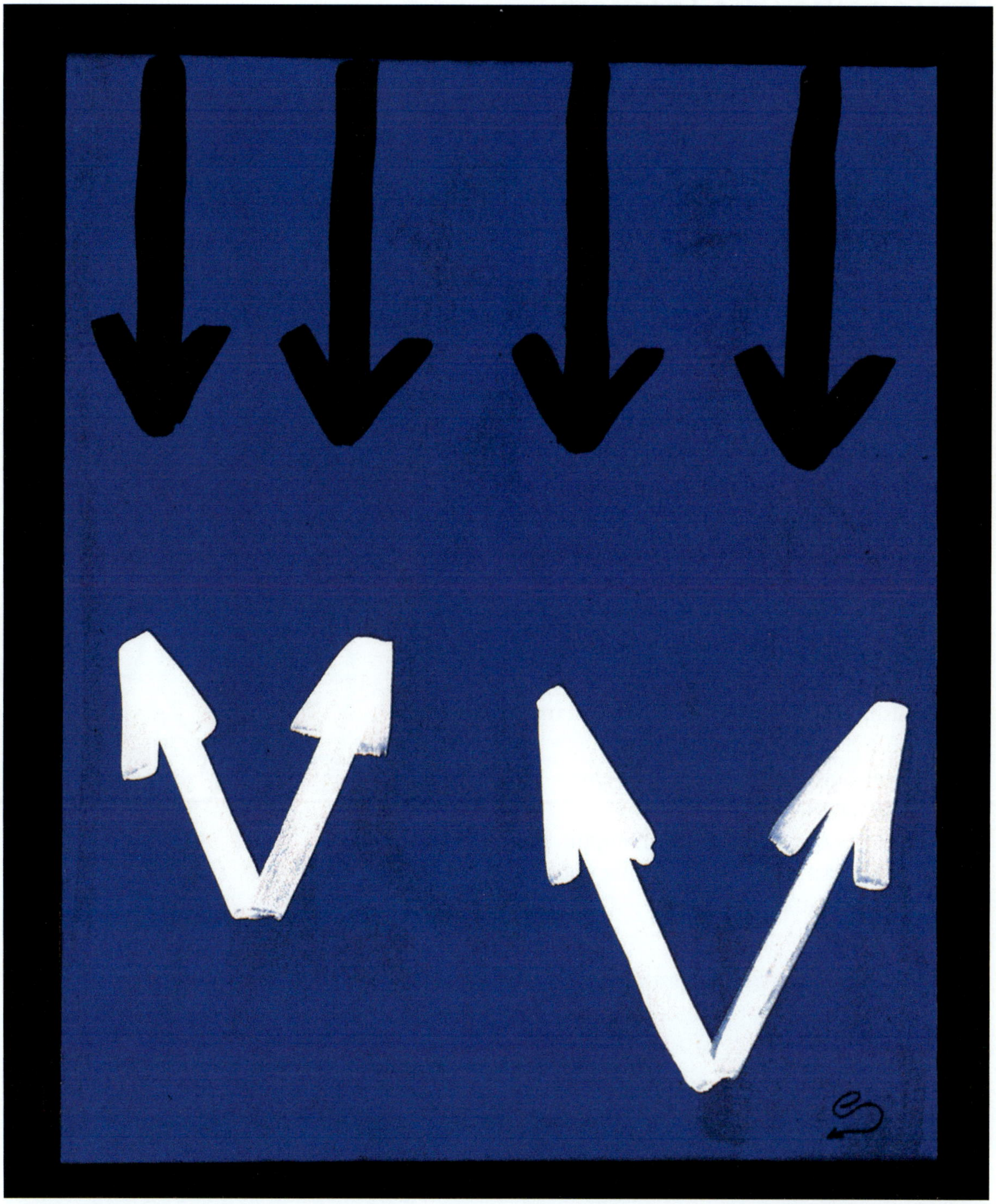

Ellen Schmerbach, 1989

1. Am Schilfmeer haben die Hebräer neue Erfahrungen mit ihrem Gott gemacht. Schreibt auf, was sie in dieser Lage wohl über Gott dachten.
2. Vergleicht diese Gedanken mit der jüdischen Sage.
3. Hoffnung – Hoffnungslos, so lautet der Titel dieses Bildes von Ellen Schmerbach. Versucht, diesen Gegensatz im Bild wieder zu finden. Bezieht eure Eindrücke auf die Geschichte vom Auszug aus Ägypten.
4. Erzählt von Situationen, in denen ihr auf etwas gehofft habt oder euch hoffnungslos gefühlt habt. Drückt diese Gefühle in Farben und Formen aus.

Freude über die Freiheit

Tanzen vor Gott

Bei der Flucht aus Ägypten war den Hebräern* an der Spitze ihres Zuges eine Frau vorangegangen. Mirjam hieß sie. Sie war voller Eifer und lobte Gott mit flammenden Worten. »Preist Gott«, rief sie. »Er hat uns aus der Sklaverei befreit. In ein Land wird er uns bringen, in dem Milch und Honig fließen.«

Wenn das Volk nach einer Rast weiterziehen sollte, rief Mirjam: »Gott geht vor uns her wie eine Feuersäule.« Deshalb nannten sie alle eine Prophetin. Mirjam verstand es, die Menschen mitzureißen. Besonders das Vertrauen der Frauen und Kinder hatte sie gewonnen. Wenn sie müde, ängstlich und zaghaft waren, gaben Mirjams Worte ihnen neuen Mut.

Als sie jetzt das rettende Ufer erreicht hatten, war Mirjam eine der ersten, die zu sprechen begann. Mit Leib und Seele musste Mirjam ihre Freude ausdrücken. Sie griff zur Trommel, tanzte und sang:

»Lasst uns Gott singen, denn er hat eine herrliche Tat getan. Ross und Reiter hat er ins Meer gestürzt.« Alle Frauen folgten Mirjam. Sie sangen und tanzten vor Freude. All ihre Ängste vergaßen sie im Tanz.

Nach Exodus 15,20–21*

Marc Chagall, 1966

METHODE: Lieder erleben, verstehen und gestalten

Mit Liedern kannst du stärker als allein mit Worten Gefühle und Empfindungen zum Ausdruck bringen. Beim Singen ist die ganze Person beteiligt. Deshalb sprechen gläubige Menschen häufig im Gesang mit Gott. Bezieht Lieder in den Unterricht ein:

- Das Lied erleben:
  Werdet ruhig und konzentriert euch. Übt das Lied »Mirjam schlug auf die Pauke« Zeile für Zeile ein. Lasst das gemeinsame Singen wirken.
- Das Lied verstehen:
  Lieder gehen auf Erfahrungen bestimmter Menschen zurück.
  Im Mirjam-Lied erzählen z. B. gläubige Frauen aus unserer Zeit von der Prophetin. Durch die Melodie verbinden sie den Text mit einem Rhythmus. Damit drücken sie die Kraft aus, die sie von der Mirjam-Geschichte empfangen.
- Das Lied gestalten:
  Leiht euch Trommeln mit Schellenrand und andere Rhythmusinstrumente aus. Begleitet das Lied mit diesen Instrumenten.

1. Marc Chagall hat ein Bild zum Danklied der Mirjam ⇢ Exodus*, S. 48 gemalt. Beschreibt die Gesichter, die Kleidung und die Bewegungen der Frauen auf dem Bild. Was mag der Tanz für diese Frauen bedeuten?
2. Zum Mirjam-Lied passt ein einfacher Kreistanz. Versucht, den Tanz in eurer Klasse zu tanzen:
   - Legt die Rhythmusinstrumente in die Mitte des Raumes. Stellt euch hintereinander im Kreis um diese Mitte auf. Während ihr das Lied singt, geht ihr zunächst im Kreis vorwärts.
   - Beim ersten Refrainteil geht ihr zu dieser Schrittfolge über: Schritt – Schritt – Wiegeschritt. Ihr müsst dabei mit dem rechten Fuß beginnen.
   - Beim Refrainteil La la la la la la lei ... ergreifen einige von euch die Instrumente und tanzen damit frei in der Mitte. Am Ende legt ihr die Instrumente wieder zurück, und während des nächsten Refrains benutzen sie andere, die jetzt in der Mitte tanzen wollen.

Gemeinschaft mit Gott und den Menschen

Ich bin euer Gott, ihr seid mein Volk

Auf dem Weg von Ägypten in das versprochene eigene Land zogen die Hebräer* durch die Wüste, und sie kamen an den Berg Sinai. Mose stieg auf den Berg, und Gott sprach erneut zu ihm: »Ich will einen Bund mit meinem Volk schließen. Ihr sollt auf mich hören und meinen Bund halten. So werdet ihr zu mir gehören als mein heiliges Volk.«

Mose übermittelte dem Volk alles, was er von Gott empfangen hatte. Was zwischen Gott und dem Volk gelten sollte, stand in den Zehn Geboten. Die Mitglieder des Volkes wussten, dass es auch in Zukunft nicht immer leicht sein würde, frei miteinander und mit Gott zu leben. Wie ein schützender Zaun sollten die Zehn Gebote helfen, ihre Gemeinschaft und das friedliche Zusammenleben zu sichern.

Die Geschichte der Zehn Gebote ist in der Bibel mit dem Berg Sinai verbunden. Er gehört zu einer Bergkette im Süden der Sinai-Halbinsel und ist ca. 2300 m hoch.

Die Zehn Gebote

2 Ich bin der HERR, dein Gott, der ich dich aus Ägyptenland, aus der Knechtschaft geführt habe. 3 Du sollst keine anderen Götter haben neben mir. 4 Du sollst dir kein Bildnis noch irgendein Gleichnis machen, weder von dem, was oben im Himmel, noch von dem, was unten auf Erden, noch von dem, was im Wasser unter der Erde ist. 5a Bete sie nicht an und diene ihnen nicht. 6a Du sollst den Namen des HERRN, deines Gottes, nicht missbrauchen. 8 Gedenke des Sabbattags* und heilige ihn.
12 Du sollst deinen Vater und deine Mutter ehren, auf dass du lange lebest in dem Lande, das dir der HERR, dein Gott, geben wird.
13 Du sollst nicht töten. 14 Du sollst nicht ehebrechen. 15 Du sollst nicht stehlen.
16 Du sollst nicht falsch Zeugnis reden wider deinen Nächsten. 17 Du sollst nicht begehren deines Nächsten Haus. Du sollst nicht begehren, deines Nächsten Frau, Knecht, Magd, Rind, Esel noch alles, was dein Nächster hat.
Exodus 20,2–5a, 6a, 12–17*

SCHLÜSSELWISSEN **Gottes Bund mit seinem Volk**
Gott hat sich am Sinai mit dem Volk Israel* verbunden.
Er hat versprochen, immer zu seinem Volk zu stehen.
Gott hat ihm die Zehn Gebote gegeben. Sie sollen dem Volk helfen, im Bund mit Gott und miteinander zu leben.

Unsere Klassenregeln:

- Freundlich miteinander umgehen.
- Nicht in die Klasse reden, wenn gerade jemand spricht.
- Auf die anderen und die Lehrerin hören.
- Jeden ausreden lassen
- Bei der Freiarbeit nur leise miteinander sprechen.
- Andere nicht schlagen und schubsen.
- Wir dürfen im Unterricht mitbestimmen.
- Die Lehrerin soll gerecht, aber nicht zu streng sein.

1. Im ersten Satz der Zehn Gebote stellt sich Gott noch einmal vor. Vergleicht diesen Satz mit der ersten Selbstvorstellung in der Geschichte auf → S.42.
2. Die Regeln auf dieser Seite hat eine fünfte Klasse für sich aufgestellt. Überlegt, welche Gründe sie dafür hatte.
3. Sammelt zu dem Bild auf dieser Seite Gedanken, die euch einfallen. Schreibt jeweils ein Stichwort auf ein Kärtchen. Klebt die verschiedenen Kärtchen an die Tafel. Versucht die Begriffe – oder einige davon – so zu ordnen, dass ihr eine Geschichte erzählen könnt.
4. Denkt über das Zusammenleben in eurer Klasse nach. Diskutiert über Regeln, die unter euch gelten sollen. Schreibt die Regeln auf, denen alle zustimmen können.
5. Sprecht eine Woche später noch einmal über eure Regeln. Welche habt ihr beachtet und welche weniger? Was geschah, wenn es Streit in eurer Klasse gab?

Die Exodusgeschichte singen und erzählen

In diesem Kapitel habt Ihr die biblische Geschichte von der Unterdrückung und Befreiung des Volkes Israel in Ägypten kennen gelernt. Ihr wisst, was es für Menschen bedeutet, unterdrückt und bedrängt zu sein. Ihr habt gelernt, was für ein Wunder die Befreiung aus Ägypten war. Die Geschichte Gottes mit seinem Volk, die damals begann, ist bis heute in den jüdischen Festen lebendig. Menschen schöpfen neue Hoffnung, wenn sie von dieser Geschichte erzählen.*

Anlass zur Hoffnung gibt auch der Name, mit dem Gott sich selbst seinem Volk vorgestellt hat. Um diesen Namen geht es im folgenden Lied:

Tanz in einer Schulklasse

1. Übt das Lied ein. Begleitet es mit einfachen Rhythmusinstrumenten, die zur Melodie passen. Singt es auch im Kanon.
2. Das Lied deutet den Namen JHWH* als ein großes Versprechen. Erzählt, wie sich dieses Versprechen bei der Befreiung aus Ägypten erfüllt.

Eine Spielszene gestalten

Beim Passahfest wird die Geschichte von der Befreiung aus der ägyptischen Sklaverei für viele Juden heute so lebendig, als ob sie selbst dabei gewesen wären. Sie erzählen ihren Kindern, wie Gott seinem Volk geholfen hat. Am Schilfmeer erlebten die Israeliten damals, dass sie aus großer Gefahr gerettet wurden. Ihr könnt diese Geschichte so nachspielen, dass sie für Menschen heute Bedeutung gewinnt.

- Die Ägypter waren dem Pharao ehrfürchtig ergeben. Sie sprachen voller Bewunderung von ihm. Die Hebräer* haben geklagt unter der Übermacht der Ägypter und ihres Pharao. Findet Worte und Sätze, die Ehrfurcht und Klagen zum Ausdruck bringen. Gestaltet sie eingängig durch rhythmisches Sprechen.
- Welche Gefahren bedrohen Menschen heute? Schreibt Stichworte auf farbige Plakate. Sprecht darüber, wie Hilfe in diesen Gefahren aussehen kann. Schreibt die entsprechenden Stichworte andersfarbig auf weitere Plakate.
- Einige von euch bilden mit den Plakaten eine Gasse. Wie das Meer, das sich teilt, zeigen sie Gefahren und Rettung zugleich.
- Einige spielen das wandernde Volk. Sie gehen durch die Gasse, während die anderen laut die Stichworte für Gefahren und Hilfen aussprechen.
- Nach überstandener Gefahr tanzt und singt ihr gemeinsam das Lied »Mirjam schlug auf die Pauke« ⇢ S. 49.

Fest auf der Mauer in Berlin nach dem Mauerfall 1989

4

Gottes Schöpfung – uns anvertraut

Welche Einzelheiten erkennst du?
Schreibe die Gedanken auf, die dir beim
Betrachten des Bildes durch den Kopf gehen.

Ein Unglück geschieht

Wenn ich in der Umgebung von Plettenberg mit dem Kanu fahre, erschrecke ich, wenn ich sehe, was da alles im Fluss liegt – Fahrräder, Autoteile, ja sogar ganze Kühlschränke.
Viele Betriebe entnehmen dem Fluss Wasser, um ihre Maschinen damit zu kühlen. Dieses Wasser leiten sie verschmutzt wieder in das natürliche Gewässer. Oft kann man sich am Fluss kaum aufhalten, weil es so stinkt.

»Totensonntag« im August

Irgendjemand hatte »Totensonntag« gesagt, als wir auf der Brücke standen. Ich glaube, es war der Lange neben uns. Leicht nach vorn gebeugt, starrte er gemeinsam mit seiner Freundin hinunter aufs Wasser. Dann spuckte er übers Geländer, legte ihr den Arm um die Schulter, und die beiden gingen Richtung Bahnhof davon.

Angefangen hatte alles um fünf Uhr heute Morgen, mitten in der Nacht eigentlich, noch dazu, wenn man bedenkt, dass heute Sonntag war. Oma Reni war am Apparat, als das Telefon klingelte. Ob wir die Durchsagen gehört hätten, ... in Schwelm brannte eine Lackfabrik, ... die Giftgaswolke, ... wir müssten unbedingt die Fenster schließen. Während des Frühstücks blieb die Balkontür geschlossen. Dafür war, was sonst nur selten vorkam, das Radio eingeschaltet.

Draußen war aber nichts Besonderes zu erkennen. Die Sträucher im Garten sahen aus wie immer, es war warm, sogar die Sonne ließ sich ab und zu blicken, und im Wacholderbusch saß eine Drossel.

»So schlimm kann es doch gar nicht sein«, sagte Laura und blickte aus dem Fenster. »Da gehen ja sogar Leute in die Kirche. Ich will auch raus, ich bin um elf mit Ann-Kristin verabredet.«

»Vielleicht wissen die ja von nichts«, meinte Mutter, »vielleicht ist es auch das einzig Sinnvolle, was man jetzt tun kann.« »Wir warten auf jeden Fall erst einmal ab«, sagte Vater bestimmt, »sicher ist sicher. Wenn es keine Gefährdung mehr gibt, werden sie es schon melden.«

Roland P. Litzenburger, 1974

1. Betrachtet die Zeichnung von Roland P. Litzenburger. Beschreibt alle Teile des Bildes und die Körperhaltung. Gebt dem Bild eine Überschrift.
2. Beschreibt die Gefühle, die der Vater, Laura und Leander nach ihrem Erlebnis empfinden. Was haben sie der Mutter erzählt? Was bedeutet in diesem Zusammenhang der letzte Satz der Geschichte? → S.57
3. Stellt euch einen Fotowettbewerb vor; für das Foto vom Fluss hättet ihr einen Preis zu vergeben. Schreibt eine kurze Begründung, warum gerade dieses Bild prämiert werden soll.

... wenn Fische schreien könnten ...

Als im Radio die Nachrichten anfingen, hörten wir gespannt zu. Dann kam die Meldung: In Schwelm waren in der Nacht die Lagerhallen einer Spedition in Brand geraten. Kunststoffgranulat, Lacke und Kautschuk waren dort gelagert, sodass eine riesige Giftgaswolke über Schwelm aufstieg und den Himmel verdunkelte. Fenster und Türen in Schwelm und im Osten Wuppertals sollten unbedingt geschlossen und die Menschen in ihren Häusern bleiben. Löschwasser war in die Schwelme geflossen und gelangte über die Wupper in den Rhein. In der Wupper hatte bereits ein Fischsterben begonnen.

»Das sehe ich mir an«, sagte ich. Vater blickte zu Mutter hinüber, die zuckte mit den Schultern. »In Ordnung, Leander«, sagte er, »aber erst muss ich klären, ob dieser Spaziergang auch wirklich ungefährlich ist.« Bevor wir losgingen, hat er sich dann erst noch bei der Polizei erkundigt. Sogar Laura wollte mit, die Verabredung mit Ann-Kristin war auf einmal gar nicht mehr so wichtig.

Auf der Brücke angekommen, sah alles viel schlimmer aus, als wir es uns vorgestellt hatten. Riesige Mengen Schaum schwappten unter uns vorbei, danach wurde das Wasser rabenschwarz.

Dann sahen wir die Fische; mit dem Bauch nach oben trieben sie im seichten Uferwasser. Von Zeit zu Zeit kamen ganze Schwärme an uns vorüber, reglos, stumm, im Einklang mit der schwarzen Flut. »Wenn Fische schreien könnten«, sagte Laura mit tonloser Stimme und wischte sich eine Träne aus dem Augenwinkel.

»Es ist wirklich schade um den Fischbestand, er hatte sich gerade erst erholt«, sagte Vater später, als wir auf dem Heimweg waren. Es klang ebenso wütend wie hilflos.

Das Eis, das er uns unterwegs spendierte, schmeckte diesmal nach Seife.

Unberührte Flusslandschaft

Die Zeitung berichtet

Meldungen aus der Westdeutschen Zeitung: Schwelm / Wuppertal

22. August

»Die Wupper könnte geteert nicht schöner aussehen«, war der bittere Kommentar eines Wuppertalers angesichts der rabenschwarzen Wupper am Alten Markt. Die Schaulustigen entlang der Wupper zeigten sich entsetzt.

Am Alten Markt wurden gestern die meisten toten Fische gesichtet: Sie blieben am Wehr in Höhe des Heizkraftwerks hängen. Die Wupper selbst bedeckte ein dichter Schaumteppich.

23. August

Eine Giftgaswolke hat gestern tausende von Menschen im Großraum Wuppertal in Angst und Schrecken versetzt. In den frühen Morgenstunden brach ein Feuer in den Lagerhallen der Spedition R-W aus. Die Polizei warnte die Bevölkerung davor, die Häuser zu verlassen. Experten mit Messfahrzeugen sind an den Brandherd gerufen worden, um Luft und Löschwasser zu analysieren. Die ersten Ergebnisse bestätigten den Verdacht: Giftige Gase aus Kohlenstoffmonooxid, Schwefeldioxid und Chlordämpfe befanden sich neben anderen Schwebstoffen in der Schwelmer Giftgaswolke. »Fenster und Türen schließen. Verlassen der Gebäude vermeiden«, lautete die Aufforderung der Polizei. »Nicht berühren«, hieß es gestern Morgen von Feuerwehr und Umweltamt. Obst und Gemüse aus den Gärten sollte nicht gegessen werden, vor allem auf Kinder müsse man aufpassen.

24. August

Proben, die eine Spezialfirma am Sonntagmorgen aus dem Löschwasser entnommen hatte, wiesen bedenkliche Anteile weiterer Stoffe auf. Dr. Christoph Thies von Greenpeace aus Hamburg monierte, dass versäumt worden sei, frühzeitig nach organischen Chlorverbindungen im Löschwasser zu suchen. »Chlor ist der gefährlichste Teil der Chemie«, so Thies. Außerdem müsse auch nach frei gewordenen Dioxinen geforscht werden.

Auf 20 Millionen Euro wird der Sachschaden des Großbrands beziffert. Das Schadensausmaß für die Umwelt ist allerdings noch völlig unklar. In den Speditionshallen lagerten auch PVC- und andere chlorhaltige Stoffe. »Das Schlimmste, was passieren kann«, so Dr. Thies. Organische Chlorverbindungen kommen in der Natur nur selten vor. Diese könne die Natur kaum abbauen.

25. August

Die neue, immerhin erfreuliche Nachricht lautet: In den Rußproben finden sich, laut Umweltbehörde keine weiteren gefährliche Stoffe. Mitarbeiter der Stadt reinigten Spielplätze, Grünflächen, Schulhöfe. Leichte Entwarnung bei den Rußniederschlägen. Leichte Entwarnung auch für die Wupper und das Klärwerk Buchenhofen. Die Schwelme allerdings, seit Jahren geschädigt, ist tot.

Zeitungstheater

Gruppe 1
Eure Gruppe hat die Aufgabe, die Reporterin Petra Garner und ihren Kollegen Matthias Schulze für Radio Wuppertal vom Ort des Geschehens berichten zu lassen. Sie führen ein Gespräch mit Schwelmer Bürgerinnen und Bürgern. Diese sind wegen des Unglücks ziemlich aufgebracht und wütend. Es kann aber auch jemand dabei sein, den das Ganze eher kalt lässt.

Gruppe 2
Eure Gruppe hat die Aufgabe, eine Radio- und Lautsprecherwarnung für die Bevölkerung in Schwelm und Wuppertal zu verfassen. Die Warnhinweise sollen der Bevölkerung mitteilen, wie sie sich verhalten soll. Wählt eine oder einen von euch zum Radiosprecher oder zur Radiosprecherin, die den übrigen in der Klasse Warnhinweise vorliest.

Gruppe 3
Familie Peters geht mit ihren beiden Kindern Markus und Anne am Sonntagmorgen in der Stadt spazieren. Von dem Unglück in Schwelm haben sie noch nichts mitbekommen. Als sie am Alten Markt über die Wupperbrücke gehen, entdeckt Anne einen toten Fisch im Wasser. Doch bald sehen sie immer mehr tote Fische, die mit dem Bauch nach oben im Wasser treiben. Eine dreckige, dunkle Brühe fließt unter der Brücke durch. Versucht, diese Szene zu spielen. Wie könnte das anschließende Gespräch in der Familie aussehen?

Gruppe 4
Forelle Fridolin ist der Katastrophe mit knapper Not entgangen. Sie konnte sich gerade noch vor der gefährlichen schwarzen Flut in Sicherheit bringen. Als sie an die Stelle kommt, wo die Wupper in den Rhein mündet, findet dort gerade ein »Treffen der Fische« statt. Was könnte Fridolin den anderen Fischen berichten? Wie könnten diese reagieren? Versucht, diese Szene zu spielen.

Gruppe 5
Eure Gruppe hat die Aufgabe, ein Reporterteam zu bilden. Die Reporterinnen und Reporter sollen zwei Interviews durchführen, die ihr dann der Klasse vorspielt:
Es soll der Leiter des Amtes für Umweltschutz zu den Folgen, die der Brand für die Bevölkerung hat befragt werden.
Führt ein Interview mit dem Umweltexperten von Greenpeace, Dr. Thies, durch. Befragt ihn zu den gefährlichen Stoffen, die bei dem Brand eine Rolle spielten.

METHODE: **Ein Zeitungstheater aufführen**
Mit einem »Zeitungstheater« könnt ihr ein Ereignis aus unterschiedlichen Sichtweisen betrachten und bewerten. Dabei ist eure Kreativität gefragt.
- Jede Gruppe wählt sich eine Gruppenaufgabe aus (Gruppe 1–5) und legt damit fest, wie sie sich mit den Zeitungstexten zum Brand der Lagerhallen beschäftigen möchte.
- Formt mit Fantasie die Meldungen in Spielszenen passend zu eurem Gruppenauftrag um und achtet darauf, dass die Meldung nicht verfälscht wird.

Führt das Zeitungstheater in Gruppen durch. Welche Wirkungen haben die Gruppen auf euch?

Schöpfungsgeschichten – vom Anfang

Der Garten Eden*

Erschaffung der Eva, Sachsenchronik, 13. Jahrhundert*

Es war zu der Zeit, als Jahwe Erde und Himmel machte:

Es gab noch keine Sträucher auf dem Feld, und all die Pflanzen auf dem Feld waren noch nicht gewachsen. Jahwe hatte es nämlich noch nicht regnen lassen auf der Erde, und kein Mensch war da, der das Land bebaute. Und ein Nebel stieg aus der Erde auf und befeuchtete alles Land.

Da formte Jahwe den Menschen aus Erde vom Ackerboden und blies ihm den Atem des Lebens in seine Nase. Und so wurde der Mensch ein lebendiges Wesen. Jahwe pflanzte einen Garten in Eden gegen Osten hin und setzte den Menschen hinein.

Jahwe ließ aus der Erde allerlei Bäume wachsen, verlockend anzusehen und mit köstlichen Früchten. Den Baum des Lebens aber pflanzte er mitten im Garten, dazu den Baum der Erkenntnis des Guten und des Bösen. Es entsprang in Eden ein Strom, um den Garten zu bewässern.

Jahwe nahm den Menschen und setzte ihn in den Garten Eden, damit er ihn bebaue und bewahre. Jahwe gebot dem Menschen und sprach: »Du darfst von allen Bäumen im Garten essen, aber von dem Baum der Erkenntnis des Guten und des Bösen sollst du nicht essen: An dem Tag, an dem du von ihm isst, musst du sterben.«

Jahwe sprach: »Es ist nicht gut, dass der Mensch allein sei; ich will ihm eine Hilfe schaffen, die zu ihm passt.« Und Jahwe formte aus Erde alle Tiere auf dem Feld und alle Vögel unter dem Himmel. Er brachte sie zu dem Menschen: Wie der Mensch jedes Tier nennen würde, so sollte es heißen. Der Mensch gab jedem Vieh auf der Erde und jedem Vogel unter dem Himmel und jedem Tier auf dem Feld seinen Namen; aber für den Menschen selbst wurde keine Hilfe gefunden, die zu ihm passte.

Da ließ Jahwe den Menschen in einen tiefen Schlaf fallen. Er nahm eine seiner Rippen und schloss die Stelle mit Fleisch. Aus dieser Rippe baute Jahwe eine Frau und brachte sie zu dem Menschen. Da sagte der Mensch: »Das ist ja Gebein von meinem Gebein und Fleisch von meinem Fleisch!« Und sie waren beide nackt, der Mensch und seine Frau, und schämten sich nicht.

Hans Heller, Hans Biesenbach
nach Genesis 2,4b–25*

SCHLÜSSELWISSEN **Die 2. Schöpfungsgeschichte**
Am Anfang der Bibel, im Buch Genesis, finden wir zwei Geschichten von der Schöpfung. Die zweite Erzählung (Genesis 2, 4b–25) ist der ältere von beiden Texten.
In dieser Erzählung wird für Gott der Name JHWH* verwendet. Deshalb nennt man den unbekannten Verfasser »Jahwist«.

Der Text aus Genesis erzählt, dass beide, Mann und Frau, ihr Leben Gott verdanken. Er wird aus Erde, aus Staub gemacht und Eva, während Adam* schläft, aus seiner Rippe. Rippe bedeutet hier Gleichheit, Gemeinschaft und Gleichwertigkeit. Die Frau, die Gott erschaffen hat, überwindet die Einsamkeit Adams im Paradies. Mit dem Satz »Das ist ja Gebein von meinem Gebein und Fleisch von meinem Fleisch« drückt Adam seine überschwängliche Freude aus. Er hat nun eine Gefährtin, die ihm gleichartig und ebenbürtig ist. Auch Gott und die Tiere werden als Helfer der Menschen bezeichnet. Gott ist den Menschen überlegen, die Tiere sind ihnen untergeordnet.*

Melchior Schwarzenberg, 1535

1. Der Garten Eden wird häufig auch »Paradies« (persisch: Tiergarten, Park, Ort des Friedens und Glücks) genannt. Warum? Betrachtet den Holzschnitt von Melchior Schwarzenberg. Welche Bedeutung hat Gott, welche haben die Menschen und das Paradies in diesem Bild? Ein weiteres Paradies-Bild findet ihr auf → S. 120.
2. Schließt einen Moment die Augen. Lasst in eurer Vorstellung ein Bild entstehen mit der Überschrift »Mein Paradies«. Lasst euch Zeit, bis ihr das Bild vor eurem inneren Auge richtig erkennen könnt. Malt dieses Bild in euer Heft.
3. Ein Autohersteller wirbt mit dem Slogan »Made in Paradise«. Welche Vorstellungen sollten beim Leser damit geweckt werden?

Schöpfungsgeschichten – von der guten Ordnung

In Genesis 1,27–28 werden Mann und Frau zugleich erschaffen. Gott schuf sie beide zu seinem Bilde, so sind Frau und Mann Ebenbild Gottes.*

Im Anfang

Am Anfang schuf Gott Himmel und Erde. Und die Erde war wüst und leer, und es war finster auf dem tiefen Wasser, und der Geist Gottes brauste über dem Wasser.

Und Gott sprach:
»Es werde Licht!« Und es wurde Licht.
Und Gott sah, dass das Licht gut war. So schied Gott das Licht von der Finsternis und nannte das Licht Tag, und die Finsternis nannte er Nacht.
Es wurde Abend, und es wurde Morgen: der erste Tag.

Und Gott sprach:
»Es werde etwas Festes zwischen den Wassern, das trenne das Wasser über dem Festen von dem Wasser unter dem Festen.«
Und es geschah so. Und Gott nannte das Feste Himmel. **Es wurde Abend, und es wurde Morgen: der zweite Tag.**

Und Gott sprach:
»Wasser, sammle dich unter dem Himmel an besondere Orte, damit man das Trockene sehen kann!« Und es geschah so.
Und Gott nannte das Trockene Erde, und das gesammelte Wasser nannte er Meer.
Und Gott sah, dass es gut war.

Und Gott sprach:
»Erde, lass aufgehen Gras und Kraut, die ihren Samen in sich tragen, und fruchtbare Bäume bringe hervor, ein jeder trage nach seiner Art Früchte, und inwendig darin sei ihr eigener Same!« Und es geschah so.
Und die Erde ließ aufgehen Gras und Kraut, die ihren Samen in sich tragen. Sie brachte hervor fruchtbare Bäume, die ein jeder nach seiner Art Früchte tragen, und inwendig darin war ihr eigener Same.
Und Gott sah, dass es gut war.
Es wurde Abend, und es wurde Morgen: der dritte Tag.

Und Gott sprach:
»Lichter, leuchtet auf an der Himmelsfeste und scheidet so Tag und Nacht!
Ihr sollt als Zeichen dienen für Zeiten, für Tage und Jahre! Ihr sollt Lichter an der Himmelsfeste sein und auf die Erde scheinen!«
Und es geschah so. Und Gott machte zwei große Lichter: ein großes Licht, das den Tag regiere, und ein kleines Licht, das die Nacht regiere, dazu auch die Sterne. Und Gott setzte sie an die Himmelsfeste, damit sie auf die Erde scheinen und den Tag und die Nacht regieren und Licht und Finsternis scheiden. Und Gott sah, dass es gut war. **Es wurde Abend, und es wurde Morgen: der vierte Tag.**

Und Gott sprach:
»Wasser, in dir wimmle es von lebendigen Tieren! Vögel, fliegt unter der Himmelsfeste über die Erde!«
Und Gott schuf große Seetiere und alle Arten von Tieren, die da leben und schweben und im Wasser wimmeln, und alle gefiederten Vögel, einen jeden nach seiner Art. Und Gott sah, dass es gut war. Und Gott segnete sie und sprach: »Seid fruchtbar und mehret euch und füllt das Wasser im Meer, und die Vögel sollen sich vermehren auf der Erde!« **Es wurde Abend, und es wurde Morgen: der fünfte Tag.**

Und Gott sprach:
»Erde, bring hervor lebendige Tiere jeder Art: Vieh, Kriechtiere und Tiere des Feldes jeder Art!«
Und es geschah so. Und Gott machte die Tiere des Feldes, jede Art, und Vieh, jede Art, und alle Kriechtiere, jede Art. Und Gott sah, dass es gut war.

Und Gott sprach:
»Lasset uns Menschen machen, ein Bild, das uns gleich sei! Die sollen herrschen über die Fische im Meer und über die Vögel unter dem Himmel und über das Vieh und über alle Tiere des Feldes und über alle Kriechtiere auf dem Erdboden!« Und Gott schuf den Menschen sich selbst zum Bilde, zum Bilde Gottes schuf er ihn; und er schuf ihn als Mann und Frau.
Und Gott segnete sie und sprach zu ihnen: »Seid fruchtbar und vermehret euch und füllt die Erde und macht sie euch untertan und herrscht über die Fische im Meer und über die Vögel unter dem Himmel und über alle Tiere, die auf dem Erdboden leben!«

Und Gott sprach:
»Seht, was ich euch gegeben habe:
Gras und Kraut, die Samen bringen auf der ganzen Erde; alle fruchtbaren Bäume mit Früchten und die Samen zu eurer Speise.
Aber allen Tieren auf der Erde und allen Vögeln unter dem Himmel und allen Kriechtieren auf dem Erdboden habe ich allerlei grünes Kraut zur Nahrung gegeben.«
Und es geschah so.
Und Gott sah alles an, was er gemacht hatte, und siehe da: Es war sehr gut.
Es wurde Abend, und es wurde Morgen: der sechste Tag.

So wurden vollendet Himmel und Erde in ihrer ganzen Fülle. Und so vollendete Gott am siebten Tag seine Werke, die er gemacht hatte, und ruhte am siebten Tage von allen seinen Werken, die er gemacht hatte.
Und Gott segnete den siebten Tag und heiligte ihn, weil er an ihm geruht hatte von allen seinen Werken.
Hans Heller, Hans Biesenbach nach Genesis 1,1 bis 2,4a*

So haben sich die Menschen die Welt damals vorgestellt.

Schlüsselwissen **Die 1. Schöpfungsgeschichte**
Die erste der beiden Schöpfungsgeschichten (Genesis 1,1 bis 2,4a) ist um das Jahr 570 v. Chr. entstanden. Damals hatten die Babylonier Jerusalem erobert und zerstört → S. 134f. Sie verschleppten viele aus dem Volk Israel* nach Babylon. Dort haben jüdische Priester einen Text verfasst, den man »Priesterschrift« nennt. Daraus stammt die erste Schöpfungserzählung.

1. Lest beide Schöpfungsgeschichten und vergleicht sie. Beantwortet dabei folgende Fragen:
   - Wie erschafft Gott?
   - Wann wird der Mensch erschaffen und welche Stellung hat er?
   - Wie wird das Verhältnis von Mann und Frau ausgedrückt?
2. Überlegt, welche der folgenden Begriffe zu dem Text passen und welche nicht. Begründet eure Auffassung: ***Märchen, Gedicht, Zeitungsartikel, Lied, Physikbuch, Bibel, Refrain, Wiederholung, Gebet, Geburt.***

Schöpfungsgeschichten – von Macht und Streit

Die babylonische Schöpfungsgeschichte beginnt mit dem Wort »Enuma Elisch«, das heißt »Als oben ...«. Sie ist auf sieben Keilschrift-Tontafeln gefunden worden und stammt aus dem 2. Jahrtausend vor Christus.

Enuma elisch.
Eine babylonische Schöpfungsgeschichte
Als oben der Himmel noch nicht war und unten nicht die Erde, noch kein Strauchwerk, noch kein Rohrdickicht, da wogten im All das süße Urmeer Apsu und das salzige Urmeer Tiamat. Apsu und Tiamat vermischten ihre Wasser als Mann und Frau, und es ward geschaffen Ea, gewaltig an Kräften. Keiner der Götter war ihm gleich.
Ea tötete Apsu, seinen Vater.
Und Ea zeugte einen Sohn. Marduk war sein Name. Marduk wurde groß und stark.
Er war ein mächtiger, weiser Gott.
Tiamat aber wollte Rache für Apsu, ihren Mann.
Sie rüstete für den Kampf gegen Ea. Tiamat wurde ein Drache.
Ea rief Marduk: »Du bist der Kühnste.
Töte Tiamat!«
Und Ea gab Marduk den Herrscherstab. Und Marduk nahm eine Keule und Pfeil und Bogen.
Er nahm das Netz. Er kam mit dem Wirbelwind.
Der Wind blähte Tiamats Körper auf.
Marduk entsandte den Pfeil.
Der drang durch den Panzer in ihr Herz. Tiamat war tot.
Marduk zerschlug sie mit der Keule.
Er zerteilte Tiamat.
Er hob die eine Hälfte auf, und befestigte sie als Himmel.
Aus der anderen Hälfte schuf er die Erde,
das Wasser, die Flüsse und Seen.
Er teilte den Himmel in zwölf Zonen.
Zwölf Monate erhielt das Jahr.
Den Mondgott ließ er leuchten bei Nacht,
den Sonnengott bei Tag.
Dann ruhte der Held von seinem Kampf,
von seinem Schöpfungswerk.
Und danach sprach Marduk:
»Ich schaffe Neues:
Den Menschen will ich schaffen, ein Wesen,
das uns dienen soll.«
Aus Götterblut erschuf er den Menschen.
Marduk war der größte Gott.
Die Götter sprachen: Wir wollen dich ehren.
Wir wollen dir einen Tempel bauen.
Da erglänzte Marduk vor Freude.
Die Götter bauten einen Turm. Sie bereiteten Wohnung für Marduk. Sie gaben ihm Namen, große Namen: »Der Himmel und Erde erschuf«, »Marduk, der den Menschen erschuf«, »Der Tiamat bezwang«.
Dietrich Steinwede

1. Setzt – jeder für sich – den folgenden Satz fort: »Diese Geschichte wirkt auf mich ...« Vergleicht eure Sätze und begründet, welche Aussagen eher zutreffen und welche eher nicht. Ein Bild des Gottes Marduk findet ihr auf → S. 24
2. Vergleicht die babylonische mit den biblischen Schöpfungsgeschichten. Wie wird jeweils von Gott, von den Menschen und von der Welt geredet?

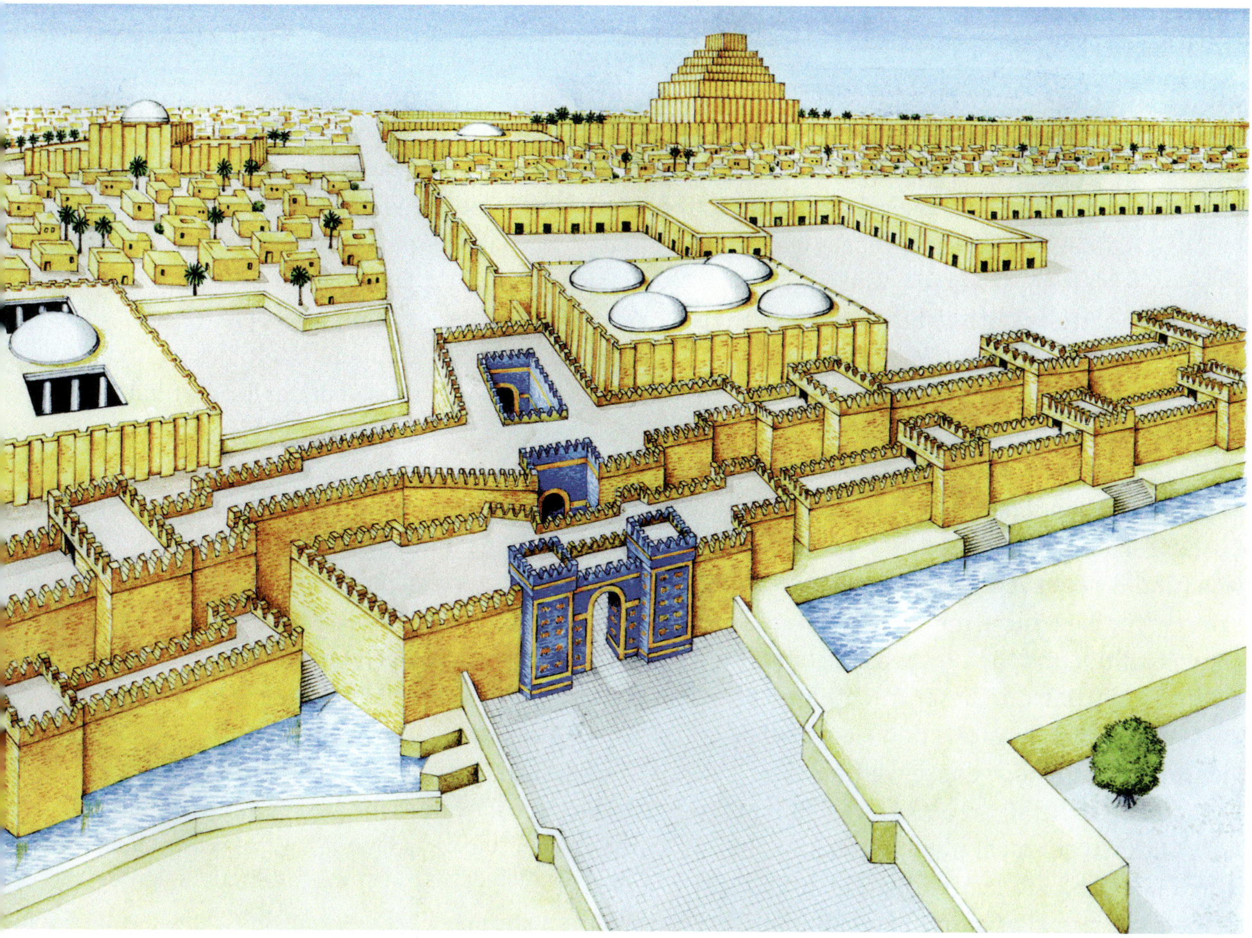

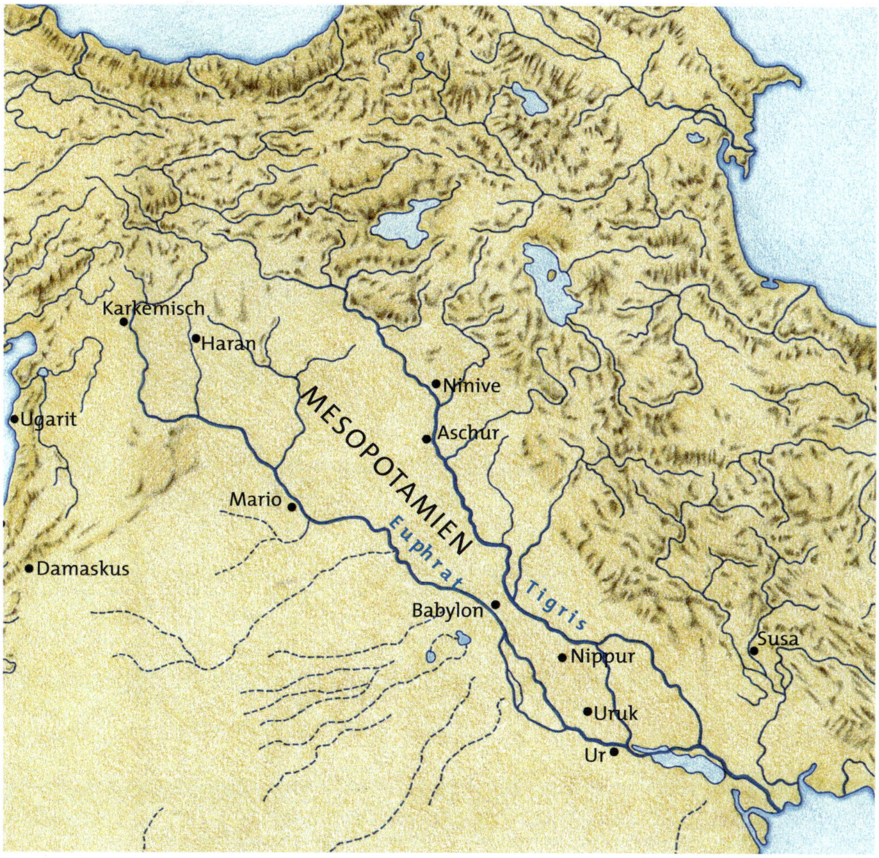

Eine Nachbildung Babylons: Im Vordergrund ist das Ischtartor zu sehen. Hinten die große Tempelanlage Zikkurat (Stufenturm) mit dem Marduk-Heiligtum auf der Spitze. Dorthin gelangt man über eine seitliche Rampe.

Das Land zwischen den Flüssen Euphrat und Tigris hieß Mesopotamien (das Zweistromland). Die Stadt Babylon lag im Süden dieses fruchtbaren Gebiets, das reiche Ernten brachte. Die Völker, die dort lebten, waren groß und mächtig.

Freude an der Schöpfung

Der fünfte Tag

Es war am fünften Tag der Schöpfung. Sie konnte es noch gar nicht fassen. Unter all den neu geschaffenen Tieren und Vögeln war auch sie: eine kohlrabenschwarze Krähe.

Warum hatte es Gott gefallen, eine Krähe zu schaffen? Sie wusste es nicht. Sie wusste nur, dass es wunderschön war, mit dem Wind aufzusteigen und hoch über der Erde zu schweben oder sich unter lautem Geschrei auf dem Ast eines blühenden Baumes niederzulassen. Das war schon was. Am meisten interessierte sie sich für die vielen verschiedenen Gräser und Kräuter, für die Bäume mit all den unterschiedlichen Früchten und für alles, was es sonst noch zu entdecken gab auf dieser fruchtbaren Erde. Wasser gab es auch, große und kleine Seen, Flüsse und dann noch das gewaltige Meer.

Tagelang strich sie so umher und kam aus dem Staunen gar nicht mehr heraus. Sie flog durch Täler und Schluchten, rastete auf hohen Bergen, sah sich alles ganz genau an und schrie immer wieder vor lauter Freude. Sie konnte sich sehen lassen, diese Schöpfung. Gott hatte das Licht von der Finsternis geschieden, Himmel und Erde geschaffen. Am dritten Tag waren alle Gewächse dazu gekommen, und schließlich die Himmelslichter, Sonne, Mond und Sterne.

Und am fünften Tag waren sie an der Reihe: die Wassertiere und die Vögel, gewaltig große Wale und winzig kleine Spatzen. Jedes Geschöpf war für sich einzigartig. Das war ein Gewimmel im Wasser und unter dem Himmel. Alle freuten sich und waren guter Dinge. Da gab es kaum einen, der sich nicht darüber gewundert hätte, dass er so geschaffen war, wie er nun mal ausschaute. Aber es war auch spannend, Vergleiche zu ziehen. Einer konnte dies besonders gut und der andere das. Es gab so viele unterschiedliche Fähigkeiten und Begabungen; die Schöpfung war einfach etwas Wunderbares.

Die Krähe schrie, nachdem sie alles ausprobiert hatte, was sie selbst konnte, laut über die Wipfel hinweg:

»Es ist schön, am Leben zu sein. Es ist gut so zu sein, wie ich bin.« Und sie schrie es immer und immer wieder, so lange, bis sie schließlich vor lauter Heiserkeit nur noch krähen, nur noch krächzen konnte.

Und bis heute ist das so geblieben. Eine Krähe kann nur krächzen. Aber jeder Krächzer ist ein Freudenschrei über die Schöpfung, über den fünften Tag.

Eckart Bücken

Jackie Morris, o. J.

Lob des Schöpfers

1 Lobe den Herrn, meine Seele! Herr, mein Gott,
du bist sehr herrlich; du bist schön und prächtig
geschmückt.
2 Licht ist dein Kleid, das du anhast. Du breitest
den Himmel aus wie einen Teppich;
3 du baust deine Gemächer über den Wassern.
Du fährst auf den Wolken wie auf einem Wagen
und kommst daher auf den Fittichen des Windes,
4 der du machst Winde zu deinen Boten und Feu-
erflammen zu deinen Dienern;
5 der du das Erdreich gegründet hast auf festen
Boden, dass es bleibt immer und ewiglich.
6 Mit Fluten decktest du es wie mit einem Kleide,
und die Wasser standen über den Bergen.
7 Aber vor deinem Schelten flohen sie,
vor deinem Donner fuhren sie dahin.
8 Die Berge stiegen hoch empor, und die Täler
senkten sich herunter zum Ort, den du ihnen
gegründet hast.
9 Du hast eine Grenze gesetzt, darüber kommen
sie nicht und dürfen nicht wieder das Erdreich
bedecken.
10 Du lässt Wasser in den Tälern quellen,
dass sie zwischen den Bergen dahin fließen,
11 dass alle Tiere des Feldes trinken und das Wild
seinen Durst lösche.
12 Darüber sitzen die Vögel des Himmels und
singen unter den Zweigen.
13 Du feuchtest die Berge von oben her, du
machst das Land voll Früchte, die du schaffest.
Psalm 104,1–13*

Ich bin ein Wunder

Ich bin ein Wunder
kann gehen
sehen
mich drehen
ganz wie ich will
kann lachen
Dummheiten
gar nichts machen
kann denken
schenken
ein Auto lenken
kann träumen
klettern in Bäumen
kann trinken
winken
mich wehren
mit Freunden verkehren
Ich
du
er – sie – es
wir alle
sind Wunder
Klaus Kordon

Wasser

Frisches Wasser, reines Wasser,
so ist's uns gegeben.
Klares Wasser, kühles Wasser,
dass wir davon leben.
Frisch und kühl und klar
und rein.
So kann Leben nur gedeihn.
Nehmt das Wasser,
schützt das Wasser,
trinkt und werdet satt.
Teilt, dass jeder heut und später
gutes, reines Wasser hat.
Rolf Krenzer

Sucht euch auf dieser Doppelseite einen Text aus, der euch besonders gut gefällt. Welches Bild aus diesem Kapitel passt am besten dazu? Vergleicht eure Wahl mit der eures Nachbarn/ eurer Nachbarin.

Gottes Schöpfung braucht uns

Und Gott sprach:
Menschen sollen werden.
Und es wurden Menschen, Mann und Frau.
Und Gott gab den Menschen die Erde.
Sie sollten auf der Erde wohnen und essen
und mit den Tieren umgehen.
Sie sollten arbeiten auf der Erde
und alles in Ordnung halten
und alles weiterbringen und alles gut machen.
Und Gott segnete die Menschen.
Das war der sechste Tag.

Und Gott sprach:
Lasst uns Menschen machen uns ähnlich.
Ihnen will ich Verantwortung geben
über die ganze Erde.
Bewohnt die Erde und sorgt für sie.
Und habt eure Gefährten lieb,
die Fische im Wasser, die Vögel in der Luft
und alle Tiere, die auf der Erde leben.
Und ich vertraue euch die Pflanzen und Bäume
der ganzen Erde an.
Dietrich Steinwede

Verpflichtung
Ich will nicht mehr schweigen,
ich will reden.
Ich will nicht mehr klein beigeben,
ich will für Gottes Schöpfung eintreten.
Ich will nicht mehr alles hinnehmen,
ich will mich wehren,
mit meinen Gedanken,
mit meinen Worten,
mit Händen und Füßen,
mit Fantasie
dem Erdentod widerstehen.
Uwe Seidel

Jeder der sagt

Jeder, der sagt:
Ich will meine Ruhe!
Lass mich zufrieden!
Ich halte mich heraus!
Was geht mich das an!
hilft der Schöpfung nicht.
Wer die Schöpfung bewahren will,
braucht andere Vokabeln.
Sie heißen:
Einsetzen, ändern, erneuern!
Miteinander, füreinander, vorwärts!
Menschheit, Welt, Zukunft.

Wasserfall

Quellwasser
Lebenswasser
Trinkwasser
Regenwasser
Flusswasser
Brauchwasser
Waschwasser
Schmutzwasser
Abwasser

1. Die biblischen Schöpfungserzählungen enthalten einen Auftrag an die Menschen, wie sie mit der Schöpfung umgehen sollen. Schreibt auf, was die Menschen heute tun müssten, um diesen Auftrag zu erfüllen.

2. Vergleicht das Gedicht »Wasserfall« mit dem Bild. Passt das Lied eher zum Gedicht oder zum Bild? Wozu fordern die Texte »Verpflichtung« und »Jeder, der sagt« auf?

Rettungsaktion Planet Erde

In diesem Kapitel habt ihr gelernt, wie die Bibel unsere Welt als Schöpfung Gottes versteht: Gott hat die Welt gut geschaffen und die Menschen, Mann und Frau, zu seinem Ebenbild. Die Menschen finden auf der Erde, was sie zum Leben brauchen, und sie können sich an Gottes guter Schöpfung erfreuen. Gott hat sie aber auch zu seinen Stellvertretern auf der Erde eingesetzt. Sie sollen sie in Ordnung halten, sie bebauen und bewahren. Ihr habt erfahren, dass wir Menschen dieser Verantwortung für die Schöpfung oft nicht gerecht werden. Heute erkennen wir, dass wir zu leichtfertig mit den Gütern der Erde umgehen.

DAS WEISST DU

Einige Lieder und Texte in diesem Kapitel fordern dazu auf, stärker für die Schöpfung einzutreten. Konkrete Schritte dazu könnt ihr als Klasse erproben, wenn ihr euch z. B. mit dem Element Wasser beschäftigt.

- Ihr plant gemeinsam mit euren Lehrerinnen und Lehrern einen »Wassertag«. Sammelt verschiedene Wasserproben (aus dem Bach oder Fluss in eurer Nähe, aus einem Teich, einer Quelle, einem Brunnen, einer Waschanlage, aus dem Wasserhahn ...) und untersucht sie auf Schadstoffe.
- Ihr hört »Wassermusik« und malt dazu Wasserbilder, in denen ihr die Freude an der Schöpfung ausdrückt.
- Ihr fragt eure Deutschlehrerin oder euren Deutschlehrer, wie man »appellative Texte« schreibt. Verfasst in Kleingruppen einen »Protestsong der Fische«, ein Protestgedicht, eine Resolution, ein Flugblatt, einen Werbetext oder einen Leserbrief, worin ihr zur Bewahrung der Schöpfung auffordert.
- Haltet die Ergebnisse des Wassertags in eurer Klasse auf Wandzeitungen fest: Klebt Tabellen, Bilder und Texte, die zusammengehören, auf DIN-A2-Plakate. Findet für jedes Plakat eine passende Überschrift.

Eine Zeitung zur Agenda 21 schreiben

Die Agenda 21 wurde auf dem Umweltgipfel in Rio im Jahr 1992 verabschiedet. Dieses Dokument zeigt auf, was getan werden muss, um den jetzigen Erdenbewohnern Nahrung zu verschaffen und unseren Enkeln einen bewohnbaren Planeten zu hinterlassen. 179 Staaten haben der Agenda 21 zugestimmt.

Es gibt eine Kinderausgabe der Agenda 21, an der Kinder aus 75 Ländern mitgearbeitet haben. An vielen Orten in Deutschland gibt es auch eine lokale Agenda als Projekt, z. B. in Schulen, bei denen viele Kinder mitmachen. Anregende Berichte darüber findet ihr auf der Internetseite: Agenda 21 für Kids.

Rettungsaktion Planet Erde
Kinder der Welt zum Umweltgipfel von Rio

Chamsei, 16, Thailand: Ich arbeite beim Greenpeace Club mit, der das ökologische Bewusstsein in unserer Schule wecken will.

Mathias, 11, Deutschland: Wir haben als Klasse schon zweimal mit unserer Klassenlehrerin den Wald und den Bach an unserer Schule von Müll entsorgt. Darüber wurde sogar in der Zeitung berichtet.

Andreanna und Portia, beide 11, Philippinen: Wir gehören zu den Umweltschützern in unserer Klasse und sorgen dafür, dass die Schule nicht zur Umweltverschmutzung beiträgt. Das ist eine harte Arbeit, weil die Schüler so unordentlich sind.

Hamara, 16, Schweiz: Ich gründete eine ökologische Gruppe an unserer Schule. Wir organisierten Aktionen und Kampagnen, um das Bewusstsein der Leute zu schärfen.

Mary, 15, Nigeria: Wir haben einen Klub, der sich mit der Umwelt und dem Artenschutz beschäftigt. Wir gründeten ihn im Anschluss an die Arbeiten an der Agenda 21. Wir kümmern uns um die Umwelt in der Umgebung der Schule.

Dan, 22, USA: Ich spiele mit in einer Theatergruppe, die Stücke zu sozialen und ökologischen Themen aufführt. Jedes Wochenende proben wir und zeigen Stücke.

1. Sucht die Internetseite der Agenda 21 auf oder die Seite einer anderen Umweltorganisation (Bund für Umwelt und Naturschutz Deutschland BUND). Informiert euch dort über die Agenda 21.
2. Was sagt die Agenda zu den Bereichen Umwelt, Ernährung, Kleidung, Stadtleben, Nachhaltigkeit? Bildet Arbeitsgruppen dazu und haltet die wichtigsten Ergebnisse jeweils auf einer DIN-A4-Seite fest.
3. Erkundigt euch, was in eurer Schule bereits im Sinne der Agenda 21 getan wird. Überlegt, was ihr in eurer Klasse dazu beitragen könnt.
4. Beschreibe, wie sich deine Haltung und dein Handeln in der Welt verändern, wenn du die Welt als Schöpfung Gottes verstehst.

5

CINEMA RIALTO
EMPORIUM
EMPORIUM
BEAUTE
RESTAURANT FRANCAIS
HAMBURGERS
CITY TOURS
TAXI
TAXI
TAXI
SHOES
131
SALE

Es gibt sehr viele Menschen auf der Erde – und jedes Jahr werden es viele Millionen mehr. Zu Beginn des Jahres 2000 wurde die Zahl 6 000 000 000 überschritten.
Wenn wir uns alle an den Händen fassten, wäre die Kette 6 123 646 Kilometer lang und würde 153-mal rund um den Äquator reichen oder 16-mal bis zum Mond.
Mehr als 6 000 000 000 Menschen ... und keine zwei sind gleich!
Jeder Einzelne von uns ist anders als all die anderen. Jeder ist von Geburt an einzigartig.

Der Mensch – ein Bild Gottes

1. Wähle eine Person aus und beschreibe sie ganz genau. Dabei kannst du dir auch Dinge ausdenken, die zu ihr passen, wie ein Name, bestimmte Eigenschaften und auch Stationen ihrer Vergangenheit.
2. Stellt euch in Gruppen von 3 bis 4 Mitgliedern eure Personen gegenseitig vor. Unterhaltet euch über Unterschiede und Gemeinsamkeiten in »ihrem Leben«.

Wer ist Ebenbild Gottes?

Der Gott Echnaton

Ein Steinrelief aus dem 14. Jh. v. Chr. zeigt den Pharao Echnaton mit seiner Frau und seiner Tochter. Im alten Ägypten wurde der Pharao als das Bild Gottes angesehen. Gemeint war damit nicht, dass er genauso aussieht wie die Gottheit, sondern dass er als Stellvertreter ihre Aufgaben auf der Erde wahrnimmt. Ist in Ägypten allein der Pharao das Abbild der Gottheit auf Erden, so überträgt sich in Israel die Gottesebenbildlichkeit auf alle Menschen.*

Das Bild ist eine Malerei aus dem Grab eines Pharao, der um 1300 v. Chr. gelebt hat. Die Darstellung zeigt den König (2. v. rechts), neben ihm der Gott der Königswürde mit dem Falkenkopf. Auf dem Thron sitzt der Totengott Osiris, hinter ihm steht die Göttin des Westens: Dort, wo die Sonne untergeht, stellten sich die Ägypter den Eingang zum Totenreich vor.

SCHLÜSSELWISSEN **Gottesebenbildlichkeit**
Mit diesem Begriff ist gemeint, dass der von Gott geschaffene Mensch Gott auf der Erde repräsentieren und in Verantwortung für die gesamte Schöpfung leben soll.

Sonnengesang des Franz von Assisi

Höchster, allmächtiger, guter Herr, dein sind Lob, Herrlichkeit und Ehre und jeglicher Segen.
Dir allein, du Höchster, gebühren sie, und niemand ist würdig, deinen Namen zu nennen.

Sei gepriesen, mein Herr, durch all deine Geschöpfe, besonders Herrin Schwester Sonne, sie ist Tag, und durch sie gießt du das Licht aus über uns.
Sie ist schön und strahlend in großem Glanz, dein Bild, o Höchster, ist sie.

Herr, sei gelobt durch Bruder Mond und die Sterne, am Himmel hast du sie geformt, klar und kostbar und schön.

Sei gepriesen, mein Herr, durch Bruder Wind, durch Luft und Wolken und schönes und jegliches Wetter, durch welches du nährst, was du geschaffen hast.

Sei gepriesen, mein Herr, durch Schwester Wasser, sie ist sehr nützlich, demütig, kostbar und rein. Sei gepriesen, mein Herr, durch Bruder Feuer, durch den du die Nacht erhellst. Er ist schön und fröhlich und stark und mächtig.

Sei gepriesen, mein Herr, durch unsere Schwester Mutter Erde, die uns erhält und führt und mannigfaltige Früchte hervorbringt mit bunten Blumen und Kräutern.
Sei gepriesen, mein Herr, durch jene, die verzeihn aus Liebe zu dir und Krankheit ertragen und Verfolgung.

Sei gepriesen, mein Herr, durch unseren Bruder, den körperlichen Tod, dem kein Mensch entrinnen kann ... Lobt und preist meinen Herrn, dankt ihm und dient ihm in großer Demut.
Franz von Assisi

Franz von Assisi lebte von 1181–1226. Er wuchs in Assisi in Italien auf und wurde als Ritter erzogen. Bei einem Feldzug geriet er in Gefangenschaft und erkrankte schwer. Er zog von nun an besitzlos und barfuss durch das Land und rief zum Ritterdienst an den Armen auf.
Dabei orientierte er sich an Jesus, der seine Jünger aufgefordert hatte, in alle Welt hinauszugehen und seine Botschaft von Gott zu verbreiten. In kurzer Zeit schlossen sich Franz immer mehr Menschen an. Sein Sonnengesang ist ein Loblied Gottes.

1. Woran lässt sich die wichtige Rolle des Pharao erkennen? Vergleicht die Körperhaltung mit der von Franz v. Assisi.
2. In der Bibel heißt es: Jeder Mensch ist Gottes Ebenbild. Malt diese Vorstellung.
3. Echnaton ist ein berühmter ägyptischer Pharao, der seinen Namen änderte. Findet mithilfe des Internet heraus, warum er das tat!
4. Nachdem ihr die Malerei angesehen und den »Sonnengesang« gelesen habt, sind euch sicher Unterschiede zwischen den Vorstellungen der Ägypter und den Aussagen des Christen Franz von Assisi aufgefallen. Malt ein Bild, das zeigt, wer in dem Gesang verehrt wird und woran diese Verehrung zu erkennen ist.

... und schuf den Menschen zu seinem Bilde

In den Jahren 1508 bis 1510 malte der berühmte italienische Maler Michelangelo das Deckengewölbe der »Sixtinischen Kapelle« im Vatikan in Rom aus. Die Ausschnitte des Gemäldes zeigen die »Erschaffung Adams«.*

26 Und Gott sprach: Lasset uns Menschen
machen, ein Bild, das uns gleich sei, die da
herrschen über die Fische im Meer und über die
Vögel unter dem Himmel und über das Vieh und
über alle Tiere des Feldes und über alles Ge-
würm, das auf Erden kriecht.
27 Und Gott schuf den Menschen zu seinem
Bilde, zum Bilde Gottes schuf er ihn; und schuf
sie als Mann und Weib.
Genesis 1,26–27*

1. Die Bibel erzählt am Anfang zweimal von der Erschaffung des Menschen. Betrachtet das Bild und begründet, welche Schöpfungserzählung Michelangelo als Vorlage für sein Bild genommen hat. Seht euch dazu die Schöpfungsgeschichten auf ⇢ S. 60ff. an. Die Entscheidung wird euch leichter fallen, wenn ihr nicht nur die »Erschaffung Adams«, sondern auch Eva* – auf dem Bildausschnitt – genau betrachtet.
2. Stellt die Szene als Standbild ⇢ S. 97 nach. Achtet besonders auf die Haltung der Hände. Es ist viel darüber gerätselt worden, warum sich die Finger nicht berühren. Findet mögliche Erklärungen.

Menschen und ihre Namen

Im Alten Testament kann man nachlesen, dass Namen für die Menschen eine große Bedeutung hatten. So erinnert das Wort »Mose« an das ägyptische Wort für »Sohn«. Als die Tochter des Pharao Mose aus dem Wasser rettete und ihn als ihren Sohn annahm, gab sie ihm diesen Namen (Exodus 2,10 → S.40). In einer anderen Geschichte wird erzählt, dass das Volk Israel* mit Gott einen Bund schloss und sich verpflichtete, Gottes Gebote einzuhalten. Diese Verpflichtung besiegelten die führenden Männer mit ihrem Namen (Nehemia 10,1).*

Max oder Kevin?

Herr Daubmann war neu an der Schule und unterrichtete in der 5b Mathematik. Er war immer ganz auf sein Fach konzentriert; daher nannten die Schüler ihn oft spöttisch »der zerstreute Professor«. Dass er aber nach drei Monaten Unterrichtszeit immer noch nicht die Namen der Schülerinnen und Schüler in der Klasse kannte, stieß auf gemischte Gefühle: »Ich hab' gar keine Lust mehr, mich anzustrengen«, sagte Nadine. »Immer sagt Herr Daubmann Anja zu mir, wenn er mich drannimmt. Wahrscheinlich kriegt Anja dann auch ‚meine' gute Note im Zeugnis.«

»Und bei mir kann er sich noch nicht mal einen falschen Namen merken, er sagt immer ‚Du da'. Ich antworte demnächst nicht mehr, da kann er mich noch so durchdringend angucken!« pflichtete ihr Silvia bei. Kevin und Max hatten sich da etwas ganz anderes ausgedacht, um sich wenigstens über Herrn Daubmanns Vergesslichkeit lustig zu machen. Sie stellten weiterhin treu und brav Namensschilder auf, angeblich, um Herrn Daubmann zu helfen.

Aber – was er nicht ahnte – sie hatten ihre Schilder vertauscht. Das machte die Mathe-Stunden viel spannender, denn nun mussten sie die ganze Zeit darauf achten, sich immer angesprochen zu fühlen, wenn der Name des Nachbarn genannt wurde. Max riskierte sogar eine schlechtere Note, denn wenn der Name »Kevin« aufgerufen wurde, antwortete er wie ein Automat – er war ein Mathe-As –, während Herr Daubmann bei »Max« immer lange auf eine Antwort warten musste.

Die Klassenkameraden hatten ihren Spaß an diesem Verwechslungsspiel und kicherten, aber da Herr Daubmann mit seinem Stoff beschäftigt war, sagte er nur immer »Pssst, Pssst«. Dieses Spiel trieben sie sogar so weit, dass die Mitschüler sich daran gewöhnten, in den Mathe-Stunden zu Max Kevin und zu Kevin Max zu sagen.

Fahrradausflug mit Folgen

Eines Tages stand der ersehnte Klassenausflug mit dem Fahrrad vor der Tür. Die Klassenlehrerin, Frau Schwieger, und eine Referendarin, die nicht in der Klasse unterrichtete, wollten die Schüler begleiten. Alle hatten ihre Räder blank geputzt und einen Rucksack mit Picknicksachen dabei.

Endlich erschien die Referendarin, sogar mit Rennrad, und – nicht Frau Schwieger tauchte hinter ihr auf, sondern Herr Daubmann. Er erklärte, dass Frau Schwieger krank geworden sei und er als Ersatz mitfahren solle. »Ich kann zwar kaum Rad fahren, aber ihr werdet mir den Weg schon zeigen«, scherzte er. »Max, fährst du voraus?« Schon wollte sich Max an die Spitze des Zuges begeben, als ihn Mareike am Ärmel festhielt und ihm zuflüsterte: »Er meint doch nicht dich!« – Natürlich! Das hätte er fast vergessen, jetzt mussten sie auch hier ihr Rollenspiel weiter durchhalten, sonst würde alles auffliegen. Schnell drängte er sich zu Kevin durch, gab ihm einen Knuff in die Seite und murmelte: »Los, du musst vorfahren. Wir müssen uns heute zusammenreißen.« Aber das war nicht so einfach außerhalb des gewohnten Ablaufs der Mathe-Stunde. Die Schüler lachten und achteten nicht mehr auf die alte Verabredung. Weil alle ständig durcheinander redeten, fiel Herrn Daubmann auch nicht auf, wer auf welchen Namen reagierte.

Bei all dem Gerede und Gelache war niemand ganz auf den Straßenverkehr konzentriert. Außerdem war die Ampel grün, und Kevin, an der Spitze, fuhr drauflos, um die Straße zu überqueren. »Max!«, war ein gellender Schrei zu hören. Es war Herr Daubmann, der gerade sah, wie ein LKW um die Ecke bog, ohne die Vorfahrt der Radfahrer und Fußgänger zu beachten. Kevin fühlte sich von diesem Ruf natürlich nicht angesprochen und fuhr auf die Fahrbahn. Dann ging alles ganz schnell: Kevin wurde von dem LKW erfasst und zu Boden gerissen, er schlug mit dem Kopf auf und verlor sofort das Bewusstsein. Als er im Krankenhaus wieder aufwachte, hörte er die Stimme einer Krankenschwester: »Wie heißt der Junge?«

1. Aus welchen Gründen sind einige Schülerinnen und Schüler mit Lehrer Daubmann so unzufrieden? Bezieht in eure Überlegungen die auf dieser Doppelseite genannten Bibelstellen mit ein. Schlagt sie nach.
2. Notiert alle Auswirkungen, die die Verabredung von Kevin und Max nach sich zieht.
3. Schreibt Kevin aus der Sicht von Max einen Brief ins Krankenhaus , der mit den Worten beginnt: »Ich hätte nie gedacht, dass der Name für einen Menschen so wichtig sein kann ...«

Menschen handeln gefährlich

Nach den Gesetzen unseres Landes ist Notwehr nicht strafbar. Sie ist erlaubt, wenn durch gewaltsame Angriffe eines anderen das Leben, die Angehörigen, der Besitz oder die Ehre eines Menschen gefährdet sind. Das Recht auf Notwehr gestattet es, Gewalt notfalls mit Gewalt zu begegnen, wenn Freiheit und Würde verteidigt werden müssen. Diese Verteidigung ist nicht nur dem Angegriffenen, sondern zu dessen Schutz auch jedem anderen gestattet (Nothilfe).

Das Messer

Tack – tack – tack – tack –, tonloses Klacken auf einem Holzbrett zwischen den fünf Fingern der aufgelegten Hand. Sascha führte dieses Kunststück mit seinem Fahrtenmesser vor. Gebannt schauten ihm seine Mitschüler auf dem Schulhof über die Schulter. Nur Oliver sah von Ferne zu. Er konnte Sascha nicht leiden. Außerdem wollte er an Melanie herankommen, die immer neben Sascha saß und ihn offensichtlich sympathisch fand.

Nach der Pause wartete Oliver auf Sascha, und auf der Treppe raunte er ihm zu: »Wehe du lässt Melanie nicht in Ruhe, dann kannst du was erleben!« In der nächsten Stunde gab der Mathematik-Lehrer den Schülern eine Hausaufgabe, die sie zu zweit lösen sollten. Melanie fragte gleich Sascha, und sie verabredeten sich für den Nachmittag bei Sascha. Nach der Stunde fragte Oliver Melanie: »Machen wir die Aufgabe zusammen?«, bekam aber prompt die Antwort: »Nee, ich mach' sie schon mit Sascha.« Oliver baute sich vor Sascha auf: »Wehe du machst die Aufgaben mit Melanie, dann wirst du sehen, was du davon hast!«

Nach Schulschluss fand Sascha sein Fahrrad in alle Einzelteile zerlegt vor und hörte Oliver mit zwei älteren Schülern hinter sich lachen: »Das war nur ein kleiner Vorgeschmack!« Die vorübergehenden Klassenkameraden grinsten. Am Nachmittag, als Sascha und Melanie an den Hausaufgaben saßen, klingelte das Telefon. Sascha nahm den Hörer ab und wurde bleich, gab aber gegenüber Melanie nicht zu, dass Oliver ihm gerade Prügel für den nächsten Tag angedroht hatte. Nachdem Melanie gegangen war, lag Sascha auf dem Bett und hörte Musik.

»Kommst du Abendbrot essen?«, hörte er seine Mutter rufen, rührte sich aber nicht vom Fleck. Sie trat ins Zimmer und ahnte sofort, dass mit Sascha etwas nicht stimmte. »Was ist los? Bist du traurig oder hast du eine schlechte Note geschrieben?« – »Nein, nein, nichts, lass mich in Ruhe.« Die Mutter verließ das Zimmer wieder.

Als Sascha am nächsten Morgen in die Schule kam, schien alles friedlich zu sein, bis er bemerkte, dass Oliver sich neben Melanie auf seinen Platz gesetzt hatte. Er ging auf ihn zu: »Das ist mein Platz!« – »Ach nee, was wünschen der Herr?« erhielt er zur Antwort. Oliver fühlte sich stark. Der Klassenlehrer trat ein, begab sich zielstrebig zum Pult und sagte dabei: »Oliver und Sascha, was soll das dumme Gezänk? Jeder bitte auf seinen Platz.« Oliver erhob sich mürrisch, und Melanie rief ihm nach: »Lass mich endlich in Ruhe, ich will nichts von dir!«

Während der Stunde wanderte ein Zettel durch die Reihen: »An Sascha! In der Pause bist du fällig!« Sascha ging nach dem Pausengong die Treppe hinunter. Kaum im Hof angekommen, griffen ihn die zwei Freunde Olivers und schleppten ihn hinter die Mülltonnen. Oliver begann, ihn mit Fäusten ins Gesicht zu schlagen und ihn zu treten. Sascha krümmte sich vor Schmerz. »Nun wehr dich, du Feigling!«, rief Oliver und schlug heftiger zu. Sascha hielt plötzlich sein Messer in der Hand und schrie: »Haut ab, haut doch endlich ab!« – »Ach, er will uns mit seinem Fahrtenmesser drohen!«, spottete Oliver und machte eine heftige Bewegung auf Sascha zu. Im nächsten Moment fiel er zu Boden und blieb reglos liegen.

Edvard Munch, 1919

Methode **Antwortbilder finden**

Mit dieser Methode könnt ihr euch einen weiteren kreativen Zugang zu Bildern erarbeiten.

- Setzt euch in kleinen Gruppen zusammen, betrachtet das Bild. Sammelt alle möglichen Fragen, die euch spontan zum Bild einfallen – schreibt sie auf.
- Entscheidet euch für eine der Fragen und fertigt jeder für sich zu dieser Frage ein »Antwortbild« an.
- Versucht in kleinen Gruppen, eure Bilder in eine mögliche Reihenfolge zu bringen. Vielleicht ergeben sich auf diese Weise eine Vorgeschichte oder eine Fortsetzung zu dem Bild von Munch.
- Zusatzaufgabe: Wählt für jedes eurer Bilder aus der Erzählung von Kain und Abel eine Zeile aus, die als Unterschrift geeignet sein könnte.

1. Spielt verschiedene Szenen, die einige Wochen nach den Ereignissen stattfinden könnten:
   - der Klassenlehrer führt ein Gespräch mit Sascha und der Klassensprecherin,
   - Sascha und Melanie begegnen sich,
   - zu Hause spricht Sascha mit seiner Mutter.
2. Lest die Erzählung von Kain und Abel (Gen 4,1–16) und besprecht, welche Gemeinsamkeiten und Unterschiede ihr zur Geschichte »Das Messer« herausgefunden habt.

Menschen und ihre Gaben

So ähnlich könnte das Schiff ausgesehen haben, mit dem Robinson in dem Roman von Daniel Defoe über die Meere segelte – doch dann war er plötzlich ein Schiffbrüchiger, der auf einer einsamen Insel gestrandet war.

Ohne Hilfe hilflos?

30. September 1659: Ich, der elende Robinson Crusoe, wurde während eines schrecklichen Sturmes schiffbrüchig auf offener See und erreichte die traurige Küste dieser Insel, die ich die Insel der Verzweiflung nenne. Die gesamte Schiffsmannschaft ertrank, nur ich schleppte mich halb tot auf den Strand [...]

Nach zehn oder zwölf Tagen kam es mir in den Sinn, dass ich die genaue Zeitrechnung verlieren könnte, denn ich besaß kein Papier und weder Schreibzeug noch Tinte. Die Sonntage würden sich von den Werktagen nicht mehr unterscheiden. Das sollte nicht geschehen. Ich wählte einen langen, vierkantigen Balken, richtete ein Kreuz daraus und grub es an dem Platz ein, wo ich die Küste betreten hatte. In großen Buchstaben schnitt ich ein: »Hier landete ich am 30. September 1659«. Auf der Seite kerbte ich jeden Tag eine Marke ein. Jede siebte Marke war so lang wie sechs zusammen, und an jedem Monatsbeginn wurde die Monatsmarke angebracht. Auf diese Weise führte ich Kalender und hielt Wochen, Monate und Jahre fest [...] In dem Kram, den ich zunächst als weniger wichtig betrachtet und im Durcheinander von Bord getragen hatte, fanden sich zu meiner Überraschung doch noch Feder, Tinte und Papier. Ich ging sehr sparsam damit um. Solange die Tinte reichte, führte ich zuverlässig Tagebuch. Aber als sie aufgebraucht war, war es damit zu Ende, denn ich mochte mich anstrengen, wie ich wollte – Tinte herzustellen gelang mir nicht. Ja, es fehlte manches, obgleich ich doch so viele Dinge aus dem Wrack geborgen hatte. Es fehlten Spaten, Kreuzhacke und Schaufel, um Erdarbeiten durchzuführen; es fehlten Nähnadeln, Stecknadeln und Garn; dass ich kein Leinenzeug besaß, konnte ich verschmerzen. Aber der Mangel an bestimmtem Handwerkszeug ließ meine Arbeit mühsam vorangehen [...]

Ich begann, meine Lage ernsthaft zu überdenken, und zeichnete die Tatsachen auf. Es ging mir nicht so sehr darum, Rechenschaft für jemand zu hinterlassen, der eines Tages die Insel beträte. Ich wollte mich vielmehr von den täglichen Grübeleien freimachen, wie ein ordentlicher Buchhalter das Gute gegen das Nachteilige einsetzt, um zu erkennen, was meine Lage von einer schlimmeren unterschied [...]

Daniel Defoe

Begabungen können auch Probleme bereiten

Drei Beispielgeschichten

1 Florian fährt hervorragend Inline-Skates. Er ist 15 Jahre alt und hat schon mehrere Wettbewerbe in der Halfpipe gewonnen. Wenn er einmal fehlt, merkt das jeder auf dem Übungsplatz, wo sich die Skater allabendlich treffen und trainieren. Florian ist dort sehr beliebt, er ist mutig und ein wenig eigenwillig. Obwohl die »Profis« hier gern unter sich bleiben, bringt Florian eines Abends einige Freunde aus seiner Klasse mit. »Wenn ihr wollt, zeige ich euch, wie man richtig skatet, und bringe euch einige akrobatische Skating-Kunststücke bei!«, ruft er ihnen zu. Die anderen trauen ihren Ohren kaum. Missmutig blicken sie herüber. Florian sieht ihre Blicke und überlegt, ob er seine Freunde um Verständnis bitten soll. Doch dann wirft er trotzig den Kopf zurück. Er hatte sich so darauf gefreut, seine Kenntnisse und sein Können auch einmal an andere weiterzugeben.

2 Claudia wiederholt die Klasse und gehört wieder zu den schlechten Schülern. Ständig ist sie abgelenkt und gleichgültig gegenüber ihren Klassenkameraden. Sie will Gärtnerin werden, weil sie für die gelungene Gestaltung eines Gartens einen guten Blick hat und ihr der Umgang mit Bäumen und Pflanzen viel Freude macht. Lediglich der Gedanke an die viele und harte Arbeit in diesem Beruf macht ihr Sorgen. Sie ist eher bequem. Als eines Tages ihre Klasse zusammen mit dem Biologielehrer einen Teich für Wasserpflanzen im Schulgarten plant, bitten sie alle dringend, ihnen dabei doch zu helfen. Claudia sagt: »Was geht mich euer Teich an? Ich hab‘ keinen Bock!«

3 Johanna ist sehr hilfsbereit und kann schlecht nein sagen. Ihre Eltern freuen sich darüber und unterstützen sie in ihrem Verhalten. Nach der Schule geht sie zweimal die Woche einer älteren Frau in der Nachbarschaft ein wenig zur Hand, gibt einem kleinen Jungen kostenlos Nachhilfe und macht in der Jugendgruppe der Gemeinde mit. Plötzlich wird sie in der Schule immer schlechter.

1. Ihr habt sicher schon einmal von Robinson Crusoe gehört – tragt zusammen, woran ihr euch noch erinnert. Sucht im Internet nach Informationen zu dem berühmten Buch »Robinson Crusoe«.
2. Warum findet Robinson es wichtig, auf der Insel ein Tagebuch zu führen? Findet in kleinen Gruppen heraus, ob sich Robinson richtig verhält, und stellt einen Plan dazu auf, wie er jetzt weiter vorgehen sollte. Was würdet ihr tun?
3. Klärt, warum es in den drei Beispielgeschichten jedes Mal zu Schwierigkeiten und Konflikten kommt.
4. In den drei Beispielgeschichten spielen zwei Mädchen und ein Junge die Hauptrolle. Sind die Geschichten typisch für Jungen und Mädchen? Tauscht euch in der Klasse über diese Fragen aus.
5. Zeichnet ein Bild zu der Überschrift: Das kann ich besonders gut. Stellt eure Bilder in der Klasse zu einer Wandzeitung »Hilfsangebote« zusammen, sodass sich Tauschaktionen zwischen einzelnen Anbietern entwickeln können.

Wer ist mein Nächster?

Häufig verwickelten Gesetzeslehrer Jesus in Streitgespräche. Als Antwort auf schwierige Fragen erzählte er immer wieder kurze Geschichten, die von alltäglichen Erfahrungen und ungewöhnlichen Verhaltensweisen von Menschen handeln. Diese Geschichten werden als Gleichnisse be*zeichnet. Zurzeit Jesu legten Schriftgelehrte die Tora*, das Gesetz oder die Weisungen Gottes, aus. Aufgrund ihres Wissens waren sie hoch angesehen.*

SCHLÜSSELWISSEN **Nächstenliebe**
Gott liebt alle Menschen der Welt in ihrer Einmaligkeit. Im Wissen um diese Liebe Gottes können Menschen eine selbstlose Hilfsbereitschaft auch für Menschen entwickeln, die ihnen völlig fremd sind.

Der barmherzige Samariter

25 Und siehe, da stand ein Schriftgelehrter auf,
versuchte ihn und sprach: »Meister, was muss
ich tun, dass ich das ewige Leben ererbe?« 26 Er
aber sprach zu ihm: »Was steht im Gesetz
geschrieben? Was liest du?« 27 Er antwortete
und sprach: »Du sollst den Herrn, deinen Gott,
lieben von ganzem Herzen, von ganzer Seele,
von allen Kräften und von ganzem Gemüt, und
deinen Nächsten wie dich selbst.« 28 Er aber
sprach zu ihm: »Du hast recht geantwortet; tu
das, so wirst du leben.« 29 Er aber wollte sich
selbst rechtfertigen und sprach zu Jesus: »Wer
ist denn mein Nächster?« 30 Da antwortete
Jesus und sprach: »Es war ein Mensch, der ging
von Jerusalem hinab nach Jericho und fiel unter
die Räuber; die zogen ihn aus und schlugen ihn
und machten sich davon und ließen ihn halbtot
liegen. 31 Es traf sich aber, dass ein Priester
dieselbe Straße hinab zog; und als er ihn sah,
ging er vorüber. 32 Desgleichen auch ein Levit:
als er zu der Stelle kam und ihn sah, ging er
vorüber. 33 Ein Samariter aber, der auf der Reise
war, kam dahin; und als er ihn sah, jammerte er
ihn; 34 und er ging zu ihm, goss Öl und Wein auf
seine Wunden und verband sie ihm, hob ihn auf
sein Tier und brachte ihn in eine Herberge und
pflegte ihn. 35 Am nächsten Tag zog er zwei
Silbergroschen heraus, gab sie dem Wirt und
sprach: Pflege ihn; und wenn du mehr ausgibst,
will ich dir' s bezahlen, wenn ich wiederkomme.
36 Wer von diesen dreien, meinst du, ist der
Nächste gewesen dem, der unter die Räuber
gefallen war?« 37 Er sprach: »Der die Barmher-
zigkeit an ihm tat.« »Da sprach Jesus zu ihm: So
geh hin und tu desgleichen!«
Lukas 10,25–37

1. Die Geschichte vom barmherzigen Samariter spielt vor etwa 2000 Jahren. Den damaligen Zuhörern war alles, wovon Jesus erzählte, gut vertraut. Schreibt die Wörter und Begriffe heraus, deren Bedeutung euch nicht ganz klar ist, und schlagt sie in einem Lexikon nach.
2. »Ich finde in der Geschichte erstaunlich, dass ...« Setzt diesen Satz fort.
3. Bearbeitet folgende Anregungen in Gruppen:
   - Dem Helfer fällt plötzlich ein, dass er seine Verabredung mit einem Geschäftspartner jetzt nicht mehr einhalten kann: »Auf was habe ich mich da bloß eingelassen?« Er schildert in einem Brief an einen Freund, was er erlebt und getan hat. Verfasst einen solchen Brief.

Vincent van Gogh, 1890

Methode:
Ein Bild beschreiben und deuten
Oft sprechen uns Bilder unmittelbar an. Um hinter diese Wirkung zu kommen und die tiefere Bedeutung des Bildes zu ermitteln, könnt ihr wie folgt vorgehen:

- Haltet eure ersten Seheindrücke in Stichworten fest.
- Beschreibt dann genau die Einzelheiten, die ihr im Bild erkennen könnt.
- Erläutert, welche Wirkung von den vorherrschenden Farben und Formen des Bildes ausgeht.
- Sucht Antworten auf die Frage, was aus der Geschichte vom barmherzigen Samariter dem Maler wohl besonders wichtig gewesen ist.

- Schreibt auf, welche Gedanken oder Befürchtungen dem hilflosen Verletzten durch den Kopf gegangen sein könnten.
- Der Priester schildert am Abend die Begebenheit seiner Familie und beginnt: »Als ich heute vom Gottesdienst kam und im Gebet versunken war, da ...« Setzt seinen Bericht fort.
- Jede Gruppe trägt ihre Ergebnisse vor. Überlegt gemeinsam, was Jesus mit seiner Erzählung verdeutlichen wollte.

Menschen in Not helfen

Der Sänger Frank Zander feiert jedes Jahr Weihnachten mit Obdachlosen in Berlin.

Landstreicher nannte man sie früher, heute hört man häufig die Bezeichnung »Penner«, und sie selbst nennen sich »Berber« – gemeint sind Menschen, die ohne Wohnung und zumeist ohne feste Arbeit leben: Obdachlose. Die meisten sind zwischen 30 und 50 Jahre alt. Es gibt keine offiziellen Zahlen, wie viele Obdachlose in der Bundesrepublik leben.

In Obdachlosenasylen können sie längstens drei Tage bleiben. Die Hälfte der Obdachlosen hat monatlich weniger als 310 Euro zur Verfügung. Das Umherziehen von Ort zu Ort ohne festen Wohnsitz ist nicht strafbar. Schlafen auf einer Parkbank oder im Bahnhof, Bettelei und Schwarzarbeit sind dagegen verboten.

Es ist Heiligabend, und ich gehöre nicht dazu

So was ist mir in all den Jahren noch nicht passiert. Heiligabend ist da, und ich habe kein Bett. Mein Rucksack ist im Gepäckschließfach des Bahnhofs, am Morgen von Heiligabend gehe ich ohne die 24 Kilogramm auf dem Rücken durch die Stadt. Die Leute machen ihre letzten Einkäufe vor der großen Ruhe. Ich habe schon meine Ruhe. Mit reichlich zusammengebetteltem Geld in der Tasche versuche ich diese Ruhe zu genießen. Mein »Weihnachtsgeschäft« ist erledigt. Die Fahrkarte, diesmal außergewöhnlich weit, gut 100 Kilometer weit weg in die nächste Großstadt, habe ich schon vorhin besorgt. Doch ich will jetzt noch nicht fahren, ich habe Zeit, viel Zeit. »Mein Zug« fährt erst um halb vier am Nachmittag. Jetzt ist es 9 Uhr am Vormittag. Diesen Tag will ich erleben: keine Kameraden von der Straße sehen, heute nicht! Ich will keine Liebe spüren, wo sie doch sonst auch nicht da ist, heute nicht! ... Ich spreche keine Leute an wegen einer »milden Gabe«.

Es wird Mittag, die Stadt wird leerer, langsam wird es fast ein wenig unheimlich. Einen Burger bei Mac ... Ich habe soviel Geld, dass ich mir das Mittagessen heute nicht bettle. Bis zum Zug habe ich immer noch Zeit; im Südpark gehe ich spazieren. Schön wäre es, wenn hier und jetzt Schnee liegen würde, die weihnachtliche Idylle wäre vollkommen.

Kurz nach 3 Uhr bin ich am Bahnhof, den Rucksack hole ich mir aus dem Schließfach; oh, wie wohl ist mir zumute, wenn ich mein komplettes Gepäck bei mir habe und die Reise losgeht. Auf dem Bahnsteig ist es ruhig, so viele späte Reisende gibt's heute nicht.

Der Zug kommt, ich steige ein, der Zug fährt an. Mit zunehmender Geschwindigkeit verlässt der Zug die Stadt. Die Fahrt verläuft ruhig. Aus dem Fenster sehe ich den Rhein, spüre förmlich die Ruhe in den Dörfern, in den Weinbergen, auf den Straßen und Wegen, auf dem Strom, durch die Wagonwand spüre ich Heiligabend. Das Fahrgeräusch nehme ich auf wie ein Rauschgift – was für ein Weihnachtsnachmittag. Knapp eine Stunde fährt der Zug ohne Zwischenhalt.

Diese Reise ist mein Weihnachtsgeschenk für

mich. Gegen halb fünf am Abend ist es fast schon dunkel. Ich steige aus dem Zug. Die 20 Kilometer zur nächsten gescheiten Herberge fahre ich erst morgen Mittag. Unschlüssig stehe ich in der Bahnhofshalle. Mein schweres Gepäck fällt auf. Der Rucksack geht also wieder ins Schließfach, nur die Rolle mit dem Schlafsack und einige Lebensmittel nehme ich mit auf den Weg. Zum Rhein laufe ich durch die Innenstadt; fast verloren gehen späte Spaziergänger an den Schaufenstern der Geschäfte vorbei. Und ich auch.

Doch ich gehöre nicht dazu. Heiligabend ist da, und ich gehöre nicht dazu. Abwesend verdränge ich den Gedanken, lasse nur diese eigenartige Ruhe auf mich einwirken; dann gehe ich zum Fluss. Minutenlang sehe ich dem Spiel der Wellen und der Lichter auf der anderen Uferseite zu.

Mittlerweile ist es völlig dunkel und ich mache mich auf. Eine dreiviertel Stunde werde ich gehen bis zu meiner »Unterkunft« für diese Nacht. Es wird die zehnte Nacht im Freien, bei acht Grad unter Null. Nun schneidet auch noch der kalte Wind vom Fluss an meinem Körper.

Hier und jetzt will ich aber kein Ende machen mit meinem Ansinnen und nun doch in die städtische Herberge gehen, wo ich auch sonst prinzipiell nicht hingehe. Diese Nacht gehört mir, und nur mir alleine.

Unterwegs durch die Dunkelheit höre ich plötzlich ein Schiffshorn. Keine noch so herrliche Orgel könnte mich in diesem Augenblick mehr begeistern ... Meine »Unterkunft« habe ich erreicht. Weil sie windgeschützt ist, kann ich eine gefundene Kerze anzünden. Ich habe etwas Licht. Den Schlafsack rolle ich aus, setze mich darauf. Als »Festmahl« dient mir ein Stück Kuchen, mehr nicht. In den Schlafsack gekrochen, lösche ich die Kerze, und dann »Gute Nacht, heilige Nacht.« → S. 162

Unbekannter Verfasser

1. Vergleicht diesen Verlauf des Heiligabends mit euren Erfahrugen.
2. Überlegt euch, welche Gedanken und Gefühle den Jungen auf dem rechten Bild bewegen könnten.
3. Wie würde wohl der Obdachlose aus der Geschichte auf den Jungen reagieren?

Mensch-Sein gestalten und diskutieren

In diesem Kapitel habt ihr erfahren, dass Menschen nach christlicher Auffassung von Gott einzigartig erschaffen wurden und dass sie verantwortungsvoll miteinander leben sollen. Ihr wisst, wie Jesus die Frage nach dem »Nächsten« beantwortet hat und dass Nächstenliebe ein wichtiger christlicher Grundsatz ist. Auch heute stellt sich die Frage nach dem »Nächsten« immer wieder neu.

1. Beschreibe die Karikatur* genau und überlege, was der Karikaturist wohl besonders herausstellen wollte.
2. Begründe, zu welcher Doppelseite dieses Kapitels die Karikatur deiner Meinung nach besonders gut passt.
3. Zeichne ein eigenes Bild, in dem deutlich wird, was nach der in der Karikatur gezeigten Situation wohl passieren könnte. Besprecht eure Bilder miteinander.

Eine Klassendiskussion führen

Mit Moderationskarten lassen sich zu jedem möglichen Thema passende Aussagen oder Fragen sammeln, die dann gemeinsam in der Gruppe besprochen werden können. Am Ende des Kapitels »Der Mensch – ein Bild Gottes« könnt ihr wichtige Inhalte der letzten Unterrichtsstunden noch einmal ausführlich miteinander besprechen.
Es gibt vielleicht auch Aussagen, über die ihr unterschiedlicher Meinung seid – hier bietet sich eine Diskussion »Pro und Kontra« an.

4. Bereitet Moderationskarten zu diesem Kapitel vor und diskutiert sie miteinander. Stellt sie zu jeder Karte auf einem Plakat zusammen.

METHODE **Eine Abschlussdiskussion mit Moderationskarten üben**

- Zunächst müsst ihr Moderationskarten erstellen:
  Beispiele für unser Kapitel wären folgende Aussagen. Die Lücken müsst ihr natürlich noch ausfüllen!
  - ... und ... sind gleich geschaffen.
  - Nächstenliebe bedeutet, sich ... kümmern.
  - Jungen müssen vor allem ... sein und dürfen keine ... zeigen.
- Gleichzeitig können natürlich auch von euch eigene Sätze aufgeschrieben werden.

- Ihr könnt entweder in der ganzen Klasse oder aber in mehreren Kleingruppen diskutieren.
- Jemand beginnt und zieht verdeckt eine Moderationskarte, liest sie laut vor und sagt seine Meinung.
- Danach können auch die anderen Schüler und Schülerinnen Stellung nehmen.
- Gibt es nach einiger Diskussion keine neuen Beiträge mehr, zieht der Nächste eine Karte.
- Jeder darf seine Meinung zur Aussage oder zu den Beiträgen der anderen sagen, es gibt aber keinen Zwang. Es ist dabei nicht nötig, möglichst viele oder alle Karten zu diskutieren.
- Einer/eine in der Gruppe sollte beobachten, wie ihr diskutiert: Kommen alle zu Wort? Diskutieren alle ernsthaft? Wie geht ihr mit anderen Meinungen um? Er/sie gibt der Gruppe nach der Diskussion eine Rückmeldung.

6

Oben: Kapernaum mit Resten einer Synagoge,
daneben: der See Genezareth,
unten: Nazareth heute

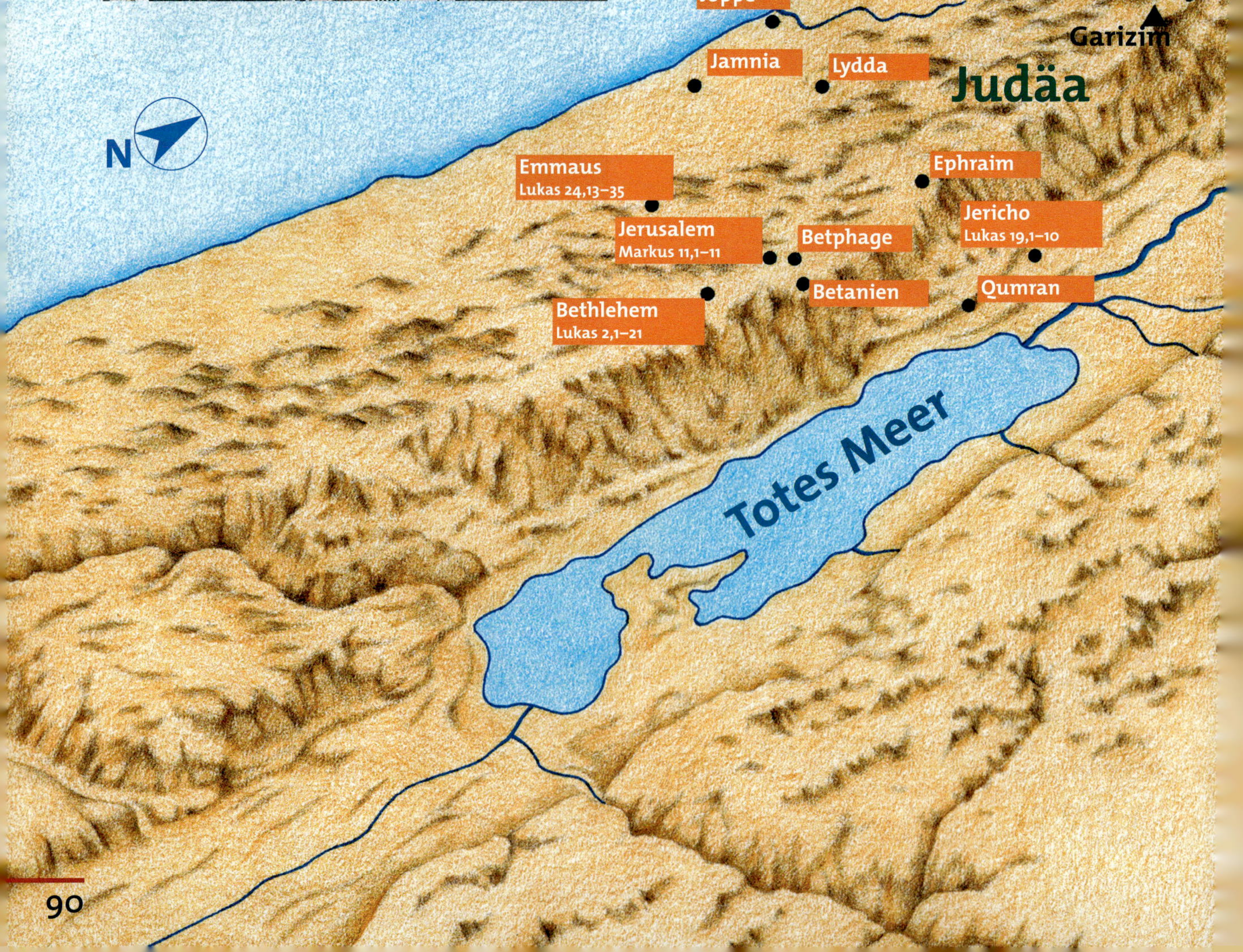

Auf den Spuren Jesu

1. Zu welchen Orten in der Karte kennt ihr eine Geschichte aus dem Leben Jesu? Erzählt.
2. Wenn euch zu einem Ort keine Geschichte einfällt: Lest die angegebene Bibelstelle.
3. Gestaltet eine Israel*-Karte: Tragt darin im Laufe des Kapitels Ereignisse aus dem Leben Jesu ein.

Woher kommt Jesus?

Freunde in Nazareth

Simon und Jonas gingen nach dem Gottesdienst am Sabbat* zusammen nach Hause. Jonas hatte in der Synagoge* schon bei den Männern gesessen und sogar einen Abschnitt aus der Tora* vorlesen dürfen. Er war vierzehn, Simon erst elf. Simon ärgerte sich: Er zählte noch zu den Kindern. Immer war er zu jung, fand er. Halb Nazareth hatte sich in diesem Jahr wieder auf den Weg gemacht, um das Passahfest* in Jerusalem zu feiern. Nur Kinder und alte Leute waren daheim geblieben. Auch Jesus, der Älteste von Maria und Joseph, hatte mitziehen dürfen, weil er jetzt zwölf ist und bald seine Bar Mizwa* feiern darf. »Jesus und seine Eltern sind übrigens seit gestern auch wieder zurück«, erklärte Jonas, »das war ja eine Aufregung! Wir waren alle schon einen Tag lang auf dem Rückweg, da merkten Maria und Joseph, dass Jesus nicht mit zurückgekommen war. Im Tempel bei den Lehrern haben sie ihn schließlich gefunden.« »Und von denen ließ er sich unsere heiligen Schriften erklären, stimmt's?« »Ja, zuerst hat er wohl nur zugehört, aber dann hat er auch richtig mitdiskutiert, besonders als sie darüber gestritten haben, wie wir nach den Geboten Gottes leben sollen. Die Lehrer im Tempel müssen sehr gestaunt haben, wie klug Jesus mit ihnen über diese Dinge redete.« »Na, wir hier in Nazareth kennen ihn ja! Ich hätte gar nichts anderes erwartet. Ich erlebe ihn doch, wenn wir beide bei seinem Vater Lesen und Schreiben lernen und die Lieder und Gebete unseres Glaubens. Er nimmt unseren Glauben viel ernster als du und ich. Manchmal kommt es mir vor, als wäre er Gott ein Stück näher als wir«, meinte Simon.

»In Jerusalem haben die Leute übrigens ziemlich eigenartig über uns Galiläer geredet«, flüsterte Jonas. »Hier bei uns könne es jederzeit zu einem Aufstand gegen Rom kommen. Hast du schon einmal von Judas, dem Galiläer, gehört? Er hat vor kurzem so etwas versucht. Er wurde dabei getötet. Aber seine Gruppe macht weiter. Sie heißen Zeloten. Sie haben sich Waffen beschafft und wollen mit Gewalt dafür kämpfen, dass unser Land wieder frei und unabhängig wird.« »Jonas, das wär's doch! Die Schriften sagen, dass unser Land allein Gott gehört. Das habe ich bei Joseph gelernt. Wenn ich nur nicht so jung wäre! Vielleicht würde ich zu diesen Zeloten gehen und für Gott und unser Land kämpfen.« »Ich weiß nicht, Simon, – mit Waffen? Ich habe vor kurzem einem von den Pharisäern zugehört, die sich sehr gut in unseren heiligen Schriften auskennen. Er behauptet, die Herrschaft der Römer sei eine gerechte Strafe dafür, dass so viele in Israel* die Gebote Gottes missachten. Erst wenn wir wieder genau alle Vorschriften unseres Glaubens einhalten, könnten wir auf Rettung hoffen. Erst dann komme der Messias*, der Retter und Befreier, den uns Gott versprochen hat!« »Die Zeloten behaupten dagegen: Gott schickt den Messias nur, wenn wir selbst dafür kämpfen« meinte Simon. »Nun weiß ich auch nicht, was besser ist. Ich würde eigentlich gerne mal Jesus dazu fragen.«

Lippo Memmi, 1330: Petrus (lateinisch: Fels) ist der Beiname von Simon, einem der engsten Freunde Jesu.

Israel zur Zeit Jesu

Die Römer eroberten 68 v. Chr. Israel. Als sie 135 n. Chr. den letzten jüdischen Aufstand niedergeschlagen hatten, nannten sie das Land Palästina. Dadurch wollten sie verhindern, dass sich die Juden an die Zeit erinnerten, als sie noch frei in ihrem Land lebten. Um das Land besser verwalten zu können, hatten es die Römer zuvor in Verwaltungsbezirke aufgeteilt. Galiläa, die Heimat Jesu, war ein solcher Bezirk im Norden. Er erstreckt sich zwischen der Küstenebene des Mittelmeers im Westen und dem Jordan im Osten. Dieser Fluss ist der größte Israels und durchfließt auch den See Genezareth. Er war berühmt für seinen Fischreichtum. Auch die Gegend um den See war sehr fruchtbar. Aufgrund regenreicher Winter und heißer Sommer konnten Datteln, Feigen, Oliven, Getreide, Gemüse und Wein gut gedeihen. Durch das 40 km breite und 70 km lange Gebiet verliefen außerdem wichtige Verkehrsverbindungen des Römischen Reiches. In ihren Verwaltungsbezirken hatten die Römer meist jüdische Fürsten mit der Regierung des Landes beauftragt. Diese waren aber von ihnen abhängig.*

Der über Galiläa eingesetzte Herrscher hieß Herodes Antipas. Er war der Sohn von König Herodes, dem Großen, der noch über ganz Israel regiert hatte. In seiner Regierungszeit war Jesus geboren worden. Herodes Antipas herrschte von 4 v. Chr. bis 39 n. Chr. Am See Genezareth ließ er sich eine neue prunkvolle Hauptstadt erbauen. Er nannte sie Tiberias, dem römischen Kaiser Tiberius (14 bis 37 n. Chr.) zu Ehren. Dieser war Adoptivsohn und Nachfolger des Augustus.

Im Auftrag des Kaisers sollte Herodes Antipas Aufstände verhindern und mithilfe jüdischer Zöllner Steuern eintreiben. Trotz hoher Abgaben an die Römer konnte er sich ein Leben im Luxus leisten. Die einfachen Leute auf dem Land dagegen verarmten, obwohl es gute Ernten gab.

Im Volk war er deswegen genauso unbeliebt wie die römischen Besatzer und alle, die mit ihnen zusammenarbeiteten. Die Sehnsucht der Menschen nach dem Messias wuchs.*

Augustus, römischer Kaiser, zur Zeit, als Jesus geboren wurde.

1. Jonas und Simon diskutieren am Ende der Geschichte ein Problem. Formuliert es als Frage.
2. Schaltet euch in das Gespräch ein: Wofür seid ihr? Überlegt euch, was Jesus wohl dazu sagen würde.
3. Schreibt aus den beiden Texten die euch unbekannten Begriffe und Namen zur Zeit Jesu heraus. Informiert euch darüber in Lexika, Sachbüchern oder im Internet und verfasst jeweils eine kurze Erklärung.
4. Stellt die Begriffserklärungen zu einem Lexikon zusammen. Ergänzt es im Lauf eurer Beschäftigung mit Jesus um neue Begriffe.

Wie Jesus seinen Weg begann

Jesu Geburt und Kindheit werden nicht in allen Evangelien erzählt. Das erste Ereignis im Leben Jesu, das alle vier Evangelisten erwähnen, ist seine Begegnung mit Johannes dem Täufer im Erwachsenenalter. Dieser glaubte fest daran, dass Gott sehr bald käme, um Gericht zu halten. Darum rief Johannes die Menschen auf, sich zu ändern und sich von aller Schuld zu reinigen. Als Zeichen der Reinigung vollzog er die Taufe. Dabei wurden die Täuflinge kurz vollständig im Wasser untergetaucht.

Wie später Jesus, so hatte auch Johannes der Täufer eine Gruppe von Jüngern um sich. Sein Vorbild war der Prophet Elia. Nahe Betanien gab es eine Gedenkstätte für diesen Propheten mit großen, gemauerten Tauchbecken. Diesen Ort hatte Johannes für sein Wirken ausgewählt.

Jacopo und Lorenzo Salimbene, 1416

1. Erklärt, welche Bedeutung die Begegnung mit Johannes dem Täufer für Jesus hat.
2. Lest die Geschichte in der Bibel: Mt 3,13–17. Zeigt Unterschiede zur Schilderung im Text.
3. Beschreibt, wie der Künstler aus dem Mittelalter die Taufe Jesu darstellt. Überlegt euch, was Farben und Symbole bedeuten könnten.
4. Benennt Elemente des Bildes, die nicht in Mt 3,13–17 stehen: Warum hat sie der Künstler gemalt?

Jesus und Johannes der Täufer

Zwanzig Jahre waren vergangen. Die Freunde hatten einer nach dem andern Nazareth verlassen. Jonas war Kaufmann geworden. Er wohnte in Jerusalem, war aber oft auf Handelsreisen unterwegs, auch in Galiläa. Simon hatte geheiratet und lebte mit seiner Familie in Betsaida am Ostufer des Sees Genezareth. Er war Fischer. Jesus war nach Kapernaum gezogen, vom Dorf in die Stadt. Er arbeitete als Zimmermann, wie er es von seinem Vater gelernt hatte, bis – ja, bis er Johannes dem Täufer begegnete.

Jonas hatte seine Galiläa-Reise diesmal so geplant, dass er Simon in Betsaida besuchen konnte. Von ihm wollte er Genaueres über Jesus hören. »Viel weiß ich auch nicht, Jonas«, bedauerte Simon, »ich war ja nicht bei ihm. Vor ein paar Monaten hatte er dieses Erlebnis, das ihn völlig verwandelte. Er machte sich auf zu Johannes dem Täufer, wie so viele es taten ... « »Zum Beispiel ich«, unterbrach ihn Jonas. »Du?« »Ich war einfach neugierig und bin einmal über Betanien gereist. Ich habe Johannes dort am ‚Hügel des Elia' zugesehen, wie er predigte und taufte. Er tat alles, um wie ein zweiter Elia zu erscheinen: Er trug ein Gewand aus Kamelhaar und einen Lederschurz, er ernährte sich von Heuschrecken und wildem Honig. Wenn er predigte, war es zum Fürchten. Er wollte, dass wir unser Leben ändern und auf den Weg zu Gott zurückkehren. Dabei nahm er kein Blatt vor den Mund. Die Zolleinnehmer, die Soldaten und die reiche Oberschicht beschimpfte er geradezu, weil sie mit den Römern gemeinsame Sache machen. Seine Kritik an König Herodes Antipas hat ihn zuletzt ins Gefängnis gebracht. Vielleicht hat man ihn schon hingerichtet.«

Jonas schwieg. Nach einer Weile stieß er Simon an: »Was meinst du? Ob seine Freunde nun seine Arbeit weiterführen?« »Du bringst mich auf einen Gedanken, Jonas. Jesus hat sich von Johannes taufen lassen. Danach ist er noch kurze Zeit bei der Gruppe um Johannes geblieben. Aber jetzt hat er begonnen, in Galiläa von Ort zu Ort zu ziehen, um zu verkünden, dass Gottes Herrschaft nun angebrochen ist. In Bildern und Geschichten erzählt er davon, wie es sein wird in Gottes Reich*.« »Aber Simon, wie kommt er denn plötzlich dazu? Er hatte doch wie sein Vater als Bauhandwerker eine gute Arbeit.« »Bei seiner Taufe hat er eine Stimme vom Himmel gehört. Er ist gewiss, dass Gott zu ihm gesprochen und ihm einen Auftrag gegeben hat. Könnte es nicht sein, dass für ihn nun die Zeit gekommen ist, diesen Auftrag zu erfüllen? Wenn Jesus morgen hierher käme und mich aufforderte, mit ihm zu gehen, ich glaube, ich würde ihm folgen.«

Oben:
Auch heute finden im Jordan regelmäßig Taufen statt.

Frauen in der Nähe Jesu

Unterstützung für Jesus

In der Alltagswelt Jesu waren die Aufgaben zwischen Männern und Frauen klar verteilt. Die Männer gingen ihrem Beruf nach und hatten in politischen, wirtschaftlichen und religiösen Angelegenheiten das Sagen. Ihre älteren Söhne durften sie begleiten. Die Frauen dagegen kümmerten sich um die Familie, den Haushalt, die Tiere und die Erziehung der Kinder, besonders der Töchter. In der Öffentlichkeit hielten sie sich zurück.

Diese Frau backt für ihre Familie Fladenbrot.

Auf dem Markt von Tiberias trafen sich regelmäßig ein paar Frauen. Doch Miriam wunderte sich heute: »Wir sind nur zu dritt? Wo bleiben die andern? Auch du, Johanna, hast öfter gefehlt. Was ist los?« »Das ist eine längere Geschichte, Miriam. Ihr habt doch sicher von diesem Jesus aus Nazareth gehört.« »Nicht viel, er soll hier in Galiläa von Ort zu Ort den Menschen verkünden, dass Gottes Reich* ganz nahe ist, und ...« »Nicht nur nahe«, unterbrach sie Susanna, »in der Synagoge* von Nazareth hat er eindeutig gesagt, dass es mit ihm schon angebrochen sei.« »Da hast du recht, Susanna. Genau so spricht er, wenn ich bei ihm in seiner Gruppe bin.« »In seiner Gruppe?«, fragten Miriam und Susanna wie aus einem Mund. Johanna nickte: »Ihr staunt. Ich kann zwar nicht ständig in seiner Nähe bleiben; schließlich habe ich hier in der Stadt ein großes Haus zu besorgen. Wenn sich Jesus aber in unserer Gegend aufhält, dann schließe ich mich seiner Gruppe an. Unter anderem helfe ich den Frauen bei allerlei praktischen Arbeiten oder lasse ihm Lebensmittel bringen. Auf jeden Fall unterstütze ich ihn und seine Gruppe durch Geld aus meinem Vermögen.« »Weiß dein Mann davon?« »Er wundert sich.

Aber ich glaube, Miriam, er ist einverstanden.« Susanna ist nachdenklich geworden: »Meine Großmutter hat mich oft an Worte der Propheten erinnert, in denen von der großen Befreiung die Rede ist, die Gott durch seinen Gesandten, den Messias*, herbeiführen wird. Du bist ja ziemlich reich, Johanna. Dein Mann verwaltet die Ländereien unseres Königs Herodes Antipas, du wohnst in einem der Luxushäuser unserer Stadt, kannst essen, trinken und dich kleiden, wie es dir gefällt. Aber ich gehöre zu den kleinen Leuten. Mein Vater spricht zu Hause immer von den viel zu hohen Steuern, die der römische Staat bei uns erhebt. Ein normal verdienender Landarbeiter wie er kann sie kaum noch aufbringen. In unserer Familie ist die Stimmung meist gedrückt. Von Hoffnung keine Spur! Dabei geht es uns noch gut, wenigstens im Vergleich zu den Tagesarbeitern und den meisten Sklaven, die oft nicht wissen, wie sie ihre Familien ernähren sollen.« »Ich stimme dir ja zu, Susanna. Die Ungerechtigkeit in unserm Land ist groß. Doch wenn ich mit der Jesusgruppe lebe, wird mir täglich klarer, dass Gott das nicht mehr lange so hinnehmen wird. Und wenn ich Jesus zuhöre, dann ist mir, als spräche Gott selbst aus ihm.«

Die Heilung einer verkrümmten Frau

Dorothee Krämer, 2008

10 Und er lehrte in einer Synagoge* am Sabbat*.
11 Und, siehe, eine Frau war da, die hatte seit
achtzehn Jahren einen Geist, der sie krank
machte; und sie war verkrümmt und konnte
sich nicht mehr aufrichten. 12 Als aber Jesus sie
sah, rief er sie zu sich und sprach zu ihr: Frau, sei
frei von deiner Krankheit! Und legte die Hände
auf sie; und sogleich richtete sie sich auf und
pries Gott. 17b Und alles Volk freute sich über die
herrlichen Taten, die durch ihn geschahen.
Lukas 13,10–12; 17b

METHODE: **Standbilder aufbauen**
Entscheidende Szenen einer Geschichte lassen sich in einem unbewegten Bild »einfrieren«: Gefühle und Verhältnis der Personen drückt ihr durch Körpersprache (Mimik und Gestik) aus.

- Wählt Szenen einer Geschichte aus, die euch besonders wichtig erscheinen.
- Überlegt in Kleingruppen (Darsteller, ein »Regisseur«), wie ihr eine Szene darstellen wollt: Probiert verschiedene Möglichkeiten aus, der Regisseur wählt die beste aus.
- Baut euer Standbild hinter einem »Vorhang« auf; er fällt, wenn ihr fertig seid. Haltet die Position so lange, wie die Beobachtenden beschreiben, was sie alles entdecken können.
- Am Ende löst ihr euer Standbild auf und erklärt, was ihr zum Ausdruck bringen wolltet.

1. Erklärt, welche Rolle Frauen in der Gruppe Jesu spielten und was das Besondere daran war.
2. Beschreibt das Bild genau (Formen, Farben). Lest die Geschichte daneben und zeigt, inwiefern das Bild zu ihr passt.
3. Stellt die Geschichte durch mehrere Standbilder dar. Überlegt euch, was ihr darstellen wollt.
4. Die Künstlerin ließ sich durch den folgenden Bibelvers zu ihrem Bild anregen: »Was bei den Menschen unmöglich ist, das ist bei Gott möglich.« (Lk 18, 27) Sammelt Geschichten, zu denen diese Aussage als Überschrift passt.

So lebten die Menschen damals

Alltag auf dem Land

Ein typisches Dorf aus der Zeit Jesu

1. Beschreibt, was das Bild über Wohnformen und Alltagsleben zur Zeit Jesu verrät.
2. Formuliert Fragen zu Darstellungen im Bild, die euch näher interessieren. Sucht nach Antworten auf DVDs oder in Sachbüchern, z. B. in dem Buch »Land und Leute zur Zeit Jesu« von Miriam Feinberg Vamosh.

Religiöse und politische Gruppen zur Zeit Jesu

Vertreter von vier Gruppen stellen sich vor

Ich bin ein Zelot. Zu uns gehören viele mutige Männer. Für uns ist es eine Schande, dass unser Land schon über 100 Jahre von diesen gottlosen Römern besetzt ist. Noch schlimmer ist, dass sie hier Steuern erheben. Denn damit zwingen sie alle Juden, gegen das erste Gebot zu verstoßen. Das kritisieren ja auch die Pharisäer. Doch wir reden nicht bloß, wir handeln! Wir zahlen keine Steuern. Außerdem glauben wir, dass der Messias* nur dann kommt, wenn wir selbst mit Waffen für unsere Befreiung kämpfen. Weil die Römer uns überlegen sind, müssen wir ihnen heimlich auflauern.

Ich bin ein Pharisäer. Zu uns gehören viele Menschen aus dem Volk, Reiche wie Arme mit unterschiedlichen Berufen. Am wichtigsten für uns ist die Einhaltung von Gottes Geboten. Deshalb studieren viele von uns die Tora*. Das sind unsere Schriftgelehrten. Sie lehren in den Synagogen und diskutieren darüber, wie man Gottes Weisungen im Alltag umsetzen kann. Wir glauben nämlich, dass der Messias* erst dann kommt, wenn alle Juden wenigstens einen Tag lang die ganze Tora erfüllen. Dazu gehört auch, sich von allem fern zu halten, was unrein ist. Zum Beispiel von Kranken oder auch von den Römern, diesen gottlosen Heiden. Doch kämpfen sollten wir gegen sie nicht. Denn das ist Aufgabe des Messias. Auf ihn hoffen wir genauso wie auf die Auferstehung der Toten.

Ich bin ein römischer Soldat. Wir sind die Besatzungsmacht in Israel*. Wir glauben nicht an einen Gott, sondern an viele Götter. Auch unseren Kaiser verehren wir als Gott. Immer wieder müssen wir gegen aufständische Juden kämpfen, die uns das Leben schwer machen. Immerhin leben wir meistens in neu erbauten Städten, z. B. in der Hafenstadt Cäsarea. Dort wohnt auch unser Chef, der Statthalter Pontius Pilatus. Er entscheidet wichtige Gerichtsfälle. Durch uns lässt er überwachen, ob alle Bewohner des Landes ihre Steuern bezahlen.

Ich bin ein Sadduzäer. Unsere Gruppe ist klein, aber sehr einflussreich. Denn zu uns gehören viele reiche Adels- und Priesterfamilien und auch einige Großgrundbesitzer. Mit den Römern arbeiten wir zusammen, denn sie garantieren uns wichtige Rechte. Wir sind stolz darauf, dass wir den Hohenpriester im Tempel und viele Vertreter im Hohen Rat stellen dürfen. Dort können wir zusammen mit einigen Pharisäern über Streitigkeiten entscheiden, die unsere Religion betreffen. Doch die Pharisäer sind uns manchmal etwas zu modern. Sie glauben an Dinge, die nicht in der Tora stehen, wie die Auferstehung der Toten oder an Engel und Dämonen.

Jesus und die Frage nach der Steuer

13 Und sie (die Mitglieder des Hohen Rats)
sandten zu ihm einige von den Pharisäern und
von den Anhängern des Herodes, dass sie ihn
fingen in Worten. 14 Und sie kamen und spra-
chen zu ihm: Meister, wir wissen, dass du
wahrhaftig bist und fragst nach niemand; denn
du achtest nicht das Ansehen der Menschen,
sondern du lehrst den Weg Gottes recht. Ist's
recht, dass man dem Kaiser Steuern zahlt, oder
nicht? Sollen wir sie zahlen oder nicht zahlen?
Markus 12, 13–14

In allen Gebieten unter ihrer Herrschaft erhoben die Römer eine Kopfsteuer. Sie heißt so, weil sie jeder Erwachsene bezahlen und mit dem römischen Silberdenar entrichtet werden musste, auf dem der römische Kaiser als göttlicher Herrscher abgebildet war. Für die Juden war dies ein großes Problem. Wenn sie nur eine solche Münze anfassten, so war das ein Verstoß gegen das erste Gebot ⇢ *S.50.*
Gleichzeitig machte ihnen die Steuer bewusst, dass Israel kein freies Land war.*

Römischer Silberdenar
mit Kaiser Tiberius (14 bis 37 n.Chr.): Inschrift: TI(berius) CAESAR DIVI AUG(usti) F(ilius) AUGUSTUS = Tiberius, Caesar (Kaiser), anbetungswürdiger Sohn des göttlichen Augustus.

1. Gestaltet zu jeder Gruppe ein Symbol und erklärt, warum es zu ihr passt.
2. Veranschaulicht in einer Skizze, wie die vier Gruppen zueinander stehen.
3. Formuliert aus Sicht jeder der vier Gruppen, welche Antwort diese von Jesus in der Steuerfrage erwarten. Ergänzt den Satz: »Jesus soll sagen, dass …, weil …«
4. Lest das Ende der Geschichte in der Bibel: Mk 12, 15–17. Erklärt, warum die Zuhörer so reagieren und was Jesus mit seiner Antwort meint.
5. Stellt die Reaktion der vier Gruppen auf Jesu Antwort pantomimisch dar. Beschreibt sie.

Wer kommt ins Reich Gottes? – ein Gleichnis

Jesus wurde oft von Menschen zum Abendessen eingeladen, die in den Augen der Pharisäer unrein waren. Sie galten als Sünder, weil sie krank waren oder sich unrechtmäßig bereicherten wie die Zöllner. Einmal jedoch war Jesus sogar mit vielen anderen bei einem Oberen der Pharisäer zu Gast. Dort erzählte er ein Gleichnis, in dem er das Reich Gottes* mit einem Festmahl verglich.*

Das Gleichnis vom Festmahl

16b Ein Mann veranstaltete ein großes Festmahl
und lud viele dazu ein.
17 Als das Fest beginnen sollte, schickte er seinen
Diener und ließ den Gästen, die er eingeladen
hatte, sagen: Kommt, es steht alles bereit!
18 Aber einer nach dem andern ließ sich ent-
schuldigen. Der erste ließ ihm sagen: Ich habe
einen Acker gekauft und muss jetzt gehen und
ihn besichtigen. Bitte, entschuldige mich!
19 Ein anderer sagte: Ich habe fünf Ochsenge-
spanne gekauft und bin auf dem Weg, sie mir
genauer anzusehen. Bitte, entschuldige mich!
20 Wieder ein anderer sagte: Ich habe geheiratet
und kann deshalb nicht kommen.
21 Der Diener kehrte zurück und berichtete alles
seinem Herrn. Da wurde der Herr zornig und
sagte zu seinem Diener: Geh schnell auf die
Straßen und Gassen der Stadt und hol die
Armen und die Krüppel, die Blinden und die
Lahmen herbei.
22 Bald darauf meldete der Diener: Herr, dein
Auftrag ist ausgeführt; aber es ist immer noch
Platz.
23 Da sagte der Herr zu dem Diener: Dann geh
auf die Landstraßen und vor die Stadt hinaus
und nötige die Leute zu kommen, damit mein
Haus voll wird.
24 Das aber sage ich euch: Keiner von denen, die
eingeladen waren, wird an meinem Mahl
teilnehmen.

Lukas 14, 16b–24 (Einheitsübersetzung)

SCHLÜSSELWISSEN

Gleichnisse vom Reich Gottes

Für Jesus stand das Reich Gottes im Mittelpunkt von allem, was er dachte, glaubte und tat. Schon die Propheten haben es dem Volk Israel verheißen. Im Reich Gottes sollen Gerechtigkeit und Friede herrschen und Gott wird ganz nahe bei allen Menschen sein. Für Jesus war das Reich Gottes nicht etwas, das erst in der Zukunft liegt. Vielmehr beginnt es überall da, wo Menschen Gottes Willen tun. Dennoch weiß niemand, wie es im Reich Gottes wirklich aussieht. Deshalb erzählte Jesus davon in Gleichnissen, Geschichten, die voller Bilder sind. Ein weiteres Gleichnis findet ihr auf → S. 84.

1. Was will Jesus mit dieser Geschichte über das Reich Gottes sagen?
   Spielt die Geschichte mit verteilten Rollen und einem Erzähler.
2. Diesem Gleichnis merkt man an, dass es aus einer Zeit stammt, in der die meisten Menschen als Bauern auf dem Land lebten. In der Volxbibel, einer modernen Bibelübertragung in der Sprache junger Menschen, wird die Geschichte mit anderen Bildern erzählt.
   Lest diese Version im Internet:

Darstellung der Szene »Die Heilung der Blinden« (Matthäus 9, 27–31) als Handlung in der heutigen Zeit

http://wiki.volxbibel.com/index.php/Spezial:Allpages (im Verzeichnis auf Lukas 14 klicken). Beschreibt, wie der veränderte Text auf euch wirkt.

3. Lest in der Bibel eine Geschichte, in der sich Jesus Menschen zuwendet, die zu den Randgruppen der damaligen Gesellschaft gehörten: z. B. die Heilung eines Aussätzigen (Lk 5,12–16), die Berufung des Levi (Lk 5, 27–32) oder der Blinde von Jericho (Lk 18, 35–43).
   - Schreibt die Geschichte so um, dass sie in der heutigen Welt spielt.
   - Stellt den entscheidenden Moment der Geschichte als Standbild dar und fotografiert es; druckt es aus und klebt es zu eurer Geschichte ins Heft ein.
4. Wie kommt das Reich Gottes und worin besteht es? Lest dazu ein Streitgespräch auf ⇢ S. 137.

Jesus – der ersehnte Messias?

Jesus kommt zum Passahfest nach Jerusalem

Die Woche vor dem Passahfest* war angebrochen. Auch in diesem Jahr kamen zehntausende Pilger von überall her nach Jerusalem, auch der galiläische König Herodes Antipas aus Tiberias; er wohnte wie in jedem Jahr in der Burg Antonia auf dem Tempelberg. Ebenso war der römische Statthalter Pontius Pilatus aus Cäsarea nach Jerusalem gekommen, um bei Unruhen rasch Gericht halten zu können. Zu ihrem Schutz und zur Sicherheit aller Pilger waren viele römische Soldaten in der Stadt zusammengezogen worden.

Auch Jesus war mit seinen Anhängern nach Jerusalem gepilgert. Als er auf einem Esel in die Stadt eingezogen war, hatten ihn viele Menschen wie einen König gefeiert. »Hosianna dem Sohn Davids« hatten sie ihm zugerufen und ihre Kleider vor ihm auf dem Weg ausgebreitet. Sie sahen in ihm den Messias*, der nun endgültig Gottes Herrschaft herbeiführen werde.

Im großen Tempelvorhof drängten sich die Menschen. Die meisten wollten ein Opfertier erwerben, um es dem Priester für die Opferhandlung zu übergeben. Beim Schlangestehen kamen die Leute miteinander ins Gespräch: »Du bist eine Galiläerin. Ich höre es deiner Sprache an. Ich bin in Nazareth groß geworden. Jonas heiße ich. Jetzt lebe ich schon lange hier in Jerusalem.« »Ich bin Susanna aus Tiberias. Ich gehöre zu der Pilgergruppe des Jesus von Nazareth.«

»Dann müsste mein Freund Simon ja auch in der Stadt sein.« meinte Jonas erfreut. »Natürlich. Simon ist unser Wortführer, die rechte Hand Jesu. Ein mutiger Kerl, der immer ehrlich seine Meinung sagt.« »Wo ist denn Jesus?« »Ich weiß es nicht genau. Vermutlich ist er in den Säulengängen des Tempels → S.117. Ich als Frau darf dort leider nicht hinein. Dort wollte er den Menschen vom Reich Gottes* erzählen und lehren, wie es auch die Schriftgelehrten tun.« »Die werden bestimmt nicht erfreut sein, wenn er behauptet, im Namen Gottes zu reden.« – Jonas machte ein sorgenvolles Gesicht. »Sie sind wohl neidisch, dass er die einfachen Leute durch seine Worte so sehr begeistert.« seufzte Susanna.

Plötzlich entstand ein großes Raunen und Drängeln in der Menge. Aus einer entfernten Ecke des Tempelvorhofes hörte man Lärm. Ein Gerücht machte die Runde: Jesus habe die Tische der Händler und Geldwechsler umgestoßen und sie davongejagt. Er habe ihnen vorgeworfen, aus dem Haus Gottes eine »Räuberhöhle« gemacht zu haben. Susanna war beunruhigt: »Hoffentlich bekommt er da keinen Ärger.« »Ich fürchte doch«, meinte Jonas. »Damit bringt er die Sadduzäer gegen sich auf. Das ist gefährlich. Diese reichen Leute aus der Oberschicht beherrschen doch den Tempelbetrieb und stehen gut mit den Römern. Sie könnten versuchen, Jesus an Pilatus zu übergeben.«

SCHLÜSSELWISSEN **Die Messias-Hoffnung**
Messias bedeutet »der Gesalbte«. Ursprünglich wurde so der König Israels* bezeichnet, der mit heiligem Öl gesalbt wurde – als Zeichen seiner Auserwähltheit durch Gott. Später verstanden die Juden unter dem Messias einen Menschen, der eines Tages als König aller Menschen kommen wird. Als Nachkomme des Königs David soll er von Jerusalem aus Gottes Herrschaft wieder aufrichten und der ganzen Welt Gerechtigkeit und Frieden bringen. Die Juden warten bis heute auf ihn. Christen dagegen glauben, dass Jesus der Messias (griechisch: Christos) ist.

Warum Jesus sterben musste

Es war der Vortag des Passahfests. Alle in der Stadt hatten sich auf das Fest vorbereitet, die Passahlämmer waren geschlachtet. Doch Susanna und Salome war überhaupt nicht nach Feiern zumute. Fassungslos und mit Tränen in den Augen standen sie auf dem Hinrichtungshügel Golgatha vor den Toren der Stadt. Sie klammerten sich an das Kreuz, an dem der Leichnam Jesu hing. Vor wenigen Stunden war er hier gekreuzigt worden.

»Wie ein wehrloses Lamm wurde er getötet!« schluchzte Salome. »Er hat sich selbst geopfert. Sein Weg war ein friedlicher. Er wollte nicht kämpfen.« flüsterte Susanna.

Da trat Jonas zu ihnen: »Wie konnte es denn so schnell dazu kommen?« »Unter dem Verdacht der Gotteslästerung wurde er gestern Abend gefangen genommen.« erklärte Susanna. »Gotteslästerung? Selbst wenn es stimmte, aber das ist doch nach unserem Recht kein Grund, ihn zu verhaften!« »Es war aber so, Jonas! Simon hat noch versucht, ihn mit dem Schwert zu verteidigen, doch Jesus wollte das nicht. Er war ja gegen Gewalt. So wurde er schließlich vor dem Hohepriester und den Schriftgelehrten die ganze Nacht verhört und verspottet. Am Morgen hat man ihn dem Pilatus vorgeführt. Der hat Jesus schließlich wegen Unruhestiftung zum Tod am Kreuz verurteilt.«

Lindvicas Natalevicius, 1994

1. Was bedeutet Jesu Einzug in Jerusalem für die Messiashoffnung* der Menschen?
2. Wer und was bringt Jesus in Gefahr?
3. Beschreibt das Bild: Wie stellt es das Erzählte ⇢ S.105 dar? Was bedeuten Farben und Formen?
4. Der Künstler hat seinem Bild keine Überschrift gegeben. Findet selbst einen Titel.

Nach Jesu Tod

Rückkehr nach Galiläa

Auf dem Markt in Tiberias gab es wie immer großes Gedränge. Johanna war nicht mit der Jesusgruppe nach Jerusalem gereist. Nun hielt sie Ausschau nach ihren Freundinnen. Waren das nicht Susanna und Salome, die da auf sie zukamen? Wie erschöpft sie aussehen, dachte Johanna. »Lass dich nicht täuschen von unserer Müdigkeit«, die beiden versuchten zu lächeln. »Die Zeit in Jerusalem hat über die Maßen angestrengt, und wir werden noch Tage brauchen, um wieder zu Kräften zu kommen. Aber ...« »Ich weiß, Salome. Die Nachricht ist schon bis zu uns gedrungen: Jesus ist tot. Einige Männer, die bei ihm waren, haben es uns vorgestern erzählt. Jesu Freundinnen und Freunde hier können es nicht begreifen. Es ist so unsinnig und so traurig.« »Was? Einige Männer sind schon zurück? Dann waren sie ja gar nicht mehr in Jerusalem, als Jesus gestorben ist,« meinte Susanna erstaunt. »Ja, sie erzählten, sie hätten große Angst gehabt, dass man auch sie verhaften und hinrichten werde. Seine elf engsten Freunde hätten sich in einem Haus in Jerusalem eingeschlossen.«

Salome ergänzte: »Selbst Simon hat versagt. Eigentlich tut er mir ja leid. Ich habe in diesen Tagen einen Nazarener getroffen. Er erinnerte sich, dass Simon schon als Junge für Jesus durch's Feuer gegangen wäre, wenn es hätte sein müssen. Aber in der Nacht, als Jesus verurteilt wurde, hat er dreimal behauptet, er habe nichts mit Jesus zu tun. Kannst du dir das vorstellen, Johanna? Nachher war er verzweifelt über sich selbst und ist weinend weggegangen.« »Wenn Jesus ihm den Beinamen Petrus, ‚Fels', gegeben hat, in dieser Nacht war er das jedenfalls nicht.« bemerkte Susanna.

»Sicher nicht. Aber diese Woche in Jerusalem hat uns doch alle durcheinander gebracht. Als wir hier ankamen, meinten wir, Gottes Reich* sei zum Greifen nahe. Dann ist alles, woran wir geglaubt haben, in sich zusammengestürzt. Doch dann ...« »Salome, jetzt setzt euch erst einmal und esst was.« Johanna drängte die beiden ins Haus.

Mark Rothko, 1968, ohne Titel

1. Vergleiche das Verhalten der Frauen und der Männer nach Jesu Verhaftung.
2. Salome hat noch etwas auf dem Herzen, das sie noch nicht aussprechen konnte. Lest Mk 16, 1–8: Dann wisst ihr, was sie so sehr bewegt.
3. Lest die Fortsetzung der Geschichte rechts. Betrachtet die zwei Bilder von Mark Rothko: Ordnet sie den Gefühlen der Freundinnen Jesu in

Mark Rothko, 1954, Nr. 12

Die Botschaft »Jesus lebt« wurde in alle Welt getragen. Seit 2000 Jahren schöpfen Menschen daraus Mut und Hoffnung für ihr eigenes Leben und für die Welt. Christen feiern diese Botschaft mit dem Fest der Auferstehung: Ostern ist für sie das höchste Freudenfest des Kirchenjahrs.
Wie es mit den Anhängern Jesu, den ersten Christen, weiterging, könnt ihr ab *→ S.140 im Kapitel »Unsere Kirche hat eine Geschichte«* *erfahren.*

beiden Teilen der Geschichte zu.

4. Erzählt von einer Situation aus eurem Leben, in der sich eure Gefühle entsprechend der beiden Bilder plötzlich verändert haben.
5. Was bedeuten Jesu Tod und seine Auferstehung für uns heute? Sammelt Meinungen in der Klasse oder interviewt dazu verschiedene Menschen und diskutiert darüber!

Eine unglaubliche Neuigkeit

»Aber bevor wir essen, Johanna, muss ich dir noch etwas ganz Wichtiges sagen.« Salome konnte es nicht länger für sich behalten. »Stell dir vor, Jesu Tod am Kreuz ist doch nicht das Ende. Als ich mit den beiden Marias zu seinem Grab gehen wollte, um ihn zu salben, ist uns ein Engel erschienen. Er sagte: ‚Jesus ist auferstanden.' Das klang so unglaublich, dass wir es erst gar nicht glauben konnten. Doch er gab uns den Auftrag, es seinen Jüngern und Simon zu erzählen. Und er sagte, Jesus werde uns in Galiläa persönlich erscheinen!«

»Das gibt's doch nicht, Salome! Dann stimmt das, was mir zwei andere Männer erzählt haben, vielleicht doch. Sie behaupteten, Jesus sei ihnen auf dem Weg nach Emmaus erschienen.«

»Johanna, ich glaube, die Sache mit Jesus hat erst angefangen. Vielleicht ist seine Auferstehung ja das Zeichen von Gott, dass er wirklich der Messias* ist. Nur vielleicht etwas anders, als wir immer dachten.« »Ja, Salome. Du weißt doch, wie er immer vom Reich Gottes* erzählte. Viele dachten, dafür müssten erst die Römer verschwinden. Doch er sagte einmal: Das Reich Gottes ist in euren Herzen schon da, wenn ihr nur Vertrauen habt in Gott.« »Mir fällt noch ein anderer Satz von Jesus ein«, meinte Susanna: »Er sagte: Ich bin nicht gekommen, um mir dienen zu lassen, sondern um zu dienen und mein Leben für viele dahinzugeben.« »Dann ist sein Kreuzestod vielleicht doch nicht so sinnlos gewesen, wie es uns erschien. Dann hat er uns auch damit etwas geschenkt!« fiel Johanna ein. »Ich glaube, wir werden Jesu Bedeutung für uns erst dann ganz verstehen, wenn wir zusammen bleiben und uns an alle seine Worte erinnern.« Und Johanna ergänzte: »Wir sollten allen Menschen davon erzählen: Jesus lebt! Was wir mit ihm erleben durften, war erst der Anfang...«

Jesu Weg in seiner Zeit erklären

DAS WEISST DU

In diesem Kapitel hast du erfahren, wie die Menschen in Israel zur Zeit Jesu lebten und wie sehr sie auf den Messias* warteten, der Gottes Herrschaft herbeiführt und sie von den Römern befreit. Du kannst erklären, wie es dazu kam, dass viele Menschen Jesus als den Messias erkannten: Nach seiner Taufe durch Johannes erzählte Jesus in Gleichnissen* vom Reich Gottes* und heilte viele Kranke. Dadurch gab er vielen Hoffnung, erregte aber auch Anstoß bei Pharisäern, Sadduzäern und Römern. Schließlich ließ ihn Pontius Pilatus in Jerusalem kreuzigen. Doch nach seinem Tod erschien Jesus seinen Jüngerinnen und Jüngern. Die frohe Botschaft von seiner Auferstehung gab ihnen neuen Mut und ließ sie gewiss werden, dass Jesus der verheißene Messias, der Christus ist.*

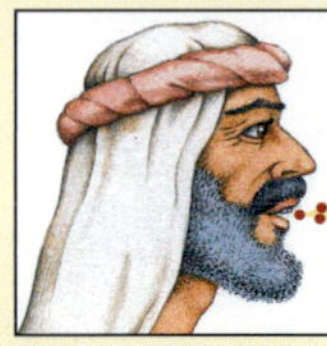

Samuel

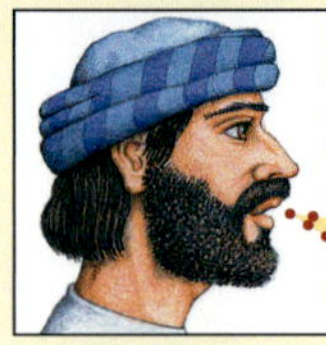

David

Jakob

1. Formuliere die Frage, auf die sich die drei Aussagen von Samuel, David und Jakob beziehen. Überlege, von wem diese Aussagen jeweils stammen könnten: Nenne zu jeder den Vertreter einer Gruppe von Menschen und begründe deine Zuordnung.
2. Ihr habt in diesem Kapitel viele weitere wichtige Begriffe und Personen zur Zeit Jesu kennen gelernt und dazu ein Lexikon erstellt.
   - Überprüft euer Wissen anhand eines Dominospiels, das ihr zu zweit anfertigt: Schneidet zwei DIN-A4-Blätter in je acht Teile (= 16 Karten). Bildet einen Stapel: Notiert auf der rechten Seite der ersten Karte einen Begriff und auf der linken Seite der nächsten Karte die dazu passende Erklärung, usw. Achtet darauf, dass in ihr der Begriff selbst nicht vorkommt. Die Erklärung zum Begriff auf der letzten Karte kommt auf die noch freie linke Seite der ersten Karte.
   - Jedes Zweier-Team in der Klasse mischt seine Karten und verteilt sie so, dass alle sichtbar sind. Gewonnen hat das Team, das zuerst alle Dominokarten richtig aneinander gelegt hat.

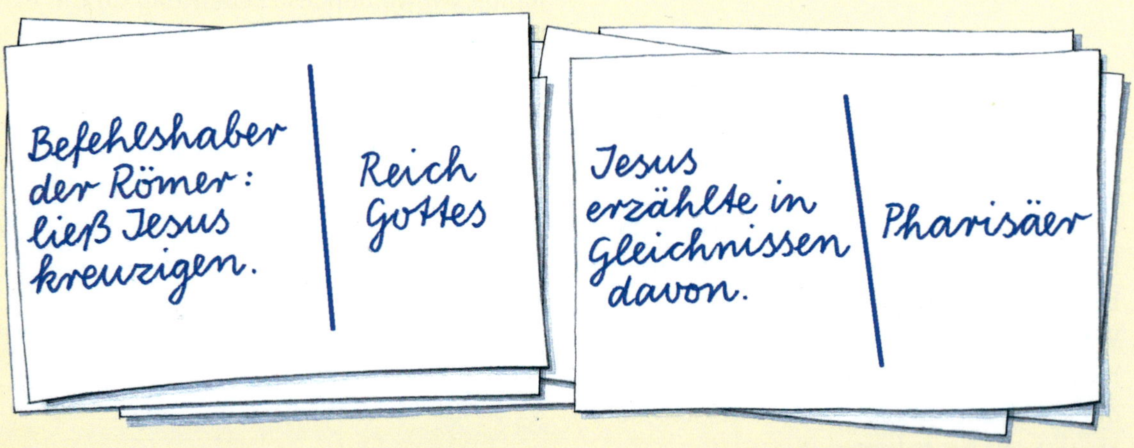

Eine Reise auf den Spuren Jesu vorbereiten

Was du über Jesus und seinen Weg gelernt hast, kannst du nutzen, wenn du einmal eine Reise nach Israel unternehmen willst, um dir die Orte seines Wirkens anzusehen. Solche Reisen werden von vielen Reiseveranstaltern oder auch von Kirchengemeinden angeboten.*

3. Stell dir vor: Du willst mit deinen Eltern an dieser Reise teilnehmen. Bereite dich auf diese Reise vor, indem du den Reiseverlauf in eine fotokopierte Israelkarte einträgst.
- Suche im Internet nach Fotos der besuchten Stätten: z. B. unter http://www.holylandphotos.org.
  Oben auf der Seite musst du auf »Complete Site List« klicken, um zu einem Verzeichnis der Orte zu gelangen.
  Klebe die Israelkarte auf ein DIN-A3-Plakat und ordne die ausgedruckten Fotos den Orten zu.
- Erzähle zum zweiten, dritten und vierten Tag je eine Geschichte aus dem Leben Jesu, die an einem der besuchten Orte spielt.

1. Die Malerin hat zwei Streitende gemalt. Beschreibt, worin sich deren Gesichter von denen normaler Menschen unterscheiden.
2. Welche Gefühle haben die beiden Personen vermutlich?
3. Dreht das Bild nach rechts: Wie verändert sich das Verhältnis der Personen zueinander, wenn eine oben und die andere unten ist?
4. Erzählt, wie Menschen sich nach Ausbruch eines Streites verändern.

Furchtbar streiten – fruchtbar streiten

Familienstreit

Lämmi

Dabei war es gar nicht das Hauptgeschenk und stand nicht auf dem Wunschzettel, aber Tim mochte es nicht wieder loslassen. Es war fast wie lebendig: Lockiges, weißes Wollfell, weich und kuschelig, grün schimmernde Augen, ein hilflos kläglicher Gesichtsausdruck, wie ihn Lämmer auf der ganzen Welt zeigen, und gerade so groß, dass die Arme eines achtjährigen Jungen es umschließen konnten. Und Tim strahlte: »Lämmi kommt mit in mein Bett.«

Vor Nina stapelten sich die Bücher und CDs und ein schicker Pullover und Geld, aber all das nahm sie so hin, als wäre das gar nichts. Ihre Eltern waren enttäuscht: Sie hatten sich so viele Gedanken gemacht, die Mutter hatte sich im Musikgeschäft beraten lassen und nun eine stumme Tochter, die auf die Frage »Nina, was ist? Freust du dich gar nicht?« nichts erwiderte. Beim Abendessen war die Stimmung erst gedrückt, dann gereizt, die Nachfragen des Vaters wurden energischer, bis Nina, ohne den Blick vom Teller zu heben, sagte: »Genau das Lamm hätte ich auch gern bekommen!«

Die Mutter meinte: »Sei nicht so kindisch, ein zwölfjähriges Mädchen mit einem Stofftier! Du kannst dich über deine Geschenke nun wirklich nicht beschweren.« Als Nina schwieg und lustlos im Essen stocherte, ließ sich sehr ärgerlich der Vater vernehmen: »Mach nicht so ein Gesicht und verdirb uns nicht den Weihnachtsabend, den wir uns nach all der Hektik weiß Gott verdient haben.« Da konnte sich Nina nicht länger beherrschen: »Ihr wisst nie, worüber ich mich freue, und immer meckert ihr an mir herum. So ein Lamm habt ihr mir nie geschenkt. Komisch, dass das bei dem lieben, kleinen Tim immer alles klappt. Und er darf ja auch alles, und ich bin immer das große Mädchen und ...«

Ihr Vater ließ sie nicht ausreden, sondern sagte sehr deutlich und laut: »Es reicht! Sieh dir doch deinen Geschenkstapel an. Unser Fräulein Tochter ist immer noch nicht zufrieden. Andere Kinder ...« Nina wollte nichts mehr hören, sprang auf, riss dabei den Stuhl um, lief schluchzend hinauf in ihr Zimmer, warf sich auf ihr Bett und dachte nur: »Das ist also das tolle Weihnachten. Selbst jetzt verstehen sie mich nicht. Sollen sie doch ohne mich feiern, dann sind sie wenigstens ungestört.«

Unten im Wohnzimmer murmelte der Vater nur: »Eine schöne Bescherung«, aber es war nicht witzig gemeint, denn er hatte sich genauso auf das Fest gefreut wie die Mutter. Am meisten war Tim enttäuscht, der den heutigen Abend gar nicht erwarten konnte und nun ratlos weinte.

Kains Brudermord

Adam* liebte seine Frau Eva*, sie wurde schwanger, gebar einen Sohn und nannte ihn Kain. Danach gebar sie seinen Bruder und nannte ihn Abel. Abel wurde ein Schäfer, Kain aber wurde ein Ackerbauer.

Kain brachte Jahwe* Opfer von den Früchten des Feldes, und Abel brachte Opfer von den Erstlingen seiner Herde und von ihrem Fett. Jahwe sah Abel und sein Opfer gnädig an, aber Kain und sein Opfer sah er nicht gnädig an. Da ergrimmte Kain sehr und senkte finster seinen Blick. Und Jahwe sprach zu Kain: »Warum ergrimmst du und senkst deinen Blick? Ist's nicht so: Wenn du recht tust, kannst du den Blick frei heben. Tust du aber nicht recht, so lauert die Sünde vor der Tür.« Da sprach Kain zu seinem Bruder Abel: »Lass uns aufs Feld gehen!« Als sie auf dem Feld waren, ergriff Kain seinen Bruder Abel und schlug ihn tot.

Da sprach Jahwe zu Kain: »Wo ist dein Bruder Abel?« Er antwortete: »Ich weiß nicht; soll ich meines Bruders Hüter sein?« Jahwe aber sprach: »Was hast du getan? Das Blut deines Bruders schreit zu mir von der Erde. Verflucht seist du, verbannt vom Ackerboden; denn er hat deines Bruders Blut von deinen Händen aufgenommen. Wenn du den Acker bebaust, soll er dir keinen Ertrag mehr geben. Rastlos und flüchtig sollst du auf der Erde sein.«

Kain antwortete Jahwe: »Meine Strafe ist zu schwer. Ich kann sie nicht tragen. Du vertreibst mich heute vom Acker; ich muss mich vor deinem Angesicht verbergen und muss rastlos und flüchtig auf der Erde sein. Wer mich findet, wird mich totschlagen. So wird's mir gehen.« Da antwortete ihm Jahwe: »Nein, sondern wer Kain totschlägt, soll eines siebenfachen Todes sterben.« Jahwe machte ein Zeichen an Kain, damit ihn niemand erschlage.

Kain ging hinweg aus dem Angesicht des Jahwe und wohnte jenseits von Eden*.

Hans Heller, Hans Biesenbach nach Genesis 4, 1–16

Das 5. Gebot

Du sollst nicht töten

Martin Luther erklärt 1529 in dem Großen Katechismus*, was damit gemeint ist:
Dass man niemand Leid tue erstlich mit der Hand oder Tat, danach die Zunge nicht brauchen lasse, dazu zu reden oder raten [...] und endlich, dass das Herz niemand feind sei, noch aus Zorn und Hass Böses gönne; also dass Leib und Seele unschuldig sei an jedermann [...]

1. Alle Mitglieder der Familie haben sich auf ein schönes Weihnachten gefreut und sind nun enttäuscht. Was müssen Nina, Tim und die Eltern tun, damit es doch noch ein schönes Fest wird? Überlegt euch einen Ratschlag und schreibt eine Fortsetzung der Geschichte.
2. Spielt euren Ausgang der Geschichte.
3. Übersetzt Luthers Erklärung des 5. Gebots in heutiges Deutsch.
4. Lest die Geschichte von Kain und Abel vor und bestimmt, wo die eigentliche Geschichte des Mordes beginnt. Berücksichtigt dabei, was Luther alles zu den Verstößen gegen das 5. Gebot rechnet.
5. Beschreibt, wie Gott auf Kains Mord reagiert.
6. Beurteilt, ob Nina mit Kain Gemeinsamkeiten hat und worin sie anders ist.

Wenn zwei sich streiten oder zusammenhalten

Das tapfere Schneiderlein

Stark war der kleine Schneider nicht, aber listig und sehr selbstbewusst. Und so hatte er dem König, seinem Dienstherrn versprochen, zwei gefährliche Riesen zu töten, die das Reich bedrohten. Das halbe Königreich sollte er zur Belohnung bekommen und mit der Königstochter Hochzeit halten. Hundert Reiter begleiteten ihn. Er aber wollte ihre Hilfe nicht – aus gutem Grund, denn er hatte längst einen listigen Plan ausgedacht, für den er keine Zeugen gebrauchen konnte. Schließlich wollte er das Abenteuer als Held allein bestehen! Wie das geschah, erzählen die Brüder Grimm so:

... Er sprang in den Wald hinein und schaute sich rechts und links um. Über ein Weilchen erblickte er beide Riesen: Sie lagen unter einem Baume und schliefen und schnarchten dabei, dass sich die Äste auf und nieder bogen. Das Schneiderlein, nicht faul, las beide Taschen voll Steine und stieg damit auf den Baum. Als es in der Mitte war, rutschte es auf einen Ast, bis es gerade über die Schläfer zu sitzen kam, und ließ dem einen Riesen einen Stein nach dem andern auf die Brust fallen. Der Riese spürte lange nichts, doch endlich wachte er auf, stieß seinen Gesellen an und sprach: »Was schlägst du mich?« »Du träumst«, sagte der andere, »ich schlage dich nicht.«

Sie legten sich wieder zum Schlaf, da warf der Schneider auf den zweiten einen Stein herab. »Was soll das?«, rief der andere. »Warum wirfst du mich?« »Ich werfe dich nicht«, antwortete der erste und brummte. Sie zankten sich eine Weile herum, doch weil sie müde waren, ließen sie's gut sein, und die Augen fielen ihnen wieder zu. Das Schneiderlein fing sein Spiel von neuem an, suchte den dicksten Stein aus und warf ihn dem ersten Riesen mit aller Gewalt auf die Brust. »Das ist zu arg!«, schrie er, sprang wie ein Unsinniger auf und stieß seinen Gesellen wider den Baum, dass dieser zitterte. Der andere zahlte mit gleicher Münze, und sie gerieten in solche Wut, dass sie Bäume ausrissen, aufeinander losschlugen, so lang, bis sie endlich beide zugleich tot auf die Erde fielen. Nun sprang das Schneiderlein herab. »Ein Glück nur«, sprach es, »dass sie den Baum, auf dem ich saß, nicht ausgerissen haben, sonst hätte ich wie ein Eichhörnchen auf einen andern springen müssen; doch unsereiner ist flüchtig!« Es zog sein Schwert und versetzte jedem ein paar tüchtige Hiebe in die Brust, dann ging es hinaus zu den Reitern und sprach: »Die Arbeit ist getan, ich habe beiden den Garaus gemacht; aber hart ist es hergegangen, sie haben in der Not Bäume ausgerissen und sich gewehrt, doch das hilft alles nichts, wenn einer kommt wie ich ...

Brüder Grimm

Polyphem, einäugiger Riese der griechischen Sage

Das 8. Gebot

Du sollst nicht falsch Zeugnis reden wider deinen Nächsten

***Martin Luther erklärt 1529 in dem Großen Katechismus*, was damit gemeint ist:** »[...] dass niemand seinem Nächsten – beide, Freund und Feind – mit der Zunge schädlich sein noch Böses von ihm reden soll...«*
***Später beschreibt Luther, was man gegen üble Nachrede tun kann:** » [...]wer alles, das er vom Nächsten hört reden [...], wohl auslegen und aufs beste deuten oder je zu gut halten kann wider die giftigen Mäuler, die sich befleißigen, wo sie etwas ergrübeln und erhaschen können, am Nächsten zu tadeln und aufs ärgste aushecken und verkehren[...]«*

Der Streitstifter

Jan und Katja gingen seit kurzem zusammen. Angefangen hatte es, als sie für den Karneval den Klassenraum dekoriert hatten. Als Katja ihre Luftschlangen nicht festmachen konnte, war Jan mit der Leiter gekommen und hatte

meine Chance. Die vertrauen mir. Da müsste doch was zu machen sein.« Und so nahm er in einer großen Pause Jan beiseite: »Jan, wir müssen mal miteinander reden. Nur wir beide. Ich weiß nicht, ob es richtig ist, aber ich muss es dir einfach sagen – weil du mein Freund bist. Natürlich verlass' ich mich darauf, dass du den Mund hältst. Also: Katja habe ich neulich gesehen, wie sie

nächsten Morgen gespannt auf den Schulhof. Hatte er sein Ziel erreicht? Ein Blick genügte: Jan war in einer Gruppe von Jungen, aber er redete und lachte nicht mit, sondern starrte auf den Boden. Katja stand mit gesenktem Kopf abseits in der Schulhofsecke. Karsten schlenderte langsam zu ihr hin und sagte

nächsten Morgen gespannt auf den Schulhof. Hatte er sein Ziel erreicht? Ein Blick genügte: Jan und Katja standen Hand in Hand vor dem Eingang und lachten sich an. Doch kaum hatten sie Karsten erblickt, lief Jan auf ihn zu. Katja versuchte ihn zurückzuhalten und bat: »Bitte nicht! Es reicht, wenn du ihm sagst

Karsten konnte seine Wut kaum verbergen. Schon lange hätte er Katja gern gefragt, ob sie

wohnte Katja im Haus neben ihm, und so hatten sie denselben Schulweg. Jan war außerdem lange Jahre sein bester Freund gewesen, und nun hatte er kaum noch Zeit

Gelegenheit auf dem Heimweg und fragte vorsichtig: »Katja, wenn ich dir jetzt etwas Wichtiges erzähle – kann ich mich darauf verlassen, dass du es niemandem sagst?« Katja nickte, aber bevor sie etwas sagen konnte, hatte Karsten schon begonnen: »Ich muss es dir leider sagen: Mit Jan ist nicht alles so, wie du glaubst, er

und hoffentlich kapiert er ein für alle Mal, dass man

1. Weshalb endet der Streit für die Riesen im Märchen tödlich?
2. Erzählt das Märchen so, dass des Schneiders Plan nicht aufgeht: Wie müsste man die Riesen und ihr Verhalten zueinander ändern?
3. Übersetzt Luthers Erklärung des Gebots in heutiges Deutsch.
4. Leider sind von der Erzählung »Streitstifter« nur diese Bruchstücke vorhanden. Nutzt sie, um die Geschichte wiederherzustellen. Einen Schnipsel müsst ihr weglassen.
5. Untersucht, wie in beiden Geschichten die Streitstifter vorgehen. Gibt es Gemeinsamkeiten?
6. Schreibt einen Ratschlag, der gegen Streitstifter hilft. Nutzt dabei Luthers Erklärung zum 8. Gebot.

Nicht um des lieben Friedens willen

Jakobs Versöhnung mit Esau

Lange Zeit war Jakob vor seinem älteren Bruder Esau auf der Flucht, denn er hatte seinen Bruder furchtbar betrogen: Er hatte Esau mit einer List um sein Erbe gebracht, indem er vor dem blinden Vater dessen Rolle gespielt hatte. Der alte Mann hatte ihm seinen Segen gegeben und ihn zum Erben eingesetzt, obwohl Jakob als zweiter Sohn darauf kein Recht hatte. Nun musste der Betrüger die Rache seines starken Bruders fürchten. Nach vielen Jahren in der Fremde, nach inständigem Bitten um Gottes Beistand sah er voller Angst dem Zusammentreffen mit Esau entgegen, der mit vierhundert bewaffneten Männern heranzog. Er schickte ihm als Versöhnungsgabe im Voraus eine große und kostbare Herde, ging vor seiner Familie und seinen Leuten her und lieferte sich ihm aus, indem er sich sieben Mal tief vor seinem Bruder verbeugte. Was würde Esau tun?

Jakobs Gebet und seine Hoffnung erfüllten sich, denn Esau hatte inzwischen allen Zorn hinter sich gelassen: Er richtete seinen Bruder auf, sah ihn freundlich an, nahm ihn liebevoll in die Arme, begrüßte auch freundlich Jakobs Familie und sagte: »Du musst mich nicht mehr fürchten. Ich kann nicht annehmen, was dir gehört. Behalte deine Herde.« Da erwiderte Jakob: »Hab ich Gnade gefunden vor dir, so nimm mein Geschenk von meiner Hand; denn ich sah dein Angesicht, als sähe ich Gottes Angesicht, und du hast mich freundlich angesehen. Nimm doch diese Segensgabe von mir an, die ich dir zugebracht habe; denn Gott hat sie mir beschert, und ich habe von allem genug.« Da bot ihm Esau eine neue brüderliche Gemeinschaft an, indem er ihm vorschlug, gemeinsam weiter zu ziehen.

Nach Genesis 32 und 33*

Jesus streitet

Jerusalem war voller Menschen – so voll, wie eine Stadt nur sein kann, die auf das wichtigste Ereignis eines jeden Jahres wartete: das Passahfest*. Aus allen Teilen der bekannten Welt waren jüdische Pilger zusammengeströmt. Man hörte in den Gassen viele fremde Sprachen, sah Menschen in unterschiedlicher Kleidung, aber alle hatten nur das eine Ziel: den Tempel. Dort wollten sie sich der wunderbaren Rettung des Volkes Israel* aus ägyptischer Gefangenschaft vor mehr als tausend Jahren erinnern und dem einzigen Gott mit Opfer und Anbetung danken.

Für das Opfer kauften Pilgergemeinschaften oder Familien ein Lamm, auch Tauben oder andere Tiere, z. B. Ziegenböcke. Dazu und für die zu entrichtende Tempelsteuer brauchte man Geld in einheimischer Währung. So mussten die ausländischen Juden ihre griechischen oder römischen Münzen umtauschen. Wechsler hatten gegen Gebühren und mit Erlaubnis der Tempelverwaltung ihre Stände im äußeren Vorhof des Tempelbezirks aufgebaut, daneben die Händler, die Opfertiere anboten. Zugleich war aber auch dieser Platz eine Stätte der Anbetung. Einer der frommen Juden, die zum Tempel pilgerten, war Jesus von Nazareth. Ihm war der Tempel von Besuchen mit seinen Eltern her vertraut und wertvoll: Es war das Haus Gottes, der wichtigste Punkt der Welt für ihn und jeden jüdischen Glaubenden. Der Tempel musste heilig gehalten werden. Damit machte man keine Geschäfte! So hatte es schon der Prophet Sacharja gesagt: »Kein Händler wird im Hause des HERRN sein.«

Als Jesus den Tempelbezirk betrat, wurde er sehr zornig: Wie wurde Gottes Heiligkeit missachtet – gegen Gottes Gebot, gegen das Wort des Propheten. In heller Empörung nahm Jesus keine Rücksicht auf die wichtigen Tempelverwalter, es kümmerten ihn auch nicht die Interessen einflussreicher Händler oder Geldwechsler, und er kannte in diesem Augenblick nicht nur das Wort als Waffe: Es ging ihm nicht um Versöhnung oder behutsame Überzeugung, nein, er gebrauchte herumliegende Binsenstricke, mit denen man Tiere anbindet, als Peitsche und trieb die Verkäufer von Rindern und Schafen mit pfeifenden Hieben aus dem Heiligtum hinaus – samt ihren Opfertieren. Mit starker Hand stürzte er den Geldwechslern die Wechseltische um und schüttete die Münzen auf den Boden, die Taubenhändler fuhr er an: »Schafft das fort und macht nicht aus meines Vaters Haus ein Kaufhaus!« Keiner wagte sich ihm zu widersetzen. ⇢ S. 104

Nach Johannes 2,13–18

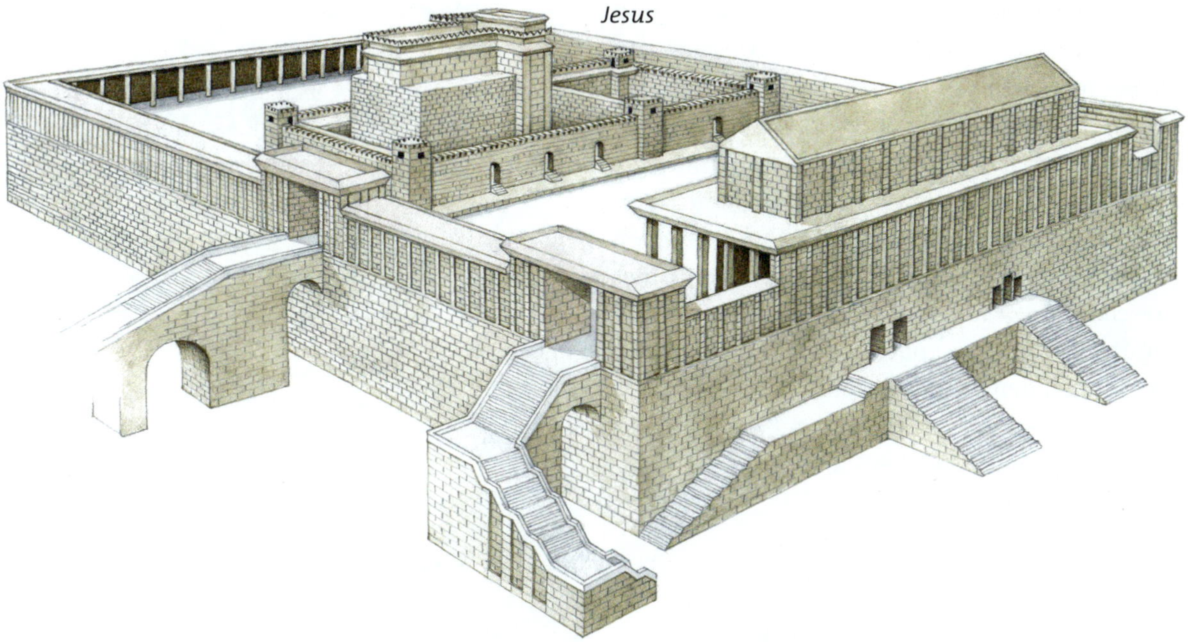

Der Tempel mit dem ihn umgebenden äußeren Vorhof, dem Schauplatz des Geschehens um den streitbaren Jesus

1. Welches ist die spannendste Stelle der Geschichte von Jakob und Esau? Stellt sie in einem Standbild dar. Wie man das macht, lest ihr auf ⇢ S. 97.
2. Diskutiert: Wer hatte den größeren Anteil an der Versöhnung?
3. Schreibt nach dem ersten Absatz eine ganz andere Fortsetzung: Was für Folgen hätten eure Fassungen für die Brüder?
4. Inwieweit passt das Foto aus unserer Zeit zur Geschichte von Jakob und Esau?
5. Vergleicht den Jesus in dieser Geschichte mit der Vorstellung, die ihr bisher von ihm hattet.
6. Gebt eine Erklärung: Warum hat Jesus nicht durch liebevolle Versöhnungsworte gehandelt, wie Esau es getan hat?
7. Kennt ihr auch Situationen, in denen ihr Nachgeben für falsch haltet? Beschreibt sie und begründet eure Auffassung.

Streiten lernen

Streiten – eine Kunst

Eigentlich hätte man sich freuen können: Von der Klassenfahrt der 6b war einiges Geld übrig geblieben, weil eine Schiffsfahrt ausgefallen war, für eine kleine Theateraufführung an einem Elternabend hatten sich die Eltern großzügig mit Spenden bedankt, ein Grillabend fand wegen schlechten Wetters nicht statt, und nun war die Klassenkasse prall gefüllt. Und gerade das war Anlass für Zank und Streit: Was sollte mit dem Geld geschehen? Spinner, Zicke, Geizknochen, Blödmann, Prollo, Fresssack waren noch die freundlichsten Anreden, einige sprachen gar nicht mehr miteinander. Immerhin wurden vier Hauptmeinungen deutlich:

Eine Gruppe um **Bastian** war für ein großes Klassenfest:
Bastian versprach: »Ich organisiere alles. Daran denkt ihr noch als Omas und Opas. Das wird die Superfete, es fehlt nur noch die Knete.« Da sollte an nichts gespart werden: Ab in den großen Freizeitpark. Dann Hamburgeressen mit Cola satt, Kegeln, Boot fahren. Anschließend Übernachtung in Zelten auf dem nahe gelegenen Campingplatz – mit kleinen nächtlichen Überraschungen. »Super«, lachten seine Freunde, »gut für die Klassengemeinschaft!« »Können uns schon denken, was er mit kleinen nächtlichen Überraschungen meint« und: »Fresssack!«, meinten einige Mädchen, andere fanden den Gedanken aber »stark«.

Einige hatten im Konfer über »Brot für die Welt« gesprochen. **Merle** erzählte: »Von den Spenden hängt z. B. ab, ob ein Dorf in Afrika ausreichend Wasser und damit gute Ernten bekommt, ob Jugendliche in unserem Alter etwas lernen dürfen – erst in einer Schule, dann in einem Handwerk. In vielen Gegenden gibt es keinen Arzt, keine medizinische Hilfe. Menschen erblinden an Augenkrankheiten, die man gut bekämpfen könnte. Mit gar nicht so furchtbar viel Geld könnte man vielen eine bessere Zukunft geben. Wenn wir unser Geld für ein Projekt spenden würden und unsere Eltern noch bitten ...« »Blöde Zicke, will nur allen Spaß versauen«, war eine der ablehnenden Reaktionen. Andere: »Warum nicht, wo es uns doch so gut geht ...«

Rieke wollte einfach ihr Geld zurückhaben: »Das ist meine Knete – jedenfalls ein Fünfundzwanzigstel«, hatte sie energisch geäußert. »Ich bin pleite und brauche Geld.« Sie dachte dabei an einige Geburtstage und die fälligen Geschenke, an die Summe, die sie sich bereits bei ihrem Bruder geliehen hatte, an die Ungerechtigkeit, dass immer die abgeben sollten, die selbst nicht viel haben. Außerdem war sie sowieso nicht so für Gemeinschaftsunternehmungen. Andere hatten nicht unbedingt die gleichen Gründe, schlossen sich ihr aber an. Eine heftige Reaktion war aber auch: »Du denkst doch nur immer an dich selbst!«

Als der große Handwerker erwies sich **Timo**: »In unserer Klasse sieht es aus wie bei Hempels unterm Sofa. Und was die 6a mit ihren Eltern kann, können wir auch – mit unserm Geld für Farbe. Außerdem macht es Spaß. Und in der Zeitung werden wir auch groß rauskommen – mit Gruppenfoto. Schlagzeile: 6b renoviert ihren Klassenraum.« Mit Malerarbeiten war ihr Klassenraum noch »nicht dran«, obwohl er so übel aussah. Auch fehlte ein vernünftiger abschließbarer Schrank: Zeichenblöcke fand man nach Raumwechsel zertreten in einer Ecke, Atlanten musste man immer mitschleppen. Eine Gruppe wollte gern einen schöneren Raum und das Gemeinschaftserlebnis, andere meinten nur: »Blödmann! Sache der Schule! Nächstes Jahr ziehen wir sowieso um.«

1. Stellt euch als Schülerinnen und Schüler der Klasse 6b vor und entscheidet, wie das Geld verwendet werden soll. Dazu wägt zunächst jeder für sich die Vorschläge ab.
2. Setzt euch mit anderen zu den Gruppen »Bastian«, »Merle«, »Rieke« oder »Timo« zusammen und veranstaltet eine Klassenkonferenz.

METHODE **Eine Klassenkonferenz veranstalten**

Ihr streitet sachlich miteinander, ohne in Streit zu geraten, und kommt zu einer begründeten Mehrheitsentscheidung.

- Einer/eine leitet die Konferenz und achtet auf die Einhaltung der Gesprächsregeln → S. 51
- Jede Gruppe, die einen Standpunkt vertreten will, sammelt Begründungen dafür. Eine Sprecherin/ein Sprecher der jeweiligen Gruppe trägt den Standpunkt und die Begründungen der Konferenz vor.
- Dann beginnt die Diskussion, an der alle Gruppenmitglieder teilnehmen können. Sie gehen nun auf die Standpunkte und Begründungen anderer Gruppen ein.
- Die Diskussion ist zu Ende, wenn keine neuen Begründungen mehr vorgebracht werden. Nun stimmen alle darüber ab, was getan werden soll. Das Abstimmungsergebnis wird von allen anerkannt – ohne Protest.

Nahe am Paradies

Das Paradies kommt in Geschichten vieler Religionen der Welt vor – als verloren gegangener erster Wohnort der Menschen. Er wird beschrieben als großer Garten, in dem es Pflanzen und Früchte im Überfluss gibt. Von Friede, Ruhe und Glück sind alle Lebewesen dort erfüllt:

Die unterschiedlichsten Tiere leben zusammen, ohne einander etwas zu tun, die Menschen sind frei von Hass, Angst und Tod.

Cornelis Cornelisz van Haarlem, 1592

Im biblischen Paradies waren Gott und Mensch vereint, bis der Mensch sich dem Schöpfer gleich machen wollte und sich so von ihm trennte. Sehnsucht und Hoffnung richten sich darauf, dass es Gemeinschaft mit Gott in wunderbarer Weise für uns Menschen wieder geben wird. Jesus richtet den Blick auf diesen zukünftigen Ort, als er zu seinem Mitgekreuzigten sagt:
»Heute wirst du mit mir im Paradies sein.« *Lukas 23,43*

Erste Schritte

Wenn Skinheads und Türken
zwar nicht zusammen Döner essen,
aber sich respektieren,
vielleicht sogar gemeinsam Fußball spielen,

wenn verfeindete Nachbarn
zwar nicht zum Feiern sich versammeln,
aber sich grüßen,
vielleicht sogar die Post annehmen,

wenn verzankte Geschwister
zwar nicht wieder gut miteinander sind,
aber sich ansehen,
vielleicht sogar die Hände geben,

wenn Mitschüler nach einem Streit
zwar nicht sich zum Geburtstag laden,
aber nebeneinander sitzen,
vielleicht sogar sich manchmal helfen,

wenn Mutter und Vater nach einem Krach
zwar nicht den Arm umeinander legen,
aber anfangen zu reden,
vielleicht sogar sich zuzwinkern,

wenn Freunde nach einem Verrat
zwar nicht einander voll vertrauen,
aber zusammen blödeln,
vielleicht sogar von vorn beginnen,

dann sind wir alle
zwar nicht im Paradies,
aber nahe dran,
vielleicht sogar an seiner Tür.

1. Beschreibt, was euch auf dem Bild paradiesisch vorkommt.
2. Erklärt die Überschrift.
3. Was haben – bis auf die letzte Strophe – alle ersten, zweiten, dritten, vierten Verse jeweils gemeinsam?
4. Was ist gemeint mit dem Satz »Dann sind wir alle ... an seiner Tür«?
5. Vergleicht Gedicht und Bild: Worin unterscheiden sich die Vorstellungen vom Paradies?

Wer kann über den eigenen Schatten springen?

In diesem Kapitel habt ihr gelernt, dass Streit unterschiedliche Ursachen und Folgen hat: Hass und Herrschsucht verändern die Menschen, die Eifersucht zerstört den Familienfrieden, fehlendes Vertrauen gibt den Streitstiftern ihre Chance. Ihr habt überlegt, wie man gegen Ursachen und Folgen des Unfriedens angeht: durch offene Gespräche über den Konflikt in der Familie, durch Vertrauen zu Freundinnen, zu Freunden, durch Nachgeben, indem man die Schuld des anderen streicht. Ihr habt an einem Beispiel Jesu gelernt, dass Nachgeben auch falsch sein kann: Wenn eine gute, wichtige Sache in Gefahr ist. Ihr habt das fruchtbare Streiten als Auseinandersetzung nach festen Regeln gelernt. Ihr habt erprobt, wie man damit zu begründeten Entscheidungen findet.

Wenn man sich im Recht glaubt, ist es fast unmöglich nachzugeben. Die Schwierigkeit, sich selbst zu überwinden, wird durch die Verwendung des Bildes von dem Weitspringer und seinem Schatten unterstrichen.

1. Wenn bei einem Streit keiner nachgeben kann, raten Friedensstifter (Streitschlichter) mit dem Sprichwort: Manchmal muss man über seinen eigenen Schatten springen. Erklärt mithilfe des Bildes, was der Ratgeber den Streitenden damit sagen will.
2. Untersuche, wo in diesem Kapitel Menschen über ihren eigenen Schatten springen müssen, damit ein Streit beendet wird.
3. Warum fällt ihnen das jeweils so schwer?

Mobbing bekämpfen

Mobbing (englisch to mob: anpöbeln, angreifen) bedeutet, dass Menschen verspottet, lächerlich gemacht, ausgegrenzt werden. Das geschieht häufig ohne Anlass oder Grund. Es wird Falsches über sie verbreitet, das zum Vorwand für weitere Beschimpfungen, Misshandlungen, auch Erpressungen dient.
Die Opfer sind meistens wehrlos, geraten in Isolierung, verlieren ihr Selbstbewusstsein. Ihr Leiden kann zu Verzweiflung und Krankheiten führen.
Ein Problem ist, dass sich Mobbingopfer meistens nicht zu erkennen geben, weil sie eine Verschlimmerung ihrer Situation befürchten.
Ansprechpartner im Bereich Schule sind Eltern und Lehrer – besonders Klassenlehrer, Beratungslehrer, Vertrauenslehrer, die zu vertraulichen Gesprächen bereit sind.

Debbies Bauchschmerzen

Debbie ging es immer schlechter, seit sie in die 5b ihrer neuen Schule kam: Sie fehlte häufiger, klagte über Magenschmerzen, weinte und gestand schließlich ihrer Mutter, sie wolle überhaupt nicht mehr in die Schule. Erst nach und nach war sie bereit zu erzählen – von ihrer Angst, dass es ihr schlecht gehe und sie sich schäme.

»Alle machen mich in der neuen Klasse fertig. Sie lachen über mich und nennen mich ‚Schnulli«. Alle, alle machen das. Weil ich nicht so toll aussehe? Keine Markensachen habe? Oder nicht gut in Sport bin? In der Pause hat mir Olli das Brot aus der Hand gerissen und gerufen: ‚Hol's dir doch ... put, put, put, nun lauf doch mal.' Und alle, die dabei waren, haben gerufen: ‚Schnulli, Schnulli, put, put, put.« Und niemand will neben mir sitzen, jeder findet mich ›daneben‹. Und wenn ich weine ... die finden das nur zum Lachen. Und bald ist ja unsere Klassenfahrt. Aber kein Mädchen will mich in ihrem Zimmer haben. Ich hab alles versucht, Schokoriegel und alles, aber es hat nichts gebracht.

Als das Klassenbuch mit dem Schwamm verschmiert war und Herr Neumeister sich aufregte, haben sie gesagt, das war Debbie, wieder mal. Vor den Lehrern sagen sie nie ›Schnulli‹. Und gefreut haben sie sich, als der mich fertig gemacht hat. Da war ich doch mal für was gut. Sonst will mich keiner. Am liebsten wäre es denen, wenn ich nicht wieder komme.«

Schließlich schluchzte sie: »Am besten wäre es, ich wäre überhaupt nicht mehr da.«

Ihre Mutter nahm sie in den Arm und fragte schließlich: »Und du hast mit niemandem darüber gesprochen, nicht mit deinem Klassenlehrer oder dem Vertrauenslehrer an der Schule oder ...?« »Nein«, sagte Debbie, »das hat ja doch keinen Zweck, es wird alles nur noch schlimmer.«

Debbies Mutter setzte sich sofort mit dem Klassenlehrer in Verbindung und bat um ein Gespräch. Der war entsetzt und meinte: »Dass Debbie es nicht ganz leicht hat, auch dass sie allein sitzt, habe ich wohl bemerkt, aber nicht, dass sie so gemobbt wird. Ich dachte eher an die üblichen Anfangsschwierigkeiten in einer neuen Klasse; die 5b macht doch eigentlich einen ganz netten Eindruck. Ich werde mit den Schülern sprechen. Auf jeden Fall. Vorher hätte ich gern mit Debbie ein Gespräch – unter vier Augen, vertraulich. Können Sie ihr das ausrichten? Und – bitte! – sie kann mir vertrauen.«

4. Nutze, was du in der Arbeit mit diesem Kapitel über Streitstifter und Friedensstifter gelernt hast: Wer kann Debbie aus ihrer Isolation befreien? Wie kann das geschehen?
5. Sammelt Vorschläge für Maßnahmen und Regeln gegen das Mobbing. Gestaltet ein Plakat für euren Klassenraum.

8

Die Karte zeigt das Gebiet, in dem sich die Geschichte Israels* ereignet hat. Ein langer Weg durch die Geschichte – mit Hoffnungen und Ängsten, Frieden und Krieg, Heil und Unheil. Wichtige Länder, die mit der Geschichte Israels zu tun haben, sind Ägypten, Mesopotamien, die Sinai-Halbinsel und natürlich der Landstreifen am Ostufer des Mittelmeers, aus dem vor etwa 3000 Jahren Israel hervorgegangen ist. Wichtige Städte in dieser Geschichte sind z. B.: Ur, Haran, Jericho ⇢ S. 90f., Jerusalem, Babylon.

Orientierung auf einem langen Weg

Sucht die genannten Länder und Städte auf der Karte. Sammelt, was Ihr schon über sie wisst.

Begleitung auf dem Lebensweg

Von Abraham über Jesus bis heute

Auf dem Weg durch die Geschichte wird das Volk Israel von vielen Männern und Frauen begleitet, die nach Gott fragten und den Menschen Orientierung und Hoffnung gaben. Hier findest du Ereignisse aus der Geschichte und Menschen, die das Volk begleiteten.*

1800	**Anfang**	**Abraham, Sara**
1550	Verschiedene Stämme sind in Ägypten in der Sklaverei.	
1200	Einige Stämme fliehen aus Ägypten in die Freiheit. Das Volk Israel entsteht. Mose erfährt Gott am Sinai. Er bringt die Zehn Gebote mit. Das Volk tanzt ums »Goldene Kalb*«.	**Mose, Mirjam** **Aaron**
1150	Mose stirbt; Josua führt das Volk in das versprochene Land.	**Josua**
1120 **1000**	Das Volk Israel möchte einen König. David wird neuer König in Israel; er besiegt die Feinde und gründet die Hauptstadt Jerusalem; er lässt morden und begeht Ehebruch.	**Samuel** **David, Nathan**
975 **930**	Salomo wird König; er lässt Paläste und den Tempel bauen; er erhebt hohe Steuern und lässt Sklaven arbeiten. Salomo stirbt; die Stämme im Norden und im Süden wählen eigene Könige – das Land wird geteilt.	**Salomo**
850	König Ahab und Königin Isebel lassen im Norden den Baal-Kult zu; der König will seine Paläste erweitern; der Bauer Naboth wird umgebracht.	**Elia**
750	König Josia lebt im Reichtum; das einfache Volk wird immer ärmer.	**Amos**
720	Der nördliche Teil des Landes wird von den Assyrern unterworfen; viele sterben, andere werden vertrieben und verschleppt.	
600	Die Babylonier greifen den südlichen Teil mit Jerusalem an; Jeremia rät zur Unterwerfung; der König führt Krieg, Israel wird besiegt; viele sterben, ein Teil wird nach Babylon ins Exil verschleppt.	**Jeremia** **Ezechiel**
530	Die Perser besiegen die Babylonier und lassen die Juden zurück in ihr Land; der Tempel und Jerusalem werden wieder aufgebaut; Israel bleibt den Persern unterworfen.	**Haggai** **Esra** **Nehemia**
60	Die Römer erobern das Land.	
30 n. Chr.	Johannes der Täufer predigt vom Gericht und ruft zur Umkehr auf; Jesus predigt vom Reich Gottes; er beruft Jünger.	**Johannes** **Jesus** **Petrus**

··· S. 178

1. Manchen der Namen auf dieser Seite entsprechen Bücher in der Bibel. Sucht heraus, wo sie dort zu finden sind.
2. Zeichne deinen eigenen Weg: links die Jahreszahlen, in der Mitte die Ereignisse und rechts die Menschen, die dir etwas bedeuten ··· S 127. Wenn du einiges nicht mehr genau weißt, fragst du nach bei deinen Eltern, Geschwistern oder Freundinnen und Freunden.

Euer Leben umfasst eine viel geringere Zeitspanne. Aber es ist auch ein Weg, bei dem euch viele Menschen begleitet haben. Und ihr habt sicher schon erlebt, dass ihr von ihnen Hilfe oder Trost bekommen habt. So kann man beide Wege vergleichen – auch wenn sie sich in ganz verschiedenen Gegenden der Welt abspielten.

Diesen Weg hat der 11-jährige Marcel aus Dortmund aufgezeichnet.

Anfang:

1998	ich komme zur Welt	meine Mutter, meine Oma, mein Vater
1998	ich werde getauft	meine Taufpatinnen/-paten
2002	ich komme in den Kindergarten	Spielkameraden, unsere Betreuerin mit Beate hatte ich den selben Weg zum Kindergarten
2003	meine Schwester wird geborn	meine Eltern
	ich bekomme mein eigenes Zimmer	mein Vater half mir beim Einrichten
	meine Oma ist gestorben	Eltern, Verwandte, der Pfarrer meine Taufpatin hat mich getröstet
2004	ich komme in die Schule ich lerne lesen (ein bisschen konnte ich es schon vorher) Sachkunde und Reli machen mir besonders Spaß	meine Eltern, meine Lehrerin Klassenkameraden, mit Benno habe ich mich angefreundet
2005	mein Vater und meine Mutter haben oft Streit	Benno und seine Familie ich durfte oft bei ihnen über Nacht bleiben
2006	mein Vater und meine Mutter haben sich getrennt; meine Mutter, meine Schwester und ich ziehen in eine andere Stadt, ich gehe in eine andere Schule	neue Lehrer, neue Klasse
2007	meine Schwester kommt in den Kindergarten	meine Mutter und ich, die Erzieherin
2008	ich gehe in eine neue Schule	meine Mutter; meine Schwester; mein Vater kam zu Besuch; neue Lehrer; ich sitze neben Dirk, mit dem ich mich gut verstehe
2008	ich gehe in die Jugendgruppe in unserer Kirchengemeinde	neue Freunde, die Pfarrerin macht manchmal Fahrten mit uns

Entscheidung für die Freiheit – Mose und Mirjam

Wer ist Gott? Wie erfahren wir von ihm?

Den Juden ist jede bildliche Darstellung von Gott verboten. Gott begegnet den Menschen in bestimmten Situationen – sehen oder abbilden lässt er sich nicht. Die Bibel erzählt, dass Mose eine solche Begegnung am brennenden Dornbusch auf dem Berg Sinai hatte.
– Lies nach im Kapitel »Eine Geschichte, die Hoffnung schenkt«, *⇢ S. 38f.* *Dort erfuhr er Gott als den Befreier aus der Sklaverei und den, der seinen Willen in den Geboten offenbart. Wie schwer es ist, ohne festes Bild von Gott zu leben, zeigt die Geschichte vom »Goldenen Kalb«* (Exodus 32).*

Stuhl des Mose in der Synagoge in dem Ort Chorazim*

SCHLÜSSELWISSEN **Mose**
Mose hat in der Bibel eine große Bedeutung: Er ist der von Gott berufene Führer des Volkes, Gesetzgeber und Prophet. Die Bibel stellt ihm die Prophetin Mirjam und den Priester Aaron zur Seite. Auch für das Neue Testament ist Mose wichtig; immer wieder bezieht sich Jesus auf das »Gesetz und die Propheten« (z. B. Matthäus 5,17; 7,12 ; 11,13). Das Evangelium des Matthäus verbindet Jesus mit Mose bei der Bergpredigt: »Er ging auf einen Berg und setzte sich« heißt es in Matthäus 5,1. Der Berg soll an den Sinai erinnern, das »Setzen« ist die Position des Lehrens. In Synagogen – wie hier in Chorazim – gab es den »Stuhl des Mose«, von dem aus gelehrt wurde.

Der unsichtbare Gott und das goldene Kalb

Aaron »Mirjam! Mose ist schon so lange fort – keiner glaubt mehr daran, dass er zurückkommt. Er wird irgendwo da oben in eine Felsspalte gestürzt sein, vielleicht ist er längst tot. Die Leute hungern, sie zweifeln, dass wir je das Ziel erreichen. Viele wollen sogar nach Ägypten zurück! Einige kamen und sagten: ‚Mach uns ein Gottesbild, wie wir es aus Ägypten kennen; den Gott, von dem Mose immer erzählt, kann man nicht sehen! Es war ein Irrtum, ihm zu folgen, vielleicht gibt es ihn gar nicht!' Ich weiß nicht, was ich machen soll ...«

Mirjam »Haben sie denn vergessen, was am Schilfmeer geschah? Hat uns der unsichtbare Gott da nicht gerettet? Haben nicht alle mitgesungen: ›Ross und Mann hat er ins Meer gestürzt!‹ – und jetzt wollt ihr zurück zu unseren Bedrückern und deren Göttern?«

Aaron »Schon, aber das ist lange her! Die Leute wollen jetzt etwas sehen! Ich habe ihnen das alles auch gesagt, aber ihre Geduld ist am Ende! Ich muss irgendwas für sie tun!«

Mirjam »Wenn du so ein Stierbild machst, dann versündigst du dich an unserem Gott! An dem Gott, der schon unseren Vätern geholfen hat!«

Aaron »Ja, ja, ich weiß, ich weiß! Aber – wir leben heute! Insgeheim haben viele schon immer gedacht: ›Was Mose und Mirjam da von dem unsichtbaren Gott erzählen, ob das alles so stimmt? Erst schienen ihnen unsere Erfolge recht zu geben, aber nun sitzen wir hier im Elend – da ging es uns in Ägypten besser!‹ Und die Gottesdienste dort fanden die Leute auch schöner! Sie wollen nicht nur immer Worte hören, sie wollen auch etwas sehen! Und was ist an einem solchen Bild schon so schlimm? Wer will, kann ja weiter zu dem Gott des Mose beten!«

Mirjam »Aber Mose ist doch auf den Berg gegangen, um mit Gott allein zu sein, um zu hören, was geschehen soll, wie wir miteinander leben sollen, wenn wir das gelobte Land erreichen. Er wird uns Weisungen geben, wie wir unsere Freiheit bewahren können. Glaubst du, dass ein Stierbild uns helfen kann, unsere Freiheit zu bewahren? Was kann das denn bewirken? Ich glaube, wenn wir unserem Gott folgen, dann brauchen wir mehr Geduld ...«

Aaron »Mirjam, Mirjam – ich glaube nicht, dass ich das Volk damit überzeugen kann ...«

1. Dem »goldenen Kalb*«, das man in Ägypten als Gottheit betrachtete, steht der unsichtbare Gott Israels gegenüber, der den Menschen die Weisung der Zehn Gebote gibt. Auf den Gebotstafeln seht ihr die Zusammenfassung, die Jesus dazu gegeben hat (Mk 12, 30–31).
   Prüft nach, welche der zehn Gebote → S. 50 diesen beiden Versen zugeordnet können und warum.
2. Lest die Erzählung vom »Goldenen Kalb« in Ex 32.
3. Bildet eine »Aaron«- und eine »Mirjam«-Gruppe. Sammelt Aspekte für ein Streitgespräch in der Klasse: Darf Aaron dem Willen des Volkes nachgeben?
   Was könnten die Folgen sein?

Streit um den König – Samuel, David und Nathan

Nachdem Mose die Israeliten zum »verheißenen Land« geführt hatte, lebten die Israeliten lange Zeit in einer Gemeinschaft von Familien und Stämmen, ohne feste Ordnung eines Staates oder einer Regierung. Die Bibel erzählt, dass später viele Israeliten zum Propheten Samuel kamen und ihn baten, doch einen König einzusetzen ...

Der Unterschied zwischen Gott und König

»Samuel! Bitte Gott darum, dass wir einen König bekommen wie alle anderen Völker um uns herum! Wir möchten auch so sein wie sie. Ein König kann mit Soldaten unsere Grenzen bewachen und uns besser gegen Feinde schützen, so dass wir sicherer leben können!«
»Ist nicht Gott selbst unser König?« fragte Samuel, »hat er uns nicht aus der Sklaverei in Ägypten herausgeführt? Sollten wir uns nicht ganz auf ihn verlassen?«

»Nun ja«, antworteten einige aus dem Volk, »aber man weiß doch oft nicht, wann und wie Gott heute wirkt. Und außerdem – immer wieder kommen unsere schlimmsten Feinde, die Philister*, in unser Land. Sie rauben unsere Ernte und töten viele, und wir können es nicht verhindern. Und wenn wir in der Volksversammlung beraten, was wir tun sollen, reden alle durcheinander und wir kommen zu keinem Ergebnis. Nein: Bestimme einen König, der uns führen soll!« Da antwortete Samuel: »Ich will euch sagen, was ein König tun wird: Für seine Armee wird er eure Söhne zum Kriegsdienst einziehen – ihr werdet sie nie wiedersehen. Für seinen Palast wird er eure Töchter und Frauen nehmen, dass sie ihm zu Diensten sind. Und er wird harte Steuern von euch nehmen für alles, was ihr mit eurer Arbeit geerntet und geschaffen habt. Meint ihr, er würde nach Gottes Willen fragen und mit Gerechtigkeit regieren? Wenn ihr dann aber unter der Ungerechtigkeit leidet und zu Gott schreit, wird euch Gott nicht erhören.«
Doch das Volk blieb bei seinem Willen: »Du kannst ihn ja im Namen Gottes zum König salben, damit er immer weiß, dass Gott noch über ihm ist!« Da zog sich Samuel zurück und betete. »Herr, was soll ich tun? Das Volk hört nicht auf mich ...«

Die Bibel erzählt, wie Gott geantwortet hat: »Tue dem Volk seinen Willen! Denn sie haben nicht dich, sondern mich, ihren Gott, verlassen, der sie aus Ägypten befreit hat. Sie müssen selbst erfahren, was das Recht eines Königs von der Gerechtigkeit Gottes unterscheidet.«
Nach 1 Samuel 8

Schlüsselwissen König David
Seit der Zeit des Samuel gibt es Könige in Israel*.
Der erste war Saul. Er regierte etwa von 1020 bis 1000 v. Chr.
Danach kam David. Ihm gelang es, das Land zu einen und die Philister* zu besiegen. Die Bibel erzählt dazu die Geschichte von David und Goliath, die symbolisch zeigt, wie der »kleine« David den »Riesen« Goliath mit der Hilfe Gottes besiegt (1 Samuel 17). Nach 1 Samuel 16 wird David in Bethlehem noch von Samuel zum König von Israel gesalbt. Der »Gesalbte« heißt hebräisch »Messias«. Die Hoffnung auf einen neuen Messias*, der das Volk so regieren wird wie David, blieb in der Geschichte Israels bis heute lebendig.

David und der Prophet Nathan

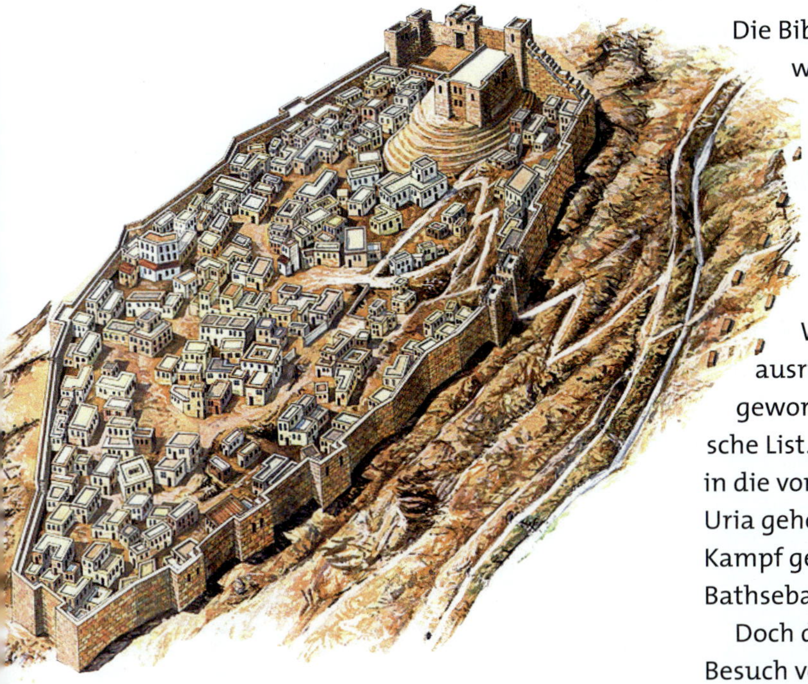

David machte Jerusalem zur Hauptstadt Israels. *Bis heute nennen sie die Juden »Stadt Davids«. Doch die Gefahren, die Samuel gegenüber dem Königtum ausgesprochen hatte, sollten sich bald zeigen ...*

Die Bibel erzählt, dass David eines Tages eine wunderschöne Frau erblickte, die Bathseba hieß. Obwohl er selbst verheiratet war und ihm gesagt wurde, dass Bathseba die Ehefrau von Uria sei, der sich gerade auf einem Kriegszug befand, ließ er sie in seinen Palast holen und schlief mit ihr. Einige Wochen später ließ Bathseba dem König ausrichten, dass sie von ihm schwanger geworden sei. Da ersann David eine mörderische List. Er befahl, dass Uria auf dem Kriegszug in die vorderste Reihe gestellt werden sollte. Uria gehorchte und wurde von den Feinden im Kampf getötet. Wenig später nahm David Bathseba zur Frau.

Doch dann, so erzählt die Bibel, bekam David Besuch vom Propheten Nathan, der von Gott gesandt war ...

»König, ich will dir eine Geschichte erzählen. Willst du sie hören?« »Sehr gern höre ich eine Geschichte von unserem berühmten Propheten«, schmeichelte David. Nathan begann: »Es waren in einer Stadt zwei Männer, der eine reich, der andere arm. Der Reiche hatte viele Schafe und Rinder, es fehlte ihm an nichts. Der Arme hatte kaum etwas zu essen, er hatte nur ein Schaf, das er liebte wie seine Kinder. Niemals würde er es schlachten, um etwas zu essen zu haben.

Eines Tages bekam der Reiche Besuch. Wie es üblich ist, wollte er den Gast reichlich bewirten. Aber er wollte dafür kein Tier aus seiner Herde nehmen. Stattdessen ließ er dem Armen das Schaf wegnehmen, ließ es schlachten und zum Essen zubereiten«. Als er das hörte, wurde David wütend und rief: »Wer ist dieser Kerl? Er ist des Todes schuldig! Und außerdem sollen dem Armen aus seiner Herde vier neue Schafe gegeben werden!« »Dieser Kerl, das bist du!«, rief Nathan aus, »Du hast dir dein eigenes Urteil gesprochen!«.

Nach 2 Samuel 11 und 12

1. Mit welchen Erwartungen und Hoffnungen bittet das Volk darum, dass ein König eingesetzt wird?
2. Warum ist Samuel dagegen? Welche Rolle hat er in der Auseinandersetzung?
3. Sammelt in Gruppen weitere Aspekte, die für oder gegen das Königtum sprechen.
4. Beschreibt, wie Nathan mit seiner Geschichte das Verbrechen des Königs deutlich macht.
5. Was möchte Nathan mit der Geschichte über Uria, seine Frau und das Verhalten von David ausdrücken?

Das Land ist ein Geschenk Gottes – Elia

Darf sich der König den Weinberg von Naboth aneignen?

Salomo folgte David als Thronfolger und wurde König von Israel. Er ließ den ersten Tempel Israels* bauen und sorgte für eine 40-jährige Friedenszeit. Er wurde außerdem berühmt für seine Weisheit; ein Beispiel dafür könnt ihr in 1 Könige 3,5–28 lesen. Nach seinem Tod waren sich die Israeliten uneins, wer Nachfolger werden sollte. So wurden zwei Könige gewählt und das Reich geteilt. Von nun an gab es »Israel« im Norden und »Juda« im Süden. Der Norden öffnete sich anderen Religionen, vor allem dem Baals-Kult zur Zeit des Königs Ahab (874–853 v. Chr.). In dieser Zeit trat Elia für den ursprünglichen Glauben Israels ein.*

METHODE **Im »Fishbowl« diskutieren**
Ihr lernt die eigene Meinung gegenüber anderen darzustellen und zu begründen. Grundregel: Nur in der Mitte darf geredet werden.

- Ihr legt für das Gespräch ein Thema fest. Beispiel: Wie kann man erreichen, dass nicht immer die Stärkeren bekommen, was sie wollen? Im Klassenraum wird ein großer Sitzkreis mit drei Stühlen in der Mitte eingerichtet.
- Jemand setzt sich in die Mitte und stellt seine Gedanken zum Thema dar.
- Wer dazu Stellung nehmen will oder eine Frage hat, setzt sich auf den zweiten Stuhl in der Mitte. Sobald er sitzt, muss der erste aufhören zu sprechen, und der zweite redet. Danach soll sich ein Dialog entwickeln, bis sich ein dritter in die Mitte setzt wird und sich einmischt.
- Wenn ein Vierter aufsteht und in die Mitte möchte, muss der erste in der Mitte diese verlassen und sich in den Außenkreis setzen. Genauso macht es der zweite, wenn ein anderer dazu kommen will.
- Diese »Rotation« geht so lange weiter, bis niemand mehr in die Mitte möchte. Die zuletzt in der Mitte sitzen, bitten nun einzelne im Außenkreis, ihre Meinung zu äußern oder ein Gesprächsergebnis zu formulieren.

Das geteilte Reich Israel

König Ahab und seine Frau Isebel, die keine Israelitin war, sondern aus Tyrus stammte, führten neue Gesetze ein. Sie erleichterten es, Land zu kaufen, und schufen bessere wirtschaftliche Möglichkeiten. Ein solcher Fall wird in 1 Könige 21 erzählt: Ahab will seinen Palast erweitern und möchte dem Weinbauern Naboth Land abkaufen; aber der weigert sich.

Wie kann der König den Weinberg von Naboth bekommen?

Ahab »Meine Königin, ich habe viele Pläne, die auch dich erfreuen werden! Ich will unseren Palast erweitern und einen großen Garten anlegen. Ich muss nur noch den alten Bauern Naboth rumkriegen, dass er uns sein Grundstück verkauft, das an unseren Palast angrenzt. Allerdings weigert er sich, obwohl ich ihm schon viel Geld geboten habe. Ehrlich gesagt, ich bin ziemlich ratlos und weiß nicht, was ich noch machen soll.«

Isebel »Du willst ihn rumkriegen? Du bietest ihm viel Geld? Geht so ein König mit seinen Untertanen um? Bist du nicht der Herr über das Land? Er muss dir das Land abtreten! Du bist der König! Wie kannst du ratlos sein?«

Ahab »So leicht ist das bei uns in Israel* nicht! Du weißt, unser alter Glaube sagt, dass Gott unseren Vorfahren, die vor langer Zeit aus Ägypten flohen, dieses Land geschenkt hat – und dass es daher den Menschen nie ganz gehört, weshalb sie es auch nicht verkaufen, sondern immer nur in der Familie weiter vererben dürfen. Ich finde das zwar auch reichlich altmodisch, denn dadurch wird unsere wirtschaftliche Entwicklung ziemlich behindert. Ich würde wohl auch anders vorgehen, aber da ist dieser Prophet Elia, der die Menschen an diese alten Regeln erinnert und ihnen sagt, dass nur durch sie ihre Freiheit Bestand haben kann. Und der steht natürlich ganz hinter Naboth!«

Isebel »Also, ich will dir mal was sagen: Bei uns in Tyrus hätte sich der König so etwas nicht bieten lassen. Propheten, Priester – alle stehen dort unter dem König. Wer hat denn den Tempel in Bethel* bauen lassen? Etwa die paar Propheten? Du warst es – oder deine Vorgänger. Mag ja sein, dass euer Gott eure Vorfahren in dieses Land gebracht hat – aber du bist König und verwaltest nun das Land in Gottes Auftrag! Ich weiß nicht, was das für eine Freiheit ist, die dieser Elia meint. Du als König stehst Gott doch viel näher! Wie kannst du dich von einem Propheten in deinen Entscheidungen abhängig machen?«

Ahab »Ja, du hast es leichter – du bist keine Israelitin! Ich muss hier doch Rücksicht nehmen auf den Glauben der Leute, vor allem, wenn so ein fanatischer Prophet hinter ihnen steht. Bisher hat kein König in Israel gewagt, etwas gegen Propheten zu unternehmen ... Außerdem hat mir Elia Unheil angedroht, wenn ich nicht nach den Weisungen Gottes handle ...«

Isebel »Willst du dich von leeren Drohungen einschüchtern lassen? Ich sehe schon: Ich muss deine Sache wohl selbst in die Hand nehmen ...«

1. Überlegt: Wie könnte der Streit zu Ende gehen? Lest dann in der Bibel nach, wie die Geschichte ausgegangen ist (1 Kö 21).
2. Sammelt Argumente für König Ahab, seine Frau Isebel und für Naboth bzw. Elia.
3. Benennt Gründe, warum die Israeliten das Land nicht als ihr Eigentum betrachten konnten.

Zerstörung und Neuanfang – Jeremia und Ezechiel

Hat Gott Israel verlassen?

Dem assyrischen Reich folgte das babylonische. Wieder wurde Israel bedroht, denn die Babylonier wollten mit einem Heer durch Israel nach Ägypten ziehen. Um 600 v. Chr. wurde Jerusalem belagert. Jeremia riet zur Unterwerfung, aber der israelitische König hörte nicht auf ihn. So wurden die Stadt erobert und der Tempel niedergebrannt. Viele Menschen wurden nach Babylon ins Exil verschleppt. Im Psalm* 137 lesen wir von der Trauer der Israeliten über die verlorene Heimat. Der Prophet Jeremia schrieb einen Brief an die Gefangenen.*

Klage der Gefangenen in Babel (Babylon)

1 An den Strömen von Babel,
da saßen wir und weinten,
wenn wir an Zion dachten.
2 Wir hängten unsere Harfen
an die Weiden in jenem Land.
3 Dort verlangten von uns die Zwingherren
Lieder,
unsere Peiniger forderten Jubel:
»Singt uns die Lieder vom Zion!«
4 Wie könnten wir singen die Lieder des Herrn,
fern, auf fremder Erde?
5 Wenn ich dich je vergesse, Jerusalem,
dann soll mir die rechte Hand verdorren.
Psalm 137,1–6

Brief von Jeremia an die Gefangenen

1 Dies sind die Worte des Briefes, den der Prophet Jeremia von Jerusalem sandte an den Rest der Ältesten, die weggeführt waren, an die Priester und Propheten und an das ganze Volk, das Nebukadnezar von Jerusalem nach Babel weggeführt hatte.
7 Suchet der Stadt Bestes, dahin ich euch habe wegführen lassen, und betet für sie zum HERRN; denn wenn ihr's wohlgeht, so geht's auch euch wohl.
10 Denn so spricht der HERR: Wenn für Babel siebzig Jahre voll sind, so will ich euch heimsuchen und will mein gnädiges Wort an euch erfüllen, dass ich euch wieder an diesen Ort bringe.
11 Denn ich weiß wohl, was ich für Gedanken über euch habe, spricht der HERR: Gedanken des Friedens und nicht des Leides, dass ich euch gebe Zukunft und Hoffnung.
Jeremia 29,1,7,10–11

1. Vertreibung und Verschleppung von Völkern hat es bis in unsere Gegenwart hinein immer wieder gegeben. Kennt ihr Beispiele dafür?
2. Vergleicht den Inhalt des Briefes mit dem Trauerpsalm.
3. Woraus leitet Jeremia die Hoffnung ab, dass Gott Israel neu machen wird → S. 135?
4. Jeremia erzählt Baruch, dass er im Gebet Gott neu erkannt hat. Welche Bedeutung hat diese Erkenntnis für die jüdische Diaspora*?

Das berühmte Ischtartor in Babylon während einer königlichen Prozession. Durch dieses Tor könnten die gefangenen Israeliten geführt worden sein.

Jerusalem zerstört – wie konnte Gott das zulassen?

Baruch »Jeremia, ich bin froh, dass du wieder da bist! Ich dachte schon, du wärst in dem ganzen Chaos umgekommen oder die Babylonier hätten dich mit den anderen verschleppt ...«

Jeremia »Ich wurde vor den babylonischen Heerführer gerufen, aber er hat mich wieder freigelassen – vielleicht, um unsere Oberen noch mehr zu demütigen, denn ich hatte ja immer zur Unterwerfung gegen die Babylonier gemahnt! Nun haben sie gekämpft – und schrecklich verloren! Von denen, die übrig blieben, sind die meisten schon auf dem Weg in die Fremde, getrieben von den Siegern! Wie gern hätte ich das Unheil verhindert – doch niemand hat auf mich gehört!«

Baruch »Der Tempel und unsere heilige Stadt sind zerstört. Hat nicht Gott mit uns einen ewigen Bund geschlossen? Warum hat er uns nicht gerettet? Was wird jetzt aus unserem Volk, dem ›Volk Gottes‹? Ist der Glaube unserer Väter gescheitert? Ist das von Gott geschenkte Land für immer verloren?«

Viele in Israel waren über die Zerstörung ihrer Heimat sehr verzweifelt. Hatte Gott sie verlassen? Mussten sie nun immer in der Fremde leben? Jeremia spricht darüber mit seinem engsten Mitarbeiter Baruch. Doch die Katastrophe führte zu Neuem: Viele Israeliten blieben auch in der Fremde ihrem Glauben treu.
Sie gründeten Gemeinden im Ausland und richteten dafür einen Ort ein, an dem sie sich regelmäßig versammelten: die Synagogen. So breitete sich der jüdische Glaube allmählich im gesamten Mittelmeerraum aus: die Diaspora* entstand.*

Jeremia »Ich war von Gott berufen, das Volk zur Umkehr zu bewegen, damit das Unheil abgewendet wird! Aber ich konnte es nicht. Ich konnte sagen und tun, was ich wollte – es nützte nichts.«

Baruch »Ich habe deine Worte noch im Ohr, die du immer wiederholt hast: ›Wenn ihr nicht glaubt, und allein Gott vertraut, dann habt ihr keinen Bestand.‹ Gibt es nun keine Hoffnung mehr für Israel*? Ist es zu Ende mit unserem Volk?«

Jeremia »Ich kann nicht glauben, dass Gott unser Volk für immer verstößt. Als ich weinte und zu Gott betete, habe ich auf einmal erkannt: Gott ist nicht nur in unser Heimat bei uns! War nicht Gott damals schon in Ägypten bei unserem Volk? Sollte er mit seiner Gnade nicht auch in Babylon gegenwärtig sein? Ist er nicht ein Gott aller Völker, der ihre Geschicke lenkt? Er wird unser Volk wiederherstellen – nach einer Zeit der Trauer und Umkehr.

Ich wurde auch bestärkt durch den jungen Ezechiel. Bevor er mit den anderen fort musste, war er bei mir und erzählte mir einen Traum. Er sah ein Feld mit den vielen, die beim Kampf gegen die Babylonier gefallen waren, und hörte die Stimme Gottes: ›Werden diese Toten wieder lebendig werden?‹ Er konnte nicht antworten, und da hörte er wieder die Stimme. ›Ich werde sie lebendig machen!‹ Und dann sah er, wie die Erschlagenen Israels sich erhoben! – Ja, es wird wieder ein neues Israel geben!«

Nach Jeremia 29,33ff. und Ezechiel 37

Das Reich Gottes ist da – Jesus von Nazareth

Die Welt mit den Augen Gottes sehen

Das römische Weltreich umfasste zur Zeit Jesu den gesamten Mittelmeerraum. An der Spitze standen die Kaiser, der erste war Augustus (31 v. bis 14 n. Chr.). Ihm gelang es, über viele Jahre Frieden zu schaffen. Aber er ließ auch jeden Aufruhr hart niederschlagen, dabei wurde als Todesstrafe oft die Kreuzigung angewandt, die auch Jesus erlitt. So wurde im Jahr 70 n. Chr., also etwa 40 Jahre nach dem Tod Jesu, ein Aufstand der Juden von den Römern gewaltsam beendet und Jerusalem zerstört. Tausende fanden dabei den Tod. Die Lage in den besetzten Ländern war wegen der hohen Steuern, die die Römer verlangten, schwierig. Die Sehnsucht nach Befreiung wurde immer stärker. Man hoffte, dass Gottes Reich kommen und die Herrschaft der Römer beenden werde. In dieser Zeit traten Johannes der Täufer und Jesus auf. In ihren Predigten nährten sie die Hoffnung, dass Gott selbst das Schicksal des Volkes wenden werde. Beide riefen das Volk zur Umkehr – denn Gottes Kommen sollte ein wirklicher Neuanfang werden. So knüpften sie an die Botschaft der alten Propheten an, z. B. Jeremia und Ezechiel.*

Doch Jesus ging noch darüber hinaus ... ⇢ S. 102f.

Wie kommt das Reich Gottes, worin besteht es?

Zacharias, ein Jünger Johannes' des Täufers: »Petrus, du bist doch ein Vertrauter eures Meisters Jesus. Als Johannes ihn vor einiger Zeit im Jordan taufte, glaubte ich, Jesus würde wie unser Meister reden und handeln: die Menschen zur Umkehr und zu gerechtem Handeln aufrufen, damit wir gemeinsam dem Herrn den Weg bereiten! Aber jetzt sagt er, Gott sei schon da, und sein ersehntes Reich habe unter uns schon begonnen? Hält er sich denn für mehr und besser als einen Propheten?«

Petrus, ein Jünger Jesu: »Ich glaube nicht, dass er sich für etwas Besseres hält ... Aber wirklich: Irgendwas ist mit ihm nach seiner Taufe geschehen. Er fühlt sich Gott so nahe, dass er ihn im Gebet immer anredet, wie seinen Vater. Und er sieht überall Gottes Wirken: Er erzählt Geschichten – vom Säen und Ernten, von unserer normalen Arbeit – und sagt: Darin könnt ihr Gott und seine Nähe erkennen!«

Zacharias »Aber ist das nicht reichlich übertrieben? Wie kann man diese sündhafte Welt und die sündigen Menschen mit Gott in Verbindung bringen? Haben nicht alle Propheten immer wieder zur Umkehr gerufen, damit die große Veränderung, die wir von Gott erhoffen, endlich kommen kann?«

Petrus »Auch Jesus redet oft so. Aber man spürt, da ist noch mehr; es ist manchmal so, als würde man durch ihn die Welt mit ganz anderen Augen sehen, als wäre das, was wir von Gott erhoffen, irgendwie schon da!«

Zacharias »Ist das nicht bloß Einbildung? Es geschieht doch nichts!«

Petrus »Vielleicht haben unsere Propheten gar nicht gemeint, dass Gott nur mit großen Veränderungen in der ganzen Welt zu uns kommen kann? Was hat unser Volk nicht alles versucht, Gott den Weg zu bereiten – bis hin zu Kriegen! Am Ende war alles schlechter als vorher. Nein, ich glaube, dass Jesus meint, dass wir alle schon jetzt Gottes Kinder sind. Was kann einem geschehen, wenn man sich ganz auf Gott verlässt? Warum warten wir auf Gott und entdecken nicht, dass er uns immer nahe ist?«

Zacharias »Aber alle, die unser Volk bedrücken und quälen, müssen doch von Gott bestraft werden! Nur so können wir zu der Größe zurückkehren, die wir unter David und Salomo hatten.«

Petrus »Ich glaube, auch da denkt Jesus anders. Er sagte einmal, Gott lässt seine Sonne scheinen über Böse und Gute ... und über Salomo sagte er: Schaut euch die Lilien auf dem Feld an: Sind sie nicht viel schöner als Salomo in all seiner Pracht – und wachsen doch von allein? Ich sage dir: Durch Jesus fängst du an, unsere ganze Welt und die Überlieferungen unserer Väter mit anderen Augen zu sehen ...«

Schlüsselwissen **Jesus im Islam**

Auch die Muslime kennen Jesus. Sie nennen ihn Isa. Er ist für sie einer der großen Propheten Allahs. Er wird im Koran oft erwähnt. Doch die Muslime lehnen die Vorstellung ab, dass Gott einen Sohn haben kann, der zugleich Gott und Mensch ist.

1. Beschreibt das Mosaik aus dem 6. Jahrhundert. Welche Erzählung aus den Evangelien ist hier dargestellt?
2. Deutet diese Darstellung vor dem Hintergrund der Situation der Bevölkerung im römischen Reich. Lest dazu die Erzählung auf → S. 96.
3. Sammelt Aspekte zu dem, was »Reich Gottes« sein könnte. Was könnte dieses Bild mit »Reich Gottes« zu tun haben?
4. Stellt die wichtigsten Unterschiede im Verständnis vom »Reich Gottes« zwischen Zacharias und Petrus in einer Tabelle zusammen.

DAS WEISST DU

Gott in allem respektieren und vertrauen

In diesem Kapitel hast du erfahren, wie das Volk Israel in den Stationen seiner langen Geschichte von besonderen Menschen begleitet wurde. Sie haben immer wieder an Gott erinnert und so dem Volk geholfen, den richtigen Weg zu finden.*
Gott in allem respektieren und vertrauen – so könnte man diesen Weg des Glaubens zusammenfassen.
Aber – was ist daran eigentlich so wichtig, dass Israel an diesem Weg durch so viel Leid bis heute festgehalten hat? Oder dass Jesus für Gott und sein Reich das Leben gab?

Warum Gott für die Menschen wichtig ist

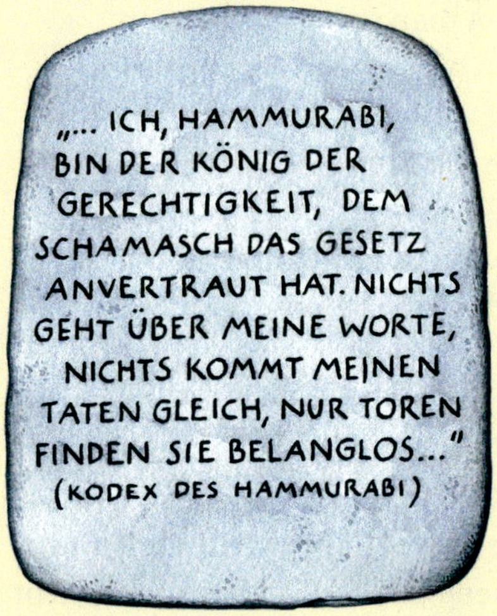

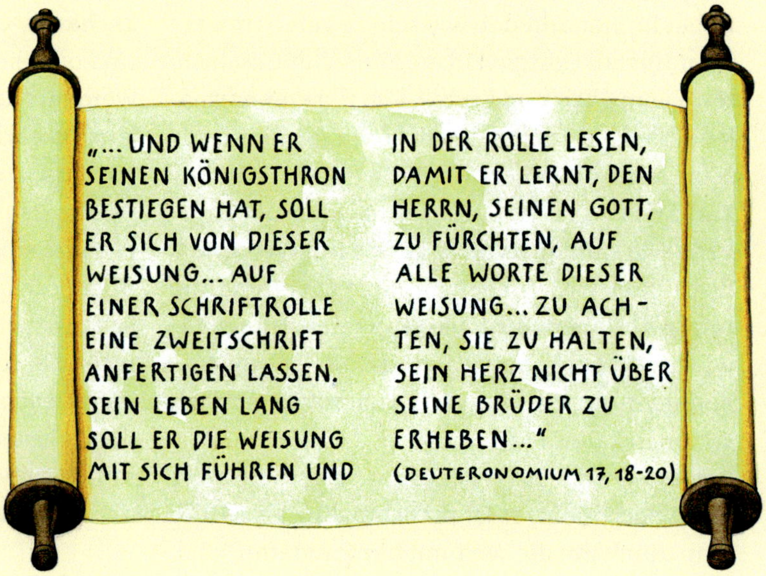

An diesen beiden Texten ist zu erkennen, welche Bedeutung es hat, dass uns die Bibel immer wieder an Gott erinnert. Der Kodex des babylonischen Königs Hammurabi (um 1900 v. Chr.) ist die älteste Gesetzessammlung der Welt. Schamasch galt damals als bedeutendster Gott in Babylon.

1. Welche Stellung des Königs beschreiben die beiden Texte?
2. Sucht dazu Anknüpfungspunkte in den Geschichten, die ihr in diesem Kapitel kennen gelernt habt.
3. Formuliert in Gruppen eine Fortsetzung zu diesem Satzanfang: »Gott ist für die Menschen wichtig, weil...
4. Bildet in der Klasse Gruppen und wählt eine der Geschichten im Kapitel aus, ohne dass die anderen von eurer Wahl erfahren. Einigt euch darauf, was für euch in diesen Geschichten wichtig ist. Überlegt, wie man das ohne Worte, nur mit Gestik und Mimik darstellen kann, und einigt euch darauf, wie ihr eure Geschichte auf diese Weise den anderen vorspielen

Der Weg der Menschen mit Gott in Spielszenen

Nach frühchristlicher Überlieferung fand auf dem Berg Tabor in Galiläa ⇢ S. 90f. die »Verklärung Jesu« statt: Jesus erscheint seinen Jüngern in einem weißen Gewand neben Mose und Elia.

Die Verklärung Jesu
2 Und nach sechs Tagen nahm Jesus mit sich
Petrus, Jakobus und Johannes und führte sie auf
einen hohen Berg, nur sie allein. Und er wurde
vor ihnen verklärt;
3 und seine Kleider wurden hell und sehr weiß,
wie sie kein Bleicher auf Erden so weiß machen
kann.
4 Und es erschien ihnen Elia mit Mose, und sie
redeten mit Jesus.
5 Und Petrus fing an und sprach zu Jesus: Rabbi,
hier ist für uns gut sein. Wir wollen drei Hütten
bauen, dir eine, Mose eine und Elia eine.
6 Er wusste aber nicht, was er redete; denn sie
waren ganz verstört.
7 Und es kam eine Wolke, die überschattete sie.
Und eine Stimme geschah aus der Wolke: Das ist
mein lieber Sohn; den sollt ihr hören!
8 Und auf einmal, als sie um sich blickten, sahen
sie niemand mehr bei sich als Jesus allein.
Markus 9, 2–8

könnt. Teilt mit Stühlen o. a. die Klasse in eine »Bühne« und einen »Zuschauerraum« ein. Die Szenen werden von den Gruppen gespielt, alle anderen sind jeweils Zuschauer. Sie müssen raten, welche Geschichte dargestellt wird.

5. Lest die Geschichte aus Mk 9, 2–8. Stellt sie in einen Zusammenhang zu den Erzählungen von Mose und Elia. Welche Vermutungen habt ihr, warum bei Jesus ausgerechnet diese beiden Männer erscheinen?

9

1. Betrachtet die Wandmalerei. Was könnten die Gesten der dargestellten Personen bedeuten?
2. Was mögen die Personen fühlen und denken? Überlegt euch Denkblasen.

Unsere Kirche hat eine Geschichte

Zur Kirche gehören

Antiochia liegt in der heutigen Türkei. Hier gab es eine der ersten großen Christengemeinden. Der Gemeinde gehörten Juden und Nichtjuden an. Die Bibel erzählt, dass Barnabas die junge Gemeinde leitete. Am Anfang versammelten sich die Christen in ihren Wohnhäusern, um dort gemeinsam Gottesdienst zu feiern und zu essen. Erst später bauten sich die Christen eigene Gotteshäuser, die Kirchen. Der Begriff Kirche bezeichnet nicht nur ein Gebäude oder die versammelte Gemeinde, sondern auch die Kirchenverwaltung.

Daniel wird getauft

Seit einiger Zeit nahmen die Eltern Daniel jeden Sonntagabend zu dem Treffen der jungen Christengemeinde mit. Einige der Frauen und Männer kannte er bereits. Heute sagte sein Vater: »Ihr wisst es, meine Frau und ich wollen auch Christen werden und uns taufen lassen. Aber was soll mit unserem Sohn geschehen? Daniel ist doch noch ein Kind!« »Richtig, Kinder müssen erst lernen, was es heißt, Christ zu sein! Danach können sie getauft werden.« »Da bin ich aber anderer Meinung!«, rief jemand dazwischen. »Barnabas, sag du etwas!« Barnabas hob die Hand und bat um Ruhe: »Ich möchte euch eine Geschichte von Jesus erzählen.

Einmal brachten Mütter ihre Kinder zu ihm, damit er sie segne. Aber die Jünger schimpften die Frauen aus. Als Jesus das sah, wurde er zornig und sprach zu den Jüngern: ‚Lasst die Kinder zu mir kommen und haltet sie nicht ab, denn ihnen ist die Liebe Gottes besonders nah. Wahrlich, ich sage euch: Von den Kindern könnt ihr lernen, was es heißt, Gott zu vertrauen.' Und dann nahm Jesus die Kinder in den Arm, legte die Hand auf sie und segnete sie.«

Alle schwiegen. »Aber Jesus sagt hier nicht«, fing der erste an, »dass Kinder getauft werden sollen.« »Er sagt aber auch nicht das Gegenteil.« »Eben, und wenn er die Kinder umarmt und sie segnet, zeigt das doch, wie wichtig ihm Kinder sind! Ich finde, Daniel soll auch getauft werden!« Die meisten nickten nun voller Zustimmung.

Eine Woche später war es soweit. Am frühen Morgen, noch vor Sonnenaufgang trafen sich Daniels Familie und die anderen Mitglieder der Gemeinde draußen am Fluss. Die Täuflinge legten ihre Umhänge ab und folgten Barnabas ins Wasser. Auch Daniel legte sein Obergewand ab. Das sollte ein Zeichen dafür sein, dass alles, was Daniel und seiner Familie wertvoll war, weggegeben wird. Nach der Taufe begann für sie ein neues Leben als Christen.

Stille breitete sich aus. Barnabas legte seine Hände auf die Köpfe der Täuflinge und sprach den Taufsegen. Daniels Vater antwortete mit deutlicher Stimme für die ganze Familie: »Wir glauben, dass Jesus Christus Gottes Sohn ist.« Daniel hielt den Atem an »Jetzt geschieht es!« Denn nun tauchte Barnabas einen nach dem anderen für einen kurzen Moment ins fließende Wasser ein. »Nun gehören wir dazu!«, rief Daniel, als er ans Ufer stieg. Viele Hände streckten sich ihm entgegen. Im Jubel der Umstehenden umarmte sich die Familie. Barnabas überreichte ihnen feierlich weiße Gewänder: »Tragt diese Gewänder als Zeichen für das ewige Leben. Amen.« Daniel freute sich. Eine Woche lang und später an jedem Ostertag wird er mit den anderen Neugetauften das Gewand tragen. Das Licht der frühen Morgensonne begann im Wasser zu glitzern. »Aber ich finde es trotzdem nicht richtig, Kinder zu taufen«, murmelte jemand, als sie wieder nach Antiochia zurückgingen.

1. In der Geschichte heißt es, dass man von den Kindern lernen kann, Gott zu vertrauen. Wie hat Barnabas diesen Satz gemeint?
2. Nach der Taufe erhalten Daniel und seine Eltern weiße Gewänder. Welche Bedeutung hat das? Welche Zeichen gibt es heute bei der Taufe? Welche Bedeutung haben sie?

Noch heute wird darüber diskutiert, wann Kinder getauft werden sollen. In der katholischen und evangelischen Kirche geschieht dies im Säuglingsalter. Aber auch die Taufe im Jugend- oder Erwachsenenalter ist möglich. In den Baptistengemeinden werden in der Regel Jugendliche und Erwachsene getauft.*

Schüsselwissen

Taufe

In allen christlichen Kirchen ist die Taufe das wichtigste Zeichen für die Aufnahme in die Gemeinde. Die Taufe ist ein Sakrament*. Bei der Taufe wird der Täufling mit Wasser benetzt oder auch im Wasser untergetaucht und die Formel gesprochen: »Ich taufe dich im Namen des Vaters, des Sohnes und des Heiligen Geistes.«

Jörg Zink schreibt zu diesem Taufstein in Freudenstadt: »Vor 900 Jahren, als dieser Taufstein ausgehauen wurde, war es üblich, den Täufling in dem randvoll gefüllten Becken völlig unterzutauchen. Der Gedanke dabei war: Wenn das Leben heil und vollkommen ist, kann man es sich als eine Kugel vorstellen: aus einer unteren Hälfte, der Welt des Menschen, und aus einer oberen Hälfte, der Welt Gottes. Wenn das Kind geboren wird, kommt es von der oberen in die untere Hälfte des Lebens, in das Taufbecken. Das Becken ist voll mit Wasser, mit dem Zeichen des Todes. Am Fuß des Beckens lauern böse, gefährliche Mächte in Gestalt von Ungeheuern. So taucht man das Kind ins Wasser und hebt es wieder »aus der Taufe«, wie man sagt. Man taucht es in den Tod und nimmt es wieder heraus: So möge das Kind aus der Welt des Todes zum ewigen Leben kommen, wie es Jesus Christus gesagt hat.«

3. Welche Gründe sprechen für die Kinder- oder für die Erwachsenentaufe? Erzählt euch von euren Taufen.
4. Auf dem Taufstein seht ihr zwei Drachen. Beschreibt sie möglichst genau und überlegt, was sie bedeuten könnten. Zu dem Taufbecken gehörte einst ein großer Deckel. Wie mag dieser ausgesehen haben? Entwerft eine Zeichnung.
5. Betrachtet die Taufsteine in Kirchen in eurer Nähe. Finden sich hier auch Darstellungen? Fertigt Fotos an und bereitet eine kleine Ausstellung vor.

In christlicher Gemeinschaft leben

Die ersten Christen in der Gemeinde von Antiochia waren Juden. Sie hielten sich an die Gebote der Tora und gingen am Sonnabend zum Gebet in die Synagoge*. Am Sonntag trafen sie sich, feierten das Abendmahl und aßen zusammen. Später schlossen sich auch Griechen den Christen an. Die Juden nahmen jedoch daran Anstoß, dass die Griechen sich nicht an die jüdischen Speisegebote hielten.*

Streit in Antiochia

Daniel und Julia gingen über den Markt von Antiochia. Sie wollten zu einer Gemeindeversammlung. Auch Julia und ihre Familie hatten sich vor kurzem taufen lassen. Ihr Vater arbeitete bei der Stadtverwaltung.

Mit hungrigen Blicken schaute Julia auf die Stände der Fischhändler: »Schau, den leckeren, gegrillten Fisch, die frischen Austern mit Zitrone und das rote Muskelfleisch der Hummer!« »Muscheln, Krebse oder Schnecken könnte ich nie essen.« Daniel schüttelte sich und fuhr fort: »Lass das bloß nicht meinen Vater hören, dass du so etwas gern isst! Die Tora verbietet uns das Fleisch dieser Tiere, weil sie unrein, nicht koscher sind. Mein Vater ist in diesen Sachen sehr streng.« Julia zuckte mit den Schultern: »Wir finden nichts dabei. Bei uns kommt sogar Schweinefleisch auf den Tisch. Aber komm, wir müssen uns beeilen.«

In der Gemeindeversammlung war ein heftiger Streit im Gange. Daniels Vater war sehr erregt. »Barnabas, es ist nicht richtig, dass die Neuen sich nicht an unsere Gebote halten. Wenn sie Christen sein wollen, dann dürfen sie nur Koscheres essen.« »Barnabas, du verunreinigst dich, wenn du das isst, was die neuen essen«, mahnte eine Frauenstimme. Daniel und Julia warfen sich viel sagende Blicke zu. »Aber was soll ich machen?«, antwortete Barnabas. »Wir Christen wollen gemeinsam Gottesdienst feiern, wir wollen füreinander da sein, uns gemeinsam um unsere Kinder und um unsere Alten kümmern. Aber wie sollen wir zusammen leben, wenn wir nicht gemeinsam essen können?« »Ich denke, wir müssen Paulus fragen. Er kann uns vielleicht helfen«, meinte die Frau. Paulus gehörte zu den Aposteln, die die neue Christenlehre in alle Welt verbreiteten. Er schrieb Briefe an die Christengemeinden, um sie zu beraten.

Einige Zeit darauf versammelte sich die Gemeinde zu einem Festessen. Alle hatten etwas mitgebracht: Früchte, Brot, Oliven, Wein und Blumen. Daniels Mutter brachte gebratenes Hühnchen- und Lammfleisch mit. Auch Muscheln, Hummer und kleine Garnelen waren auf Tellern angerichtet.

Barnabas eröffnete die Feier: »Liebe Gemeinde, wie ihr schon gehört habt, hat uns Paulus geschrieben. Er erklärt, dass es nicht wichtig ist, ob wir wie Griechen oder Juden leben. Niemand braucht gezwungen zu werden, anders zu leben, als er es gewohnt ist. Wichtig für uns ist, dass wir alle durch unseren christlichen Glauben vereint sind. Daher lasst uns nun beten und dann gemeinsam essen.«

»Ich glaube, das ist eine kluge Entscheidung«, flüsterte Daniel Julia zu, als sie sich zum Gebet erhoben. »Aber die Muscheln rühre ich trotzdem nicht an ...«

SCHLÜSSELWISSEN **Agapemahl**
Das Agapemahl ist eine sättigende Mahlzeit, das schon im frühen Christentum gefeiert wurde. Ursprünglich wurde es gemeinsam mit dem Abendmahl gefeiert. Jeder kann zum ›Liebesmahl‹ eingeladen werden, auch Menschen, die keiner Kirche angehören.

Schülerinnen und Schüler einer 6. Klasse essen im Kinderrestaurant des Kreativ- und Bildungszentrums Gelbe Villa in Berlin. Ist das auch ein Agapemahl?

Schlüsselwissen **Abendmahl**

Das Abendmahl erinnert an das letzte Mahl Jesu mit den Jüngern vor seiner Kreuzigung. Die Christen auf aller Welt feiern das Abendmahl mit Brot und Wein, um in der Gemeinschaft mit Jesus Christus zu stehen.
Die Pfarrerin oder der Pfarrer deutet mit Worten aus der Bibel das Brot als Leib, den Wein als Blut Jesu Christi. Beim Austeilen des Brotes sagt der/die Geistliche deshalb: »Christi Leib, für dich gegeben«, und beim Reichen des Weines: »Christi Blut, für dich vergossen«. Durch dieses Zeichen verzeiht Gott die Schuld der Menschen und eröffnet das Leben in der Gemeinschaft mit Christus. Das Abendmahl ist ein Sakrament*.

1. Daniel und seine Eltern essen keine Krebse, Muscheln und auch kein Schweinefleisch. Die Speisegebote erlauben Juden, nur das zu essen, was »koscher«, was »rein« ist. Lest hierzu Dtn. 14,3–21.
2. Auch Muslime haben bestimmte Speisevorschriften. Wenn in eurer Klasse muslimische Kinder sind, fragt sie danach.
3. Sammelt Beispiele dafür, zu welchen Gelegenheiten Menschen gemeinsam essen. Überlegt euch, warum sie dies tun.
4. Plant in eurer Klasse ein Agapemahl und überlegt euch dazu:
   - Wie sollen die Tische und Stühle stehen? Wer bringt Tischschmuck wie Servietten, Tischdecken, Kerzen, Blumen mit? Soll jeder Teller, Tasse und Besteck selbst mitbringen? Was soll es zum Frühstück geben? Werden das Essen und die Getränke gemeisam vorher besorgt? Wer bringt einen Fotoapparat mit? Wie sollen der Anfang und der Abschluss des Essens gestaltet werden? Wollt ihr ein Lied singen, euch die Hände reichen und euch einen guten Appetit wünschen? Wie werden der Klassenraum und das Geschirr danach wieder aufgeräumt?
   - Probiert es aus, wie es ist, wenn ihr während des Essens für einige Zeit kein Wort miteinander wechselt. Jeder muss darauf achten, dass der Nachbar ausreichend mit Brötchen, Butter, Getränken usw. versorgt ist. Tauscht euch über eure Erfahrungen aus, die ihr bei dieser Art zu essen macht.

Pfingsten – unsere Kirche feiert Geburtstag

Die Geschichte über Pfingsten steht in der Apostelgeschichte. Lukas hat sie aufgeschrieben, der auch das Lukasevangelium verfasst hat. Lukas schreibt, dass sich Pfingsten an einem wichtigen jüdischen Festtag ereignete. An diesem Fest, das Schawuot heißt, feiern die Juden den Bund mit Gott ··> S.50. Damals kamen zu Schawuot Juden aus allen Teilen der damaligen Welt nach Jerusalem.

» ... und auf ihren Köpfen flackerten Feuer«

Heute waren viele Menschen zur Gemeindeversammlung gekommen, Juden und Griechen, Männer, Frauen und Kinder. Daniel und Julia hatten viel zu schauen: Menschen mit dunkler Hautfarbe und bunten Kleidern; einfach und vornehm gekleidete Menschen; sogar Menschen in der Uniform der römischen Armee. Und das Gewirr der unterschiedlichen Laute und Worte!

Nun stand Barnabas auf und bat um Ruhe: »Liebe Gemeinde! Heute feiern wir Pfingsten, den Geburtstag unserer Gemeinschaft. Ich möchte euch über den Ursprung des Festes erzählen. Es war zu Schawuot, als die Jünger Jesu in Jerusalem zusammentrafen. Sie saßen beisammen, beteten und sprachen über Jesus. Er hatte ihnen aufgetragen, als Apostel in die Welt hinauszugehen und den neuen Glauben allen Menschen zu verkünden. Sie trauten sich diese Aufgabe nicht zu und fühlten sich ganz niedergedrückt. Plötzlich hörten sie ein Brausen vom Himmel, das war so laut und kräftig wie ein gewaltiger Sturm, und auf ihren Köpfen flackerte Feuer.« »Sie wurden vom Heiligen Geist erfüllt!«, warf eine Frau ein. »Ja, so ist es gewesen!«, riefen andere. »Die Jünger sahen sich erstaunt an«, sprach Barnabas weiter, »und sie begannen mit einem Mal in allen Sprachen der Welt von Jesus Christus, von seinem Leben, von seinen Wundern, von seinem Tod und seiner Auferstehung zu reden. Viele Menschen kamen zu ihnen, hörten ihnen zu und wunderten sich.«

»Was verstehst du unter dem heiligen Geist?«, flüsterte Julia Daniel zu. »Der heilige Geist ist die Kraft, die uns Christen zusammenhält. Die Apostel wurden vom Geist erfüllt, damit sie noch mehr Menschen für den Glauben begeistern konnten«, erwiderte Daniel. »Vielleicht ist der heilige Geist der Grund, warum du hier bist.« Julia lächelte. »Aber warum konnten die Apostel auf einmal alle Sprachen der Welt?« »Pssst!«

Währenddessen erzählte Barnabas weiter: »Und dann sprach Petrus zu den Umstehenden: ›Lasst euch taufen im Namen Jesu Christi und ihr werdet den Geist Gottes empfangen.‹ An diesem Tag ließen sich über 3000 Menschen taufen. ›Gott ist groß! Gelobt sei Gott! Halleluja!‹, riefen die Zuhörer.

Aber nun lasst uns alle diesen Tag feiern, den Geburtstag unserer Kirche. Lasst uns teilen, was wir haben. Zuerst wollen wir Gott für seine Gaben danken.« In die Stille hinein, die durch seine Worte entstand, sprach Barnabas ein Dankgebet. Und dann öffneten die, die Essbares mitgebracht hatten, ihre Bündel und teilten ihr Eigentum auf, und alle bekamen etwas.

Die Taube ist in der Bibel ein Symbol für Friedfertigkeit und Schönheit. In der Geschichte von der Sintflut bringt eine Taube einen Ölzweig in die Arche des Noah, als Zeichen dafür, dass die Sintflut beendet ist und auf der Erde neues Leben entsteht. In der Geschichte über die Taufe Jesu heißt es, dass sich der Himmel nach der Taufe öffnete und Jesus den Geist Gottes wie eine Taube auf sich herabkommen sah.

Unbekannter Künstler, um 1375

Schlüsselwissen
Pfingsten
Zu Pfingsten besiegelt Gott seinen Bund mit den Christen. Christen sind diejenigen, die sich durch ihren Glauben zu Jesus Christus bekennen. In der Kirche finden die Christen ihre Gemeinschaft.

1. Der heilige Geist ist die Kraft Gottes. Versucht zu erklären, was der heilige Geist bewirkt.
2. Wie wirkt die Erzählung von Pfingsten auf die Gemeinde und auf Daniel und Julia?
3. Betrachtet das obige Bild in Ruhe. So stellte sich ein Künstler vor über 600 Jahren Pfingsten vor. Wie deutet der Künstler das Pfingstereignis? Beschreibt, was er besonders hervorgehoben hat.
4. Überlegt, warum der Geist Gottes in der Figur einer Taube dargestellt wird.

Der Glaube breitet sich aus

Paulus wurde um die gleiche Zeit geboren wie Jesus. Seine Heimatstadt heißt Tarsus. Sie liegt in der heutigen Türkei. Damals wurde dort Griechisch gesprochen. Paulus war ein frommer Jude. Sein hebräischer Name lautet Schaul.
Einmal begegnete ihm Jesus in einer Vision. Danach begann Paulus, unter den Nichtjuden zu missionieren: Er erzählte ihnen von Jesus Christus und warb für den christlichen Glauben. Dazu unternahm er weite Reisen.*

Habt keine Angst

Barnabas lud die jungen Gemeindemitglieder regelmäßig zum Unterricht ein. Heute wollte er ihnen von der Reise des Paulus nach Rom berichten.

»Ihr wisst vielleicht noch, dass Paulus von den Römern in Jerusalem verhaftet wurde. Man warf ihm vor, er verstieße gegen die Gesetze und bereite einen Aufstand vor. Nun sollte Paulus nach Rom gebracht werden, damit er dort vor Gericht gestellt werden konnte. Paulus wurde einem römischen Hauptmann und seinen Soldaten übergeben. Sie brachen mit einem Getreideschiff auf. Es war Winter, gefährliche Seestürme drohten. Paulus warnte den Hauptmann vor der Weiterfahrt. Aber der glaubte ihm nicht, und sie segelten weiter. Zunächst schien der Wind ja auch günstig zu sein. Aber plötzlich schlug er um. Aus Nordost zog ein schweres Unwetter auf. Der Himmel wurde immer dunkler. Blitze zuckten wie wild über dem aufgewühlten Meer. Der Wind wurde heftiger. Das Schiff ließ sich schon nicht mehr steuern. ‚Refft die Segel!, werft die Ladung über Bord!' schrie der Kapitän in den heulenden Sturm hinein. Aber der Wind ließ nicht nach. Die Wellen schlugen schon hoch ins Boot. Der Wind jagte das Schiff nur so über das offene Meer. ‚Wir sind verloren! Wir werden alle ertrinken!', jammerten die Matrosen. Doch Paulus versuchte, sie zu beruhigen: ‚Habt keine Angst. Wenn das Schiff sinkt, wird niemand von euch sterben. Aber ihr müsst jetzt essen, damit ihr bei Kräften bleibt und Mut gewinnt.' Als er das gesagt hatte, nahm er ein Stück Brot und aß es. Auch die anderen begannen nun zu essen.

Bei Tagesanbruch rief der Kapitän: ‚Schaut, dort am Horizont ist eine Insel!' Schnell befahl er, Kurs auf die Insel zu nehmen. Aber plötzlich hörten sie alle ein lautes Knirschen. Ein gewaltiger Ruck erschütterte das gesamte Schiff. Das Vorderschiff hatte sich tief in eine Sandbank gebohrt. Krachend zerbrach das Heck unter der Gewalt der Wellen, und sofort begann das Schiff zu sinken. Schreiend stürzte die Besatzung ins kalte Meer. Es waren viele dabei, die nicht schwimmen konnten. Aber sie krallten sich fest an den umher treibenden Schiffstrümmern. So konnten sie sich alle ans Land retten. Niemand war ertrunken.« Barnabas schwieg.

Nach einer kurzen Pause fingen seine Zuhörer an zu reden: »Der Kapitän war sehr verantwortungslos. Sie haben viel Glück gehabt!«, meinte Julia. »Ich glaube, dass Paulus allen Hoffnung und Kraft gegeben hat, überleben zu wollen.« »Woher hat Paulus so genau gewusst, was passieren wird?« »Hätten die Schiffsbesatzung und die Soldaten überlebt, wenn Paulus nicht bei ihnen gewesen wäre?« »Wenn Paulus ertrunken wäre, dann hätte er sich nicht mehr um die Gemeinden kümmern und nicht noch mehr Menschen für den christlichen Glauben gewinnen können .«

Byzanthinisches Mosaik, um 1315, in dem ehemaligen Chora-Kloster in Istanbul: Der Apostel Paulus hält in der linken Hand eine Bibel, mit der rechten segnet er.

Methode **Im Internet recherchieren**

Wenn ihr Informationen im Internet sucht, erhaltet ihr oftmals mehr Informationen, als ihr benötigt. Ihr müsst also auswählen und die Suche eingrenzen.

- Gebt in verschiedene Suchmaschinen (z. B. Google, Yahoo) »Paulus« ein. Auf wie viele Ergebnisse kommt ihr?
- Grenzt eure Suchergebnisse ein und sucht nach »Apostel Paulus«. Da jeder Informationen ins Internet stellen kann, können sie fehlerhaft oder unvollständig, manchmal sogar mit Absicht verfälscht sein. Folgende Fragen können euch helfen, die Glaubwürdigkeit von Informationen zu prüfen:
- Wer schrieb die Webseite? Ist eine Kontaktadresse vorhanden? Was ist über den Autor zu erfahren? In welchem Umfeld wurde die Webseite veröffentlicht (z. B. privat, Kirche, Hochschule, Reiseunternehmen)? Wie ist der Text geschrieben? Warum wurde der Text geschrieben? Wie aktuell ist die Webseite? Wird sie regelmäßig erneuert?
- Vergleicht mehrere Webseiten, die zu den Suchworten »Apostel Paulus Tarsus« Auskunft geben. Wenn ihr euch Informationen aus dem Internet besorgt, vergleicht mindestens zwei glaubwürdige Internet-Seiten. Wenn ihr euch Informationen herausschreibt, gebt stets die Quelle und euer Lesedatum an, z. B. http://www.ekd.de/paulus/antiochia.html 23.03.2012.

1. Die Erzählung wirft bei den Zuhörern viele Fragen auf. Versucht, sie zu beantworten.
2. Was erfahrt ihr über Paulus und seine Arbeit?
3. Erkundigt euch über die wichtigsten Regeln von Wikipedia. Öffnet dazu die Seite http://de.wikipedia.org und klickt den Link ›Über Wikipedia‹ an.
4. Wie viele Artikel finden sich im Internet zu »Paulus« und zu »Apostel Paulus«? Erklärt, wie ihr euch hier orientieren könnt. Mit welchen Begriffen könnt ihr die Internet-Recherche über »Paulus« eingrenzen?

Die Christen werden verfolgt

Als die ersten christlichen Gemeinden entstanden, hielten manche Juden die Christen für Abtrünnige ihres Glaubens und wollten sie deswegen bestrafen. Die Römer machten zwischen Juden und Christen keine Unterschiede. Sie hielten beide für gefährliche Gegner des Staates und verfolgten sie immer wieder auf grausame Weise. Später, nachdem das Christentum sich immer weiter ausgebreitet hatte und eine mächtige Religion im Römischen Reich geworden war, begannen die Christen, die Juden zu verfolgen. Sie wollten die Juden dazu zwingen, sich taufen zu lassen. Häufig wurden die Juden mit dem Tod bedroht. Auch heute noch werden in manchen Ländern Christen und Juden verfolgt oder benachteiligt .

Christus ist unser Herr

Aufgeregt kam Barnabas heute in die Gemeindeversammlung. »Liebe Gemeinde«, rief er, »ich habe eine sehr traurige Nachricht aus Rom erhalten. Kaiser Nero hat viele Christen verhaften lassen. Er will sie verbrennen oder den Löwen zum Fraß vorwerfen. Auch Paulus soll unter ihnen sein.«

Alle waren entsetzt. Julia und Daniel wussten schon länger, dass die Christen in Rom, in der Hauptstadt des römischen Reiches, sich mit Geheimzeichen verständigten und ihre Gottesdienste nur in Verstecken feiern konnten, aber dass es nun so furchtbar werden sollte ...« Nero behauptet, die Christen hätten in Rom große Brände gelegt«, erklärte jemand. »Aber das ist doch Unsinn. Warum sollten wir das tun?«, empörte sich Daniels Mutter. »Nero hält Jesus für einen Rebellen, der für Aufruhr in Jerusalem sorgte und deswegen von Pontius Pilatus hingerichtet wurde. Nun beschuldigt er uns Christen, Anhänger eines Verbrechers zu sein, und schiebt uns alle möglichen Verbrechen in die Schuhe.« »Aber wir sind doch keine Kriminellen«, widersprach Daniels Mutter, »wir sind friedliebende Menschen.«

Barnabas stimmte zu: »Genau das ist es ja. Schaut euch doch mal um: Hier sitzen reiche und arme Menschen beieinander, Frauen und Männer, Erwachsene und Kinder, Gesunde und Kranke, Menschen mit heller und mit dunkler Hautfarbe, Freie und Sklaven, Menschen unterschiedlicher Herkunft und Sprachen. Bei uns zählen diese Unterschiede nicht. Jesus hat uns davon befreit.«

»Aber das verstehe ich nicht, Barnabas. Warum sollten Nero und seine Leute uns dann verfolgen?«, fragte Daniel. »Na ja, wenn wir alle diese Unterschiede nicht mehr gelten lassen, fühlt sich Kaiser Nero in seiner Herrschaft bedroht. Wie kann er glauben, dass er etwas Besonderes ist, wenn doch alle Menschen gleich sind? Aber es kommt noch etwas hinzu. Als Bürger des römischen Staates halten wir uns natürlich an die Gesetze und zahlen unsere Steuern. Aber wir weigern uns, Kaiser Nero als Gott zu verehren. Trotz seiner Macht ist er ein Mensch wie du und ich. Nie würden wir ihm einen Altar bauen und ihn anbeten. Nicht der Kaiser in Rom, sondern Christus ist unser Herr.«

»Wie können wir unseren Glaubensgeschwistern in Rom helfen?« »Wir müssen uns wehren«, sagte ein Mann und ballte die Faust. »Bloß nicht, wir sind doch viel zu wenige«, antworteten einige. »Jesus hat doch auch seine Wange hingehalten.« »Vielleicht können wir uns bald nur noch heimlich treffen.« »Es wird ihnen gut tun, wenn sie wissen, dass wir für sie beten.« »Ja, das wollen wir tun«, meinte Daniels Mutter. »Aber wann werden die Verfolgungen endlich ein Ende nehmen?«

In Rom wurden die Verstorbenen in unterirdischen Grabanlagen bestattet. Sie heißen Katakomben und bestehen aus weitläufigen Gängen über mehrere Stockwerke. An den Wänden sind Grabkammern eingelassen. Auch die römischen Christen beerdigten dort ihre Gemeindemitglieder. Für die Trauerfeiern richteten sie kleine Kapellen ein. Hier wurden auch die Opfer der Christenverfolgungen beerdigt.*
Die Wandmalerei *⇢ S.140f.* *in der Domitilla-Katakombe zeigt das letzte Abendmahl Jesu mit seinen Jüngern.*

Die ältesten christlichen Grabanlagen in Rom – wie hier die Priscilla-Katakombe – sind sehr regelmäßig und schlicht angeordnet.

Ichthys
Als geheimes Erkennungszeichen wählten die Christen den Fisch. Das griechische Wort für Fisch heißt »Ichthys«, und seine einzelnen Buchstaben sind zugleich eine Abkürzung für: Jesus Christos Theou Yios Soter. Jesus Christus, Gottes Sohn, ist der Retter. Auch heute noch ist der Fisch ein Symbol der Christen.

1. Erklärt, warum die Christen vom römischen Kaiser verfolgt wurden.
2. Was meint ihr? Wie könnten sich Julia und Daniel angesichts der Verfolgung verhalten?
3. Stellt euch vor, ihr sollt solch ein Leben wie in der Gemeinschaft der ersten Christen führen. Was würdet ihr davon halten?
4. Betrachtet nochmals das Bild auf ⇢ S. 140f. Überlegt euch, warum die Christen in Rom ein Abendmahlbild an die Katakombenwand* gemalt haben.

Der Kaiser erkennt das Christentum an

250 Jahre lang wurden die Christen im römischen Reich immer wieder verfolgt. Aber alle Versuche, den christlichen Glauben zu beseitigen, scheiterten. So haben die römischen Kaiser das Christentum schließlich als Religion anerkannt. Im Jahr 313 erließ Kaiser Konstantin ein Gesetz, in dem es heißt, dass die Christen ein Recht auf ihre Religion haben. Dieses wichtige Ereignis bezeichnet man als die »Konstantinische Wende«. Kurz vor seinem Tod ließ sich Konstantin selbst taufen. Er war der erste römische Kaiser, der sich zum Christentum bekannte. Entscheidend war Konstantins Sieg über Maxentius, der Rom beherrschte. Die Schlacht um die Regierungsgewalt im römischen Reich fand 312 vor den Toren Roms am Fluss Tiber statt.

»Das ist das Zeichen!«

Die Befehle sind gegeben. Der morgige Tag wird die Entscheidung bringen. Aber Konstantin kann den alten Göttern Roms nicht mehr trauen. Er kann nur mit einem anderen Gott siegen. Wird er ihn auf seiner Seite haben? Er glaubt es; deshalb wagt er den Kampf. Aber wer ist dieser Gott? Konstantin kennt nur Menschen, die an ihn glauben. Er bewundert sie. Deshalb hat er sich auch nie an Verfolgungen beteiligt. Schon sein Vater hat die entsprechenden Befehle kaum beachtet. Möge der Christengott sich ihm doch kundtun! Möge er ihn doch wissen lassen, dass er ihn brauchen will als Werkzeug für seinen Plan.

Schlaflos und grübelnd wälzt sich Konstantin auf seinem Lager. Er hört die monotonen Schritte der Wache vor seinem Zelt. Pferde schnauben in der Ferne. Das Öllämpchen flackert im Zugwind. Er erinnert sich an ein eigenartiges Erlebnis auf dem Marsch nach Rom. Es war ein heißer Tag, wie es sie in Italien selbst im Herbst noch geben kann. Die Sonne schien vom Himmel. Da – über ihr glaubt er zwei seltsam verschlungene Buchstaben zu erkennen, das »Ch« und das »R« des griechischen Alphabets:

.

Gleichzeitig war ihm, als hörte er eine Stimme, die ihm zurief: »Das ist das Zeichen, in dem du siegen wirst!« Jetzt durchfährt es ihn mit klarer Gewissheit: Die beiden Buchstaben bilden ein Kreuz. Das ist das Zeichen! Und sie sind die Anfangsbuchstaben des Namens Christi, denn »Ch« wird im Griechischen durch ein »X« und »R« durch ein »P« wiedergegeben. Der Kaiser erhebt sich, fällt auf die Knie und betet inbrünstig zu diesem Gott. Ihm vertraut er in dieser Stunde sein Schicksal und das des ganzen Heeres an. Das feindliche Heer stellt sich in Schlachtordnung auf mit dem Rücken zum Tiber. Auch Konstantins Truppen rücken heran. Konstantin selbst übernimmt die Führung. Ein Trompetensignal gibt das Zeichen zum Angriff. Die Schlacht beginnt.

Sie wogt hin und her. Die Verteidiger kämpfen tapfer. Da wirft Konstantin die letzte Reserve seiner Reiterei in den Kampf. Diesem Ansturm halten die erschöpften Reihen des Maxentius nicht mehr stand. Sie sind durch große Verluste gelichtet und geschwächt. Maxentius erkennt, weiterer Widerstand ist zwecklos. Er gibt den Befehl zum Rückzug. Jetzt wissen alle, dass er die Schlacht verloren hat.

Nach Walter Bodenstein

Konstantin ließ nach seinem Sieg das Zeichen auf seinen Feldstandarten anbringen. Es erscheint zweimal: oben an der Spitze der Tragestange und auf dem quadratischen Tuch. Darunter befinden sich Abbildungen des Kaisers und seiner Söhne. Die Feldstandarten wurden in jeder Schlacht voran getragen.

Die römischen Feldherren wurden nach großen Siegen durch Triumphbögen geehrt. Diese sahen aus wie Stadttore und waren mit Bildtafeln und Figuren geschmückt, die die Waffentaten der Feldherren rühmten. Auch für Konstantin wurde nach dem Sieg über Maxentius ein Triumphbogen erbaut, der heute der größte und am besten erhaltene in Rom ist.

1. Konstantin bekannte sich plötzlich zum Gott der Christen. Sucht Gründe für sein Handeln und beurteilt sie.
2. Konstantin verbindet in seiner Feldstandarte die Zeichen des Christentums mit den Zeichen des römischen Kaisers.
   Was haltet ihr von dieser Verbindung?

Evangelisch – katholisch

Martin Luther lebte von 1483 bis 1546. Er konnte sich mit vielem, was die katholische Kirche lehrte, nicht abfinden. Er warf ihr vor, sich nicht an das Evangelium zu halten. Viele Menschen schlossen sich Luther und anderen Reformatoren an. Sie nannten sich Protestanten und bildeten später eine eigene, die evangelische Kirche.

Die Trennung der Kirchen führte zu schweren Auseinandersetzungen und sogar zu Kriegen. Heute haben sich die evangelische und die katholische Kirche in vielen Bereichen versöhnt, in manchen Bereichen bestehen aber weiterhin Unterschiede.

Besonders die Kerze ...

Viktor ist zwölf Jahre alt. Vor zwei Jahren ist er mit seinen Eltern aus Kasachstan gekommen. Nun wohnen sie in Neustadt. Viktor hat fleißig Deutsch gelernt. Er ist jetzt in der 5. Klasse. Schule macht Spaß – besonders der Sportunterricht und Mathematik.

Eines Tages schreibt die Religionslehrerin an die Tafel: »Die Klasse 5b geht in die Kirche«. Alle reden durcheinander. »Welche Kirche?«, hört Viktor immer wieder. »In die katholische?« Er läuft einfach mit. Jeder bekommt einen Aufgabenzettel und soll aufschreiben, was ihr oder ihm auffällt, was anders ist oder gleich. Woher soll Viktor das wissen? Er war noch nie in einer Kirche in Deutschland. Mit ihm will sowieso keiner zusammenarbeiten, weil er nicht so gut Deutsch schreiben kann. Viktor setzt sich in eine Bankreihe und malt eine Kerze ab, das ist schön, so im Halbdunkel sitzen und die Kerze betrachten.

Nach einer Zeit bemerkt er eine Frau neben sich. Sie schaut ihm zu und fragt: »Gefällt es dir hier?« »Ja«, antwortet Viktor. »Es ist so still hier, und ich kann nachdenken.« »Woran denkst du denn jetzt?« »An Russland und wie wir angeln waren, mein Vater und ich. Und Pilze haben wir gesucht. Hier in Deutschland ist alles ganz anders, so laut, alle rennen rum, reden durcheinander.« »Ja«, sagt die Frau. »Bist du katholisch?« »Nein«, antwortet Viktor, »meine Mutter hat gesagt, ich bin evangelisch. Wir sind hier und sollen aufschreiben, was uns auffällt. Und Deutsch schreiben ist so schwer.« »Weißt du was«, sagt die Frau, »ich helfe dir.«

Viktor freut sich. Endlich wird er mal die richtigen Lösungen haben. Und so schreiben die beiden gemeinsam auf: Lieder, Gebet, Heilige Kommunion, Kaplan, Messdiener, Weihrauch, Maria, Bilder, ewiges Licht und vieles mehr. Als Viktor in der nächsten Religionsstunde hört, was die andern gefunden haben, muss er grinsen. Er weiß viel mehr. Die Lehrerin ist erst erstaunt, dann freut sie sich. Sie lässt Viktor erzählen. Und dann fragt Viktor: weshalb, wieso, warum ... Wie heißt es denn: Kommunion oder Abendmahl? Priester oder Pfarrer? Gottesdienst oder Messe? Da schwirrt es in der ganzen Klasse. Jeder weiß was, es wird verglichen und erzählt. Tim lädt Viktor ein, am nächsten Sonntag mit in die evangelische Kirche zu kommen.

In der nächsten Religionsstunde meldet sich Viktor gleich am Anfang: »Wer hat denn nun Recht!? Die Evangelischen oder die Katholischen?« Schon rufen ein paar Vorlaute: »Na, wir natürlich!« »Was meint ihr?«, fragt die Lehrerin. Sie hat einen schönen runden Stein, wer den in der Hand hat, der darf etwas sagen. »Ich fand es schön in der katholischen Kirche.« »Die erzählen doch auch von Gott und Jesus.« »Weshalb gibt es überhaupt verschiedene Kirchen?« Da nimmt die Lehrerin den Stein und erklärt: »Das hat mit der langen Geschichte des Christentums zu tun. Zweitausend Jahre lang haben sich die Menschen bemüht, das Richtige über Gott, Jesus Christus und die Kirche zu sagen. Da könnt ihr euch vorstellen, wie viele Meinungen da zusammenkommen.« Sie gibt den Stein weiter. »Vielleicht hat keiner Recht.« »Alle sollten sich bemühen, keinen zu beleidigen.« »Können wir nicht mal eine Messe besuchen?«

Viktor sitzt in der Klasse und denkt: »Schön war's in der Kirche. Besonders die Kerze ...«
Nach Ilka Kirchhof

Metropolit Gennadios von Sassima (orthodoxe Kirche), Bischöfin Margot Käßmann (evangelische Kirche), Canon Elizabeth Fisher (anglikanische Kirche*) und Bischof Vincenzo Paglia (katholische Kirche) begießen den Baum, den sie gemeinsam während der Schlussfeier der Europäischen Ökumenischen Versammlung 2007 in Hermannstadt/Sibiu (Rumänien) gepflanzt haben.*

Schlüsselwissen

Ökumene

In »Ökumene« steckt das griechische Wort »oikos« (Haus); es meint die Bemühungen um die Einheit aller getrennten Christen.

1. Überlegt euch, warum sich Viktor in der Kirche wohl gefühlt hat.
2. Malt in einem Bild, wie eure »Lieblingskirche« aussehen müsste. Vergleicht eure Ideen.
3. Sammelt Gemeinsamkeiten und Unterschiede zwischen der katholischen und evangelischen Kirche. Tragt eure Ergebnisse an der Tafel oder auf einer Wandzeitung zusammen.
4. Im evangelischen Gesangbuch sind die Lieder, die sowohl im evangelischen als auch im katholischen Gottesdienst gesungen werden, mit dem Buchstaben »ö« gekennzeichnet. Schlagt einige Lieder nach.

Evangelisch – katholisch – ökumenisch

DAS WEISST DU

In dem Kapitel habt ihr euch mit der Entstehung des Christentums und der Kirche beschäftigt. Die Geschichten haben euch davon erzählen, wie sich die ersten Christen zusammengefunden haben und welche Fragen und Schwierigkeiten zu meistern waren, um eine Gemeinschaft zu bilden.
Die Christen verbinden die Taufe und der Glaube an Jesus Christus als den Sohn Gottes. Aber in bestimmten Glaubensvorstellungen unterscheiden sich die Christen. Einige Unterschiede sind so groß, dass sich Christen in unterschiedliche Kirchen aufgeteilt haben. Ein bedeutendes kirchengeschichtliches Ereignis ist die Reformation, die vor fünfhundert Jahren zur Entstehung der evangelischen Kirche geführt hat. In den meisten Orten in Deutschland gibt es daher evangelische und katholische Kirchengemeinden.

1. Beschreibt die Karikatur*.
2. Was soll bei der Karikatur zum Ausdruck kommen?
3. Nennt Beispiele für Gemeinsames und Trennendes zwischen der katholischen und evangelischen Kirche.

Kirchen bei uns erforschen

Mit eurem Wissen über die Entstehung der evangelischen und katholischen Kirche könnt ihr nun vor Ort recherchieren.

LUTHER 2017
500 JAHRE REFORMATION

- Legt mithilfe des Internet einen »ökumenischen Stadtplan« an. Welche Einrichtungen wie Kindergärten, Schulen, Senioren, Beratungseinrichtungen der evangelischen und katholischen Kirchen gibt es in eurem Ort/im Umfeld eurer Schule?
- Vergleicht die Schaukästen und Gemeindebriefe der Kirchengemeinden. Welche Angebote bestehen? Werden von den Gemeinden gemeinsame Veranstaltungen geplant? Welche Angebote gibt es für Kinder in eurem Alter? Viele Kirchengemeinden haben eigene Internetseiten. Auch hier lohnt es sich nachzuschauen.
- Verfasst eine kleine Chronik eurer Kirche. Wann wurde sie gebaut? Wie ist sie zu ihrem Namen gekommen? Wann zog die Reformation in euren Ort ein? Auskunft kann euch die Pfarrerin oder Pfarrer eurer Gemeinde geben. Weitere Informationen könnt ihr in der Stadtbücherei und vielleicht auch im Internet finden.
- Im Jahr 2017 findet ein großes Jubiläum statt: 500 Jahre Reformation. Stellt die Homepage http://www.luther2017.de vor und berichtet, was in eurer Region zu dieser Feier vorbereitet wird. Welche Angebote gibt es für euch ?

DAS KANNST DU

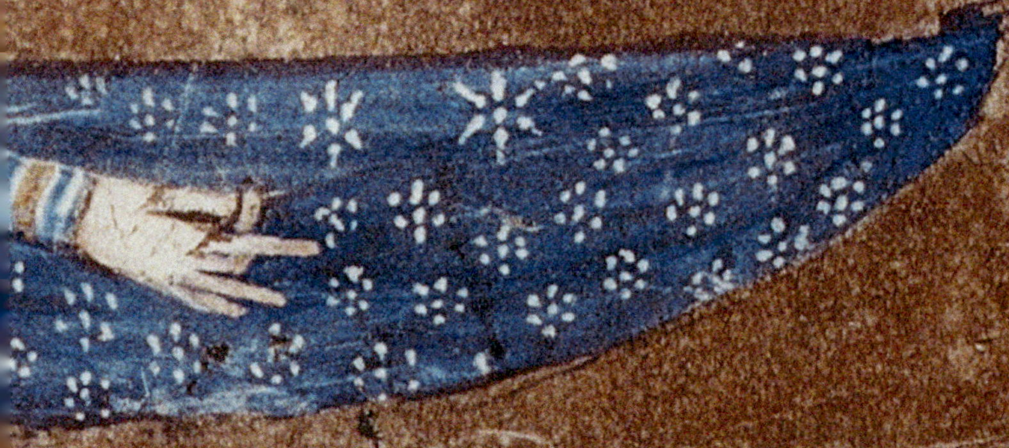

Wir sind Kinder Abrahams

Juden, Christen und Muslime glauben an einen Gott. In der Bibel und im Koran wird eine ähnliche Geschichte erzählt: Gott schloss mit Abraham einen Bund. Er versprach ihm, immer für ihn und seine Kinder da zu sein. Abraham ist der gemeinsame Vater der Juden, Christen und Muslime. Sein unerschütterlicher Glaube an Gott ist in allen drei Religionen Vorbild bis heute.
Abraham hatte zwei Söhne: Ismael und Isaak. Die Juden betrachten sich als die Kinder Isaaks und die Muslime als die Kinder Ismaels. Die Christen zählen sich durch ihren Glauben an Jesus Christus zu den Kindern Abrahams. Lest dazu den Text aus dem Römerbrief *→ S. 34.*

1 Nach diesen Geschichten begab sich's,
dass zu Abram das Wort des HERRN kam in
einer Offenbarung: Fürchte dich nicht, Abram!
Ich bin dein Schild und dein sehr großer Lohn.
5 Und er hieß ihn hinausgehen und sprach:
Sieh gen Himmel und zähle die Sterne; kannst
du sie zählen? Und sprach zu ihm: So zahlreich
sollen deine Nachkommen sein!
6 Abram glaubte dem HERRN, und das rechnete
er ihm zur Gerechtigkeit.
GENESIS 15,1, 5, 6

Und als Abraham von seinem Herrn durch Worte auf die Probe gestellt wurde und er sie erfüllte. Er sprach: »Ich mache dich zum Vorbild für die Menschen.« Er (Abraham) antwortete: »Und auch welche von meiner Nachkommenschaft.« Er sprach: »Mein Bund erstreckt sich nicht auf die, die Unrecht tun.«
Sure 2, 124

Betrachtet das Bild von Abraham, als Gott ihm die Verheißung gibt. Was mag ihm durch den Kopf gegangen sein? Lest dazu auch die Textausschnitte aus jüdischer und islamischer Überlieferung.

Judentum: Reise zum Sabbat

»Schabbat Schalom«

Eli Bar-Chen und Heike Specht erzählen in ihrem Buch ›Warum der Schabbat schon am Freitag beginnt‹ von zwei Geschwistern, Lilli und Jakob, die in einem Museum einem merkwürdigen Mann begegnet sind. Mit ihm unternehmen sie Ausflüge in die Geschichte und Gegenwart der Juden. Heute beginnt ihre Reise an einem Freitagnachmittag und sie landen bei einer frommen jüdischen Familie.*

Lilli sah vorsichtig in das Fenster hinein und erkannte eine Frau in einem langen einfachen Gewand. Sie trug ein Tuch um den Kopf. Neben ihr standen zwei kleine Mädchen und beobachteten die Frau, die wohl ihre Mutter war. Die Mutter entzündete eine Kerze, hob die Hände vor das Gesicht und murmelte etwas. »Sie entzündet die Schabbat-Kerzen«, flüsterte der alte Mann Lilli zu, »sie und ihre Töchter begrüßen den Schabbat.« Lilli sah den Alten verwirrt an. »Den Schabbat?« »Ja, heute ist Freitag. Und Freitag beginnt der Schabbat, der Ruhetag. Deshalb mussten wir uns vorhin beeilen. [...] Den Schabbat verbringt die Familie gemeinsam. Man betet und isst zusammen«, erklärte der alte Mann und nahm Lilli und Jakob an die Hand. Er pochte an den Türrahmen und ein Junge in Lillis Altes öffnete die Tür. »Schabbat Schalom«, sagte der alte Mann. [...] Die Mutter kam zur Tür und bat die drei herein. »Es ist ganz wichtig, Reisenden am Schabbat die Möglichkeit zu geben mitzufeiern«, erklärte der alte Mann Lilli und Jakob. »Wie bei Abraham und Sarah und wie bei den Familien in New York und Berlin vorige Woche«, staunte Jakob. [...] Die Mutter bat die Gäste, Platz zu nehmen. Auch der Rest der Familie setzte sich. »Schabbat ist also wie Pessach*«, sagte Lilli. »Ist unter dem Tuch da wieder ungesäuertes Brot? Ich dachte, die Juden essen das nur einmal im Jahr?« »Ja und nein«, der alte Mann lächelte. »Unter dem Tuch liegt tatsächlich Brot. Aber keine Mazzen, sondern normales Brot. Wie zu Pessach isst die Familie zusammen, und wie an fast allen jüdischen Festtagen ist es verboten, zu arbeiten. Aber Schabbat ist jede Woche, nicht nur einmal im Jahr. [...] Schabbat ist wie der Sonntag, ein Ruhetag. Wie die Idee von dem einen Gott, so haben die Christen von den Juden auch die Einrichtung eines Ruhetags übernommen.« »Aber wann ist denn nun Schabbat? Freitag oder Samstag?« fragt Jakob ungeduldig. »Schabbat beginnt Freitag kurz vor Sonnenuntergang. Und er endet am Samstag, sobald man drei Sterne am Himmel sehen kann«, erklärte der alte Mann. [...]

Sie begannen mit dem Mahl, und während Jakob und Lilli mit der Familie zusammen saßen, brannten einige der Schabbat-Kerzen herunter und erloschen. »Warum zünden sie denn keine neuen Kerzen an?«, sagte Lilli leise. Diesmal antwortete der Vater: »Am Schabbat dürfen wir weder Feuer entzünden noch unsere Felder bestellen. Das Essen hat meine Frau schon am Nachmittag vorbereitet, auch sie erholt sich an diesem heiligen Tag.«

Eli Bar-Chen, Heike Specht

SCHLÜSSELWISSEN **Judentum**
Das Judentum ist die älteste der drei abrahamitischen Religionen. Ihr heiliges Buch heißt ,Tenach' und gleicht in vielem dem Alten Testament. Es besteht aus der Tora*, den fünf Büchern Mose, sowie den Büchern der Propheten und den Schriften, in denen die Psalmen, das Buch Hiob und andere Bücher enthalten sind. → S. 182f.

Das »ewige Licht«

In allen Synagogen, brennt immer ein Licht. Es ist ein Zeichen für die Anwesenheit Gottes. Auch in den katholischen Kirchen brennt stets ein »ewiges Licht«.*

Der Segensspruch der Mutter beim Anzünden der Schabbat-Kerze lautet: »Gelobt seist Du, Ewiger, unser Gott, König der Welt, der uns durch Seine Gebote geheiligt und uns befohlen hat, das heilige Schabbat-Licht anzuzünden.«*

Das Adventslied ›Mache dich auf und werde licht‹ singen Christen in Vorfreude auf das Weihnachtsfest.

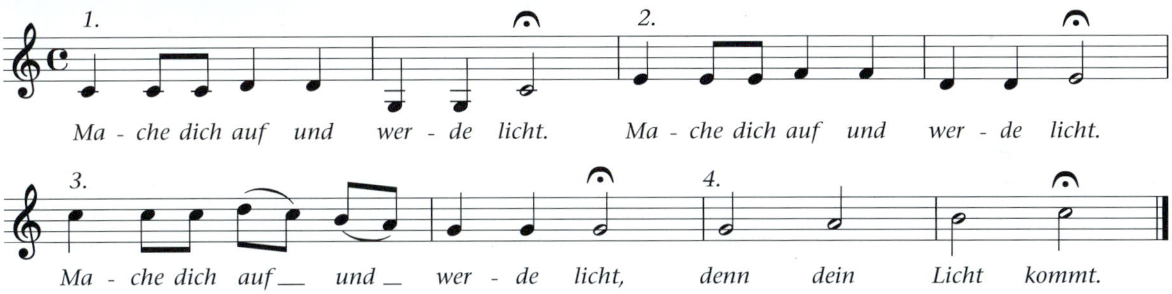

Methode Ein Brainstorming durchführen
Mit einem Brainstorming kann jeder für sich oder auch in einer Gruppe Ideen zu einer Fragestellung sammeln. Wichtig ist, dass die Einfälle spontan genannt werden. Eine Bewertung und Auswahl der Ideen erfolgt anschließend.
- Nimm dir ein leeres Din-A4-Blatt und schreibe die Formulierung »Mit Kerzen feiern« in die Mitte.
- Schreibe nun spontan, d. h. ohne langes Nachdenken, und stichwortartig auf, zu welchen Anlässen Kerzen angezündet werden, wie diese Kerzen heißen usw.
- Wenn dir zu diesem Thema nichts mehr einfällt, überlege dir, wie du deine Einfälle sortieren kannst.
- Finde Überschriften und ziehe Verbindungslinien zwischen deinen Stichworten.

1. Schlagt in der Bibel nach, warum der siebente Tag der Woche für die Juden ein Ruhetag ist (Gen 2,2f., Jes 58,13f.).
2. Informiert euch über jüdische Feste. Informationen zum Passahfest (Pessach*) findet ihr auf ⇢ S. 45. Im Internet gibt es eine Seite, die sich mit Informationen über das Judentum speziell an Kinder richtet: http://www.hagalil.com/kinder/kidz/.
3. Sammelt Beispiele, wo bei Feiern und Festen (Kerzen-)Licht eine große Rolle spielt. Benutzt hierzu die Methode des Brainstorming.
4. Diskutiert darüber, wie es wäre, wenn wir den Sonntag am Abend vorher mit einem Essen bei Kerzenlicht beginnen würden.

Christentum: Weihnachten feiern

Für viele Christen ist Weihnachten das schönste Fest im Kirchenjahr. An diesem Fest wird die Geburt Jesu Christi gefeiert. Schon in den Wochen vorher, in der Adventszeit, beginnen die Familien mit den Festvorbereitungen. Es wird gekocht, Geschenke werden besorgt und die Wohnung festlich geschmückt. Am Nachmittag und am Abend finden Gottesdienste statt, in denen die Weihnachtsgeschichte erzählt oder gespielt wird.

Die Bibel erzählt, dass Jesus in Bethlehem geboren wurde. Das genaue Datum ist nicht bekannt. Seit dem 4. Jahrhundert feiern die Christen seine Geburt am 25. Dezember. Am Vorabend, am Heiligen Abend, beginnt die Feier des Weihnachtsfests.

Die Geburt Jesu

1 Es begab sich aber zu der Zeit, dass ein Gebot
von dem Kaiser Augustus ausging, dass alle
Welt geschätzt würde.
2 Und diese Schätzung war die allererste und
geschah zurzeit, da Quirinius Statthalter in
Syrien war.
3 Und jedermann ging, dass er sich schätzen
ließe, ein jeder in seine Stadt.
4 Da machte sich auf auch Josef aus Galiäa, aus
der Stadt Nazareth, in das jüdische Land zur
Stadt Davids, die da heißt Bethlehem, weil er aus
dem Hause und Geschlechte Davids war,
5 damit er sich schätzen ließe mit Maria, seinem
vertraute Weibe; die war schwanger.
6 Und als sie dort waren, kam die Zeit, dass sie
gebären sollte.
7 Und sie gebar ihren ersten Sohn und wickelte
ihn in Windeln und legte ihn in eine Krippe;
denn sie hatten sonst keinen Raum in der
Herberge.
8 Und es waren Hirten in derselben Gegend auf
dem Felde bei den Hürden, die hüteten des
Nachts ihre Herde.
9 Und der Engel des Herrn trat zu ihnen, und die
Klarheit des Herrn leuchtete um sie; und sie
fürchteten sich sehr.
10 Und der Engel sprach zu ihnen: Fürchtet euch
nicht! Siehe, ich verkündige euch große Freude,
die allem Volk widerfahren wird;
11 denn euch ist heute der Heiland geboren,
welcher ist Christus, der Herr, in der Stadt
Davids.
12 Und das habt zum Zeichen: Ihr werdet finden
das Kind in Windeln gewickelt und in einer
Krippe liegen.
13 Und alsbald war da bei dem Engel die Menge
der himmlischen Heerscharen, die lobten Gott
und sprachen:
14 Ehre sei Gott in der Höhe und Friede auf
Erden bei den Menschen seines Wohlgefallens.
15 Und als die Engel von ihnen gen Himmel
fuhren, sprachen die Hirten untereinander: Lasst
uns nun gehen nach Bethlehem und die Ge-
schichte sehen, die da geschehen ist, die uns der
Herr kundgetan hat.
16 Und sie kamen eilend und fanden beide,
Maria und Josef, dazu das Kind in der Krippe
liegen.
17 Als sie es aber gesehen hatten, breiteten sie
das Wort aus, das zu ihnen von diesem Kinde
gesagt war.
18 Und alle, vor die es kam, wunderten sich über
da, was ihnen die Hirten gesagt hatten.
19 Maria aber behielt alle diese Worte und
bewegte sie in ihrem Herzen.
20 Und die Hirten kehrten wieder um, priesen
und lobten Gott für alles, was sie gehört und
gesehen hatten, wie denn zu ihnen gesagt war.
Lukas 2,1–20

SCHLÜSSELWISSEN **Kirchenmitgliedschaft**
In Deutschland leben über 82 Millionen Menschen. Davon gehören 25 Millionen Menschen der katholischen und etwa genauso viele Menschen der evangelischen Kirche an. 1,3 Millionen Menschen zählen zu den orthodoxen Kirchen*.

Dieses wertvolle Kreuz ist über tausend Jahre alt und gehörte einem Papst.

1. Erzählt, wie in euren Familien Weihnachten gefeiert wird. Hierzu könnt ihr zunächst ein Brainstorming ausprobieren. → S. 161
2. Tragt die Weihnachtsgeschichte in verteilten Rollen vor.
3. Was ist das Besondere an der Geschichte über die Geburt Jesu Christi? Erzählt die Geburtsgeschichte aus der Sicht der Hirten.
4. Beschreibt die Szenen, die ihr auf diesem Kreuz erkennt. Überlegt euch, warum die Weihnachtsszene in der Mitte des Kreuzes steht.

Schlüsselwissen **Kreuz**
Für die Christen hat sich Gott in Jesus gezeigt: Gott ist bei uns, im Leben und im Tod. Sie glauben, dass Gott Jesus nach seinem Tod auferweckt und ihn zu sich geholt hat. Der Glaube an die Auferstehung Jesu gibt ihnen Hoffnung, dass mit dem Tod ein neues Leben beginnt. Das Kreuz erinnert an den Tod und die Auferstehung Jesu. Es ist ein Zeichen der Hoffnung und des Lebens. Am Karfreitag gedenken die Christen der Kreuzigung und des Todes Jesu, zu Ostern seiner Auferstehung.

Islam: Der Prophet Ibrahim

Muslime verehren Adam, Abraham, Mose, Jesus und andere Männer als Gesandte, als Propheten Gottes. Die Erzählungen im Koran unterscheiden sich von denen in der Bibel. Der wichtigste Prophet ist für die Muslime Mohammed. Durch ihn haben die Muslime den Koran von Allah erhalten.*

In einem Buch für muslimische Kinder in Deutschland werden die koranischen Erzählungen über Abraham (Ibrahim) wie folgt erzählt:

»Ihr sollt nur zu Allah beten.«

Ibrahim war ein großer Prophet. Als er noch jung war, lebte er bei Menschen, die nicht nur zu Allah beten wollten.

Eines Abends war ein heller Stern am Himmel. Da sagte Ibrahim: Das ist mein Gott. Doch als der Stern unterging, war klar, dass es nicht Gott war.

Als der Mond in aller Pracht aufging, war es wieder klar, dass es nicht Gott gewesen war.

Als schließlich die wunderbare, helle Sonne aufging, sagte er: Das ist mein Gott, weil er am größten ist. Doch auch die Sonne ging unter. Nun war es klar, dass es nur einen einzigen Gott gibt. Ibrahim sagte: Ich bete zu Allah, der dies alles gemacht hat. Allah hat die Sterne geschaffen, die Sonne und den Mond. Allah ist der Herr der Welten.

Dann ging Ibrahim zu den Leuten und sagte zu ihnen: Ihr sollt nur zu Allah beten. Allah hat die Sterne gemacht und den Mond und die Sonne. Allah hat die Menschen geschaffen und für sie Tiere und Pflanzen gemacht, damit sie zu essen haben. Der Mond oder die Sonne oder die Sterne können euch nichts zu essen geben. Allah hat die Erde gemacht, auf der die Menschen leben. Deshalb sollt ihr euch von euren falschen Göttern abwenden und zu Allah beten und immer das Gute tun.

Danach verließ Ibrahim sein Volk und zog in ein anderes Land. Als er schon sehr alt geworden war, hatte er einen Sohn. Er hieß Ismail und war ein Prophet Allahs. Und Allah schenkte Ibrahim noch einen Sohn, der hieß Isjaq. Ishaq war einer der Propheten Allahs und ein guter und rechtschaffener Mann. Auch Ishaqs Sohn Jakub war ein Prophet. So hat Allah Ibrahim und seine Kinder reich gesegnet.

Später haben Ibrahim und sein Sohn Ismail die Ka'ba in Mekka gebaut, und sie haben gebetet: O Allah, nimm dieses Haus gnädig an und hilf uns und den Menschen, die nach uns kommen, damit wir rechte Muslime sind.

Achmad von Denffer

Die Kalligraphie (Schönschrift) stellt das muslimische Glaubensbekenntnis, die Schahada, dar: Es gibt keinen Gott außer Allah; Mohammed ist der Gesandte Gottes.

Die Vergeltung

Zum Propheten kam ein junger Mann
und sprach:
Gottgesandter! Meine Mutter,
alt und schwach,
lebt bei mir, ich geb ihr Wohnung
und Gewand,
Trank und Speise geb ich ihr mit meiner Hand,
hebe sie auf meinen Arm,
lege sie
sommers kühl und winters warm,
und pflege sie,
hab ich ihr vergolten?
Der Prophet sprach: Nein!
Nicht vergelten, aber wohl getan
und fein;
nicht den zehnten Teil
vergaltest du,
mein Sohn,
doch Gott gebe dir fürs
Kleine großen Lohn.

Ein kleines Lexikon

Allah Gott (arabisch)
Islam Hingabe (an Allah)
Hadith Sammlung von Begebenheiten aus dem Leben des Propheten Mohammed
Imam Oberhaupt und Vorbeter einer islamischen Gemeinde
Kaaba zentrales Heiligtum der Muslime in Mekka
Koran das Wort Gottes, das der Erzengel Gabriel Mohammed mitgeteilt hat
Mohammed er lebte von 570 bis 632 n. Chr. in Arabien und gründete die islamische Religion
Sure Abschnitt aus dem Koran

Gelehrte in der Bibliothek zu Bursa (Iran) im Gespräch. Das Bild ist etwa 800 Jahre alt.

Pilger umwandern die Kaaba in Mekka.

1. Stellt die Unterschiede zwischen der koranischen und der biblischen Erzählung → S. 24ff. über Abraham zusammen. Versucht mithilfe der Erzählung »Die Vergeltung« aus der Hadith zu erklären, weshalb es sie gibt.
2. Über die Kaaba könnt ihr euch in Lexika und auch im Internet informieren. Im Internet helfen euch Suchmaschinen, z.B. http://www.milkmoon.de oder http://www.helles-koepfchen.de.

Islam: Zakat

In Deutschland leben etwa 3 500 000 Muslime. Die meisten von ihnen kommen aus der Türkei, aber auch aus südosteuropäischen, arabischen und afrikanischen Ländern. Häufig sind schon die Großeltern der heute bei uns lebenden muslimischen Kinder nach Deutschland gekommen.

Reichtum teilen

Am Morgen des Festtags durfte Hassan mit dem Vater und den anderen Männern zum Gebet in die Moschee gehen. Unterwegs fragte er den Vater: »Wie ist das jetzt mit dem Geld, das wir gespart haben? Wir wollen es doch den Armen geben?«

»Das ist richtig«, sagt der Vater. »Das habe ich auch gemacht. Der Prophet hat gesagt, man soll das Geld den Armen geben, bevor man zum Gebet geht.« [...]

In der Moschee saßen schon viele Leute, die Männer vorn und die Frauen hinten. Hassan setzte sich neben den Vater auf den Boden. Bald wurde gebetet. Nach dem Gebet sagten alle zueinander: Id mubarak. Das bedeutet »gesegnetes Fest«. [...]

Auf dem Weg nach Hause sagte der Vater: »Ich wollte dir noch erzählen, wie wir den Armen helfen. Weißt du, im Koran steht geschrieben, die Menschen, die genug zum Leben haben, müssen den Armen jedes Jahr etwas von ihrem Besitz abgeben. Früher hatten die Menschen meist Vieh, Kamele, Schafe oder Korn und Gemüse und Obst. Davon haben sie den Armen etwas abgegeben. Das nennt man Zakat. Wir heute geben Zakat meistens als Geld. [...]«

»Aber warum gibt es dann so viele arme Menschen?«, fragte Hassan. »Wenn die Reichen den Armen immer etwas abgeben, dann müssen doch alle Menschen bald reich sein.« »Ja«, sagte der Vater, »aber leider hören nicht alle Menschen auf das Wort von Allah. Besonders die Reichen wollen [...] nur immer mehr und immer mehr, aber sie wollen nichts abgeben.«

[...] »Warum ist das so?«, fragte Hassan.

Der Vater antwortete: »Weißt du, wenn man sehr reich ist, denkt man, dass man sich alles auf der Welt kaufen kann, und man denkt nicht mehr an Allah. Man denkt nur noch an sich selbst.«

»Das verstehe ich nicht«, sagte Hassan.

»Nun«, sagte der Vater, »weißt du noch wie die Schahada beginnt?«

»Ja«, antwortete Hassan, »aschhadu an la ilaha illa-llah. Das bedeutet: Ich bezeuge, es gibt keinen Gott außer Allah.«

»Siehst du«, sagte der Vater, »das ist es, was viele vergessen, wenn sie reich sind. Sie [...] glauben, weil sie so viel Geld haben, sind sie auch groß und mächtig.«

Hassan dachte ein Weilchen nach. Dann fragte er: »Also, Zakat geben, das bedeutet, dass zuerst einmal die Armen Geld bekommen, damit sie leben können. Und außerdem bekommen die anderen nie so viel, dass sie Allah vergessen. Denn sie geben ja immer etwas ab. Ist das richtig?«

Ahmad von Denffer

1. Prüft, ob Hassan die Erklärungen seines Vaters über die Zakat richtig verstanden hat.
2. Erklärt, worin das Neue der Lehre des Islam bestand.

Die Berufung Mohammeds

Nach islamischer Überlieferung erschien im Jahr 611 n. Chr. auf dem Berg Hira der Engel Gabriel. Er beauftragte Mohammed, Gottes Wort an die Menschen weiterzugeben. Die Worte Gottes sind im Koran niedergeschrieben. Das Gesicht Mohammeds ist vom göttlichen Licht erleuchtet worden, sodass es nur verschleiert dargestellt werden darf.

Mohammed während seiner ersten Vision auf dem Berg Hira. Mohammed wurde in Mekka, einer Stadt im heutigen Saudi-Arabien geboren. Er wuchs als Waisenkind bei seinen Verwandten auf. Mit seinem Onkel unternahm er weite Geschäftsreisen, auf denen er auch Juden und Christen kennen lernte. Er war sehr arm und konnte weder lesen noch schreiben. Eine reiche Kaufmannswitwe verliebte sich jedoch in ihn, und beide heirateten. In Mekka befand sich ein bedeutendes Heiligtum, die Kaaba. Von weit her kamen die Wüstenbewohner, um hier ihre Gottheiten anzubeten. Zunehmend empörte sich Mohammed über das Verhalten der Händler in Mekka. Sie verdienten viel Geld mit den religiösen Bräuchen und schauten hochmütig auf die armen Menschen herab. Aber auch die Verehrung der vielen Götter schreckte ihn ab. Daher zog er sich oft in die Einsamkeit des Berges Hira zurück, wo er betete.*

SCHLÜSSELWISSEN
Ramadan
Der islamische Monat Ramadan ist ein Fastenmonat. Er hat eine besondere Bedeutung, weil in diesem Monat dem Propheten Mohammed zum ersten Mal die Lehre des Islam verkündet worden ist. Während des Ramadan sind Essen und auch Trinken von der Morgendämmerung bis zum Sonnenuntergang nicht erlaubt. Besonders in dieser Zeit lesen die Muslime im Koran, sie versöhnen sich und helfen einander. Am Ende des Monats Ramadan wird das Zuckerfest gefeiert.

Als Nachbarn zusammenleben

In Deutschland leben heute über 100 000 Juden. Viele jüdische Familien stammen aus Osteuropa. Zu ihnen gehört auch die 11-jährige Deborah Dinah. Zusammen mit anderen jüdischen Kindern erzählt sie in dem Buch »Ich bin, was ich bin, ein Jude« über ihr Leben in Deutschland.

Channuka feiern

Hallo Kathrin!
Du hast mich vor ein paar Tagen gefragt, ob wir Juden auch Weihnachten feiern. Ich habe dir geantwortet, dass wir bald Chanukka haben. Gern hätte ich dich zu unserer Chanukka-Feier eingeladen. Aber jetzt, wo du im Krankenhaus liegst, kann ich dir nur schreiben.

In den nächsten Tagen beginnt für uns Juden Chanukka. Wir erinnern uns daran, wie die Griechen vor gut zweitausend Jahren unsere Vorfahren dazu zwingen wollten, an Zeus und die anderen Götter Griechenlands zu glauben. Damals herrschten die Griechen in Israel*. Die griechischen Soldaten verachteten die Juden und die jüdische Religion. Sie führten unreine Tiere in den Tempel und schlachteten sie dort. Du weißt doch Kathrin, dass wir Juden nur bestimmte Tiere essen. Durch die Griechen wurde unser Tempel unrein.
Sie verwüsteten alles und vergossen das Öl für die große Menora. Das ist der siebenarmige Leuchter, der früher im Tempel stand.

Viele Juden fürchteten sich vor den Griechen. Nur der alte Mattitjahu mit seinen fünf Söhnen wehrte sich. Jehuda, einer der Söhne, der den Namen Makkabi trägt, wurde Anführer einer jüdischen Armee. Am 25. Kislew des Jahres 164 vor der Zeitrechnung, das war im Dezember, besiegte Jehuda die Griechen. Er vertrieb die fremden Soldaten aus dem Tempel in Jerusalem.
Eine seiner ersten Tätigkeiten war, den Tempel wieder aufräumen und reinigen zu lassen. Diese Reinigung heißt Chanukka.

Beim Aufräumen fand Jehuda Makkabi den großen Tempelleuchter. Doch die Griechen hatten das ganze Olivenöl, das im Leuchter verbrannt wird, bis auf ein kleines Krüglein verschüttet. Jehuda Makkabi befahl, das Öl des einzigen unversehrten Krugs in den Leuchter zu geben und anzuzünden. Da geschah das Wunder: Das Öl reichte nicht nur wie erwartet für einen Tag, sondern für acht Tage. Danach war wieder reines Öl beschafft worden. Wegen dieses Wunders feiern wir Juden auch acht Tage lang Chanukka. Jeden Abend zünden wir ein weiteres Licht an, bis dann schließlich alle Lichter brennen. Bei uns zu Hause gibt es dann Latkes. Das sind Kartoffelplätzchen, die man in Öl knusprig braun bäckt. Auch dieses Öl erinnert uns an Chanukka. Und wir Kinder bekommen auch etwas geschenkt.

Liebe Kathrin, ich habe auch für dich ein Chanukka-Geschenk. Ich werde es dir am besten ins Krankenhaus bringen. Bestimmt bist du nächstes Jahr im Dezember gesund, damit du mit uns Chanukka feiern kannst.

Alles Gute, Deine Deborah Dinah

Leben in zwei Welten

Viele Familien, die nach Deutschland eingewandert sind, leben in »zwei Welten«: in der Welt ihrer alten Heimat und in der Welt ihrer neuen Heimat in Deutschland. Oft versuchen sie, ihre Religion und ihre Lebensgewohnheiten in ihrer neuen Heimat zu bewahren. Deshalb sind ihnen der enge Zusammenhalt in der Familie und die Verbindung zu Freunden aus ihrer alten Heimat sehr wichtig.

1. Tragt zusammen, wie in jüdischen Familien das Chanukka-Fest gefeiert wird.
2. Überlegt, warum das Lichtwunder bis heute noch so wichtig für die Juden ist.
3. Betrachtet das Foto. Überlegt, was es für Kinder bedeutet, in »zwei Welten« aufzuwachsen.
4. Viele erwarten, dass Menschen, die in ein anderes Land eingewandert sind, sich den dortigen Lebensweisen anpassen. Andere meinen, dass die Einwanderer das Recht hätten, die Lebensgewohnheiten aus ihrer Heimat beizubehalten. Diskutiert diese beiden Standpunkte.

Was ist ein »Fremder«?

Tahar Ben Jelloun wurde 1944 in Marokko geboren. Er ist Schriftsteller, und seine Bücher werden in viele Sprachen übersetzt. Heute lebt er in Paris. Er ist verheiratet und hat vier Kinder. In Frankreich leben viele Menschen, die aus Nordafrika stammen. Sie stoßen häufig auf Ablehnung. Mit seiner Tochter Mérièm hat Tahar Ben Jelloun lange Gespräche über Fremdenfeindlichkeit geführt, die er in seinem Buch »Papa, was ist ein Fremder?« aufgeschrieben hat.

Papa, was ist Rassismus?

Tahar Ben Jelloun Rassismus ist ein ziemlich verbreitetes Verhalten, das es in jedem Land gibt und das in manchen Ländern leider so alltäglich geworden ist, dass es vielen schon gar nicht mehr auffällt. Dieses rassistische Verhalten besteht darin, anderen Menschen zu misstrauen, sie zu verachten und ungerecht zu behandeln, und zwar nicht, weil sie uns etwas Schlimmes angetan hätten, sondern einzig und allein, weil sie anders aussehen oder aus einer anderen Kultur stammen als wir.

Mérièm Ist Rassismus denn normal?

Tahar Ben Jelloun Nein. Nur weil ein Verhalten weit verbreitet ist, ist es noch lange nicht normal oder richtig. Allerdings ist unser Misstrauen gegenüber Fremden so alt wie die Menschheit selbst. Dieses Misstrauen gibt es auf der ganzen Welt. Es betrifft alle.

Mérièm Wenn es alle betrifft, dann ist ja jeder ein Rassist!

Tahar Ben Jelloun Nein, nur weil du einem Fremden misstraust, bist du noch kein Rassist. Dein anfängliches Misstrauen ist ganz natürlich, es ist ein Schutzinstinkt[1], denn du weißt ja noch nichts über die Absichten des Anderen, vielleicht will er dich bestehlen oder zusammenschlagen, da bist du besser vorsichtig. Aber dieses Misstrauen wird sich meist in Vertrauen verwandeln, wenn du den Anderen kennen lernst. Zum Rassisten wirst du erst, wenn du glaubst, dass der Fremde weniger wert ist als du und deshalb weniger gut behandelt werden sollte.

Mérièm Glaubst du, ich könnte so werden?

1 Ein Instinkt ist eine angeborene Verhaltensweise.

Tahar Ben Jelloun und seine Tochter Mérièm klären in ihrem Gespräch, dass Rassisten sich aufgrund ihrer Hautfarbe, Nationalität, Sprache und auch wegen ihrer Religion fremden Mensch en überlegen fühlen.

Sind Religionen fremdenfeindlich?

Mérièm Willst du damit sagen, dass die Religionen fremdenfeindlich sind?
Tahar Ben Jelloun Nein, nicht die Religionen sind fremdenfeindlich und rassistisch, sondern die Gräueltaten, die einige Menschen im Namen ihrer Religion verüben. So erklärte zum Beispiel im Jahr 1095 Papst Urban II. einen Krieg gegen die Moslems, die er als Ungläubige darstellte. Tausende von Christen zogen in den Orient und metzelten dort Araber und Türken nieder. Dieser Krieg, der im Namen Gottes geführt wurde, nannte sich »Kreuzzug« – das Kreuz als Symbol der Christen gegen den Halbmond, das Symbol des Islam. [...] Du siehst, oft behaupten Menschen, dass in ihren heiligen Schriften stehe, dass ihre Religion anderen Religionen überlegen sei. Und oft gibt es deshalb Religionskriege.

Mérièm Aber du hast mir doch gesagt, dass der Koran gegen den Rassismus ist.
Tahar Ben Jelloun Ja, der Koran und auch die Tora und die Bibel – alle heiligen Schriften sind gegen den Rassismus. Der Koran sagt, dass die Menschen vor Gott gleich sind und sich allein durch die Stärke ihres Glaubens unterscheiden. In der Tora heißt es: »Wenn ein Fremdling bei euch in eurem Lande wohnt, den sollt ihr nicht bedrücken. Er soll bei euch wohnen wie ein Einheimischer unter euch, und du sollst ihn lieben wie dich selbst.« Die Bibel betont die Nächstenliebe, das heißt die Achtung vor dem Anderen, sei es dein Nachbar, dein Bruder oder ein Fremder. Im Neuen Testament steht: »Ein neues Gebot gebe ich euch, dass ihr einander lieben sollt« und »Du sollst deinen Nächsten lieben wie dich selbst«. Alle Religionen predigen Frieden unter den Menschen.

1. Erklärt den Unterschied zwischen »anfänglichem Misstrauen gegenüber Fremden« und »Fremdenfeindlichkeit« und »Rassismus«.
2. Tahar Ben Jelloun erklärt, nicht die Religionen, sondern die Menschen sind fremdenfeindlich. Wie meint er das?
3. Stellt eine Verbindung zwischen den Zeichnungen und dem Gespräch her.

Gemeinsamkeiten und Unterschiede erkennen

In dem Kapitel habt ihr viel über die Religion der Juden, der Christen und der Muslime gelernt. Ihr habt euch mit Geschichten und Festen der drei Religionen beschäftigt und habt hierbei Unterschiede und Gemeinsamkeiten beobachtet. Ihr habt auch gelernt, dass zwischen den Religionen alte Konflikte bestehen. Diese Konflikte belasten Juden, Christen und Muslimen noch heute – manchmal sogar bis in den Schulalltag hinein. Als Feste habt ihr in diesem Kapitel Channuka und Weihnachten kennen gelernt. Außerdem wird euch in diesem Schulbuch auch das Passahfest ⇢ S. 45 bekannt gemacht. Ihr könnt nun erklären, wie und warum diese Feste gefeiert werden. Tragt euer Wissen mithilfe einer Mindmap zusammen.

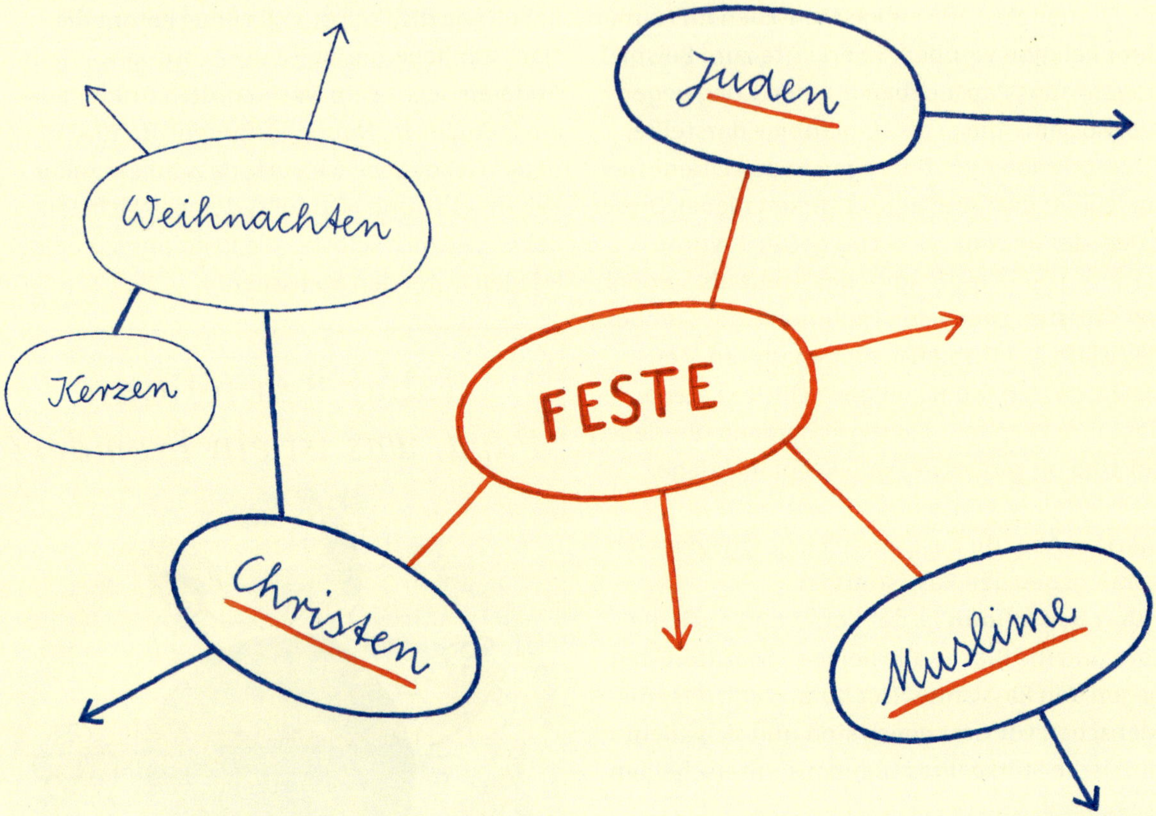

METHODE **Eine Mindmap erstellen**

Mit einer Mindmap könnt ihr zeigen, was ihr gelernt habt. Ähnlich wie beim Brainstorming ⇢ S. 161 ermöglicht die Mindmap einen freien Gedankenfluss (Assoziation) zu einem Thema. Sie kann man allein, aber auch mit mehreren anlegen. Mit ein bisschen Übung kann dir die Mindmap auch bei der Vorbereitung eines Referats oder einer Klassenarbeit sehr helfen.

- Schreibe den Begriff »Feste« auf eine DIN-A4-Seite (Querformat!) und füge die Begriffe »Juden«, »Christen« und »Muslime« hinzu.
- Ergänze zu den einzelnen Begriffen weitere Begriffe und verbinde sie mit Linien.
- Von hieraus können weitere Linien ausgehen und mit Begriffen versehen werden. Benutze unterschiedliche Farben, Symbole wie Ausrufe- und Fragezeichen usw. Achte aber auf Übersichtlichkeit!
- Wenn du an einer Stelle nicht mehr weiter weißt, beginne an einer anderen Stelle. Vielleicht fällt dir hier später noch etwas ein.
- Sortiere deine Einfälle, indem du die Begriffe unterstreichst, die besonders wichtig sind.
- Formuliere mit den einzelnen Begriffen Sätze und dann einen Text zu dem Thema »Die Feste der Juden, Christen und Muslime«.

Auf dem Weg zueinander

Das Projekt »Weißt du, wer ich bin?« wird von dem Arbeitskreis Christlicher Kirchen, dem Zentralrat der Juden sowie der Muslime und von der türkisch-islamischen Union in Deutschland unterstützt. Ziel des Projekts ist, dass Christen, Juden und Muslime sich ihre unterschiedlichen religiösen Traditionen gegenseitig vorstellen. Wie leben christliche, muslimischen und jüdischen Nachbarn? Die Organisatoren sind überzeugt, dass genauere Kenntnis der anderen Religionen zu einem friedlichen Leben in Deutschland beiträgt.

Offene Türen machen reich.
(Jesaja 60,11)

Ruf zum Weg deines Herrn mit Weisheit.
(Sure 16, 125)

WEISST DU WER ICH BIN?

Das Projekt der drei großen Religionen für friedliches Zusammenleben in Deutschland
www.weisstduwerichbin.de

Eine wichtige Voraussetzung für ein friedliches Zusammenleben in unserer Welt ist, dass Juden, Christen und Muslime über die eigene Religion und über die Religionen der anderen gut Bescheid wissen. Das Projekt »Weißt du, wer ich bin?« macht viele Vorschläge, wie auch ihr vor Ort eure Nachbarn besser kennen lernen könnt. Auf der Site www.weisstduwerichbin.de findet ihr hierzu Ideen und auch Ratschläge, wie Ihr diese Ideen umsetzen könnt.
Ein Vorschlag ist, einen Stadtrundgang zu verschiedenen religiösen Orten zu organisieren, wo ihr mehr über die Religionen lernen könnt.

Einen »Stadtplan der Religionen« vorbereiten
Lege mithilfe des Internet einen »Stadtplan der Religionen« an.
Wo findest du in deiner Gegend folgende Einrichtungen:

- Kirchen und Klöster (katholisch, evangelisch, orthodox*)
- Freikirchen (Baptisten*, Methodisten, ...)
- Moscheen (türkisch, arabisch, bosnisch, iranisch usw.)
- Synagoge(n)*, auch Erinnerungsorte und Gedenkstätten von früheren Synagogen
- Kultureinrichtungen (nach Ländern aufgeteilt)
- Museen
- Eine-Welt-Läden, türkische Läden usw.
- Friedhöfe der verschiedenen Religionen und Konfessionen
- Heilige Steine, Bäume, Höhlen, Bildstöcke usw.
- Namen von Straßen oder Plätzen, die einen starken religiösen Bezug haben (z. B. Albert-Schweitzer-Straße, Kartäusergasse, Judengasse, Türkenwinkel)
- Gaststätten mit interkulturellem Touch (»Orient-Café«)

Überlege dir einen oder mehrere Wege, wie du diese verschiedenen Orte aufsuchen kannst.

Evangelien, Psalmen*, Propheten, die fünf Bücher Mose – davon habt ihr schon gehört.

Alle diese Bücher sind Teile der Bibel.
Woher kommen sie? Wer hat sie geschrieben – zu welchem Anlass und wann?
Was bedeuten sie für uns heute?
Kann man da einen roten Faden finden?
Das sind Fragen, denen ihr im folgenden Kapitel nachgehen könnt.

11

1. Schaut euch das Bild an und überlegt, was es vom Inhalt des Kapitels verraten könnte.
2. Blättert dazu die Seiten des Kapitels durch und findet heraus, in welchen Zusammenhängen die einzelnen Abbildungen noch einmal vorkommen.
3. Besprecht in Kleingruppen eure Beobachtungen und überlegt, was ihr in diesem Kapitel über die Bibel lernen könnt.

Wege zur Bibel finden

Die Bibel – Einblick finden ...

Die Bibel besteht aus mehr als sechzig einzelnen Schriften. Die ältesten davon sind vielleicht 3000 Jahre alt; die jüngsten immer noch rund 1900 Jahre. Kann man die Texte eines so alten Buches überhaupt verstehen und einen roten Faden darin finden?
Dafür wäre es wichtig, den richtigen Einblick und Durchblick zu haben – so ähnlich wie bei einem 3-D-Bild.

Wer entdeckt die Blume in den Blumen?

1. Beschreibe das 3-D-Bild zunächst »oberflächlich«.
2. Jetzt versuche, den »richtigen Blick« zu finden: Was entdeckst du?

Die Bibel wird oft »Buch des Lebens« genannt. Denn sie erzählt davon, wie Menschen in einer langen Geschichte ihre Erfahrungen und ihr Leben mit ihrem Glauben an Gott gedeutet haben. Auch das Weltall kann man als Buch verstehen, in dem zu lesen ist, woher unser Leben kommt. Manche Sterne, deren Lichtspuren hier zu sehen sind, sind vielleicht schon längst erloschen. Aber noch heute sehen wir ihr Licht.

Das Weltall ist so groß, dass das Licht, obwohl es sich mit rund 300 000 km pro Sekunde ausbreitet, Jahrzehnte und Jahrtausende von den Sternen zu uns unterwegs ist. Die Ereignisse, die in der Bibel erzählt werden, sind auch längst vergangen, wie manche dieser Sterne. Aber sie »leuchten« uns noch – durch die Texte der Bibel.

Eine Bibelausgabe aus 1741

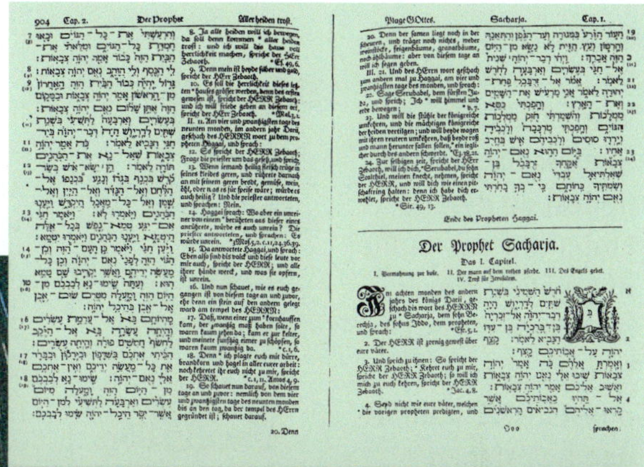
Ende des Propheten Haggai.

Der Prophet Sacharja.

Das 1. Capitel.

Licht-Spuren der Sterne in einer Langzeitbelichtung

3. Was könnte der »richtige Blick« für die Texte der Bibel bedeuten?
4. Welche Worte könnt ihr in der alten Bibelausgabe oben lesen? Versucht, mit einer Lupe noch mehr zu entdecken.
5. In welchen Sprachen sind die Spalten geschrieben?

Nur ein Buch? – Eine ganze Welt!

So findest du Texte in der Bibel:

- Du schlägst das Inhaltsverzeichnis auf, das die Bücher des AT und NT getrennt aufführt.
- Du findest das gesuchte Buch mit der Seitenangabe.
- Wenn du das Buch aufgeschlagen hast, findest du die Einteilung der Kapitel mit großen Ziffern und die Verse mit kleinen Ziffern, die meist im fortlaufenden Text stehen.
- Oft findest du zwischen den Versen in Kleindruck noch andere Stellen in der Bibel, wo ähnliche Inhalte vorkommen – siehe die Bibeltexte auf → S.181.

»Sterne« die das Universum der Bibel ausmachen, sind hier in kleinen Szenen dargestellt.

1

Abraham, um 1800

2

Israel Ägypten, 1540–1070

3

Auszug aus Ägypten, um 1250

4

Mose am Sinai, um 1250

5

Einnahme von Kanaan, um 1200

6

König David, 1009–965

7

König Salomo, 965–932

8

Reichsteilung, 932

9

Zerstörung des Nordreichs, 722

10

Zerstörung Jerusalems, 586

11

Jesus predigt, 28–30

12

Jesus wird gekreuzigt, um 30

13

Pfingsten, um 30

14

Evangelium nach Markus, um 70

SCHLÜSSELWISSEN

Entstehung und Inhalt der Bibel

Die Texte der Bibel sind in einem Zeitraum von etwa 1200 Jahren entstanden. Die ältesten Texte im Alten Testament (Abkürzung: AT) könnten schon etwa 3000 Jahre alt sein, die jüngsten finden wir im Neuen Testament (Abkürzung: NT); sie sind etwa zwischen 50 und 120 n. Chr. verfasst worden. Da beide Teile der Bibel untrennbar miteinander verbunden sind, spricht man heute auch vom »Ersten« und »Zweiten« Testament, um eine Wertung von »alt« und »neu« zu vermeiden. Im AT erfahren wir viel über die Geschichte des Volkes Israel* und seiner Nachbarn – vor allem aber, wie die Menschen in Israel ihre Zuversicht und Orientierung im Vertrauen zu Gott gefunden haben. Das NT erzählt uns davon, dass Gott durch Jesus den Menschen ganz besonders nahe gekommen ist.

Die Geschichte des Landes Israel

Das kleine Israel wurde im Lauf der Geschichte immer wieder von den Großreichen der Umgebung beherrscht. Nur unter David und Salomo, unter den Makkabäern* und nach seiner Neugründung 1947* war es ein selbstständiges Land.*

Das Gebiet vom Sinai, Satellitenfoto

Die Großreiche und Israel in ihrer Geschichte

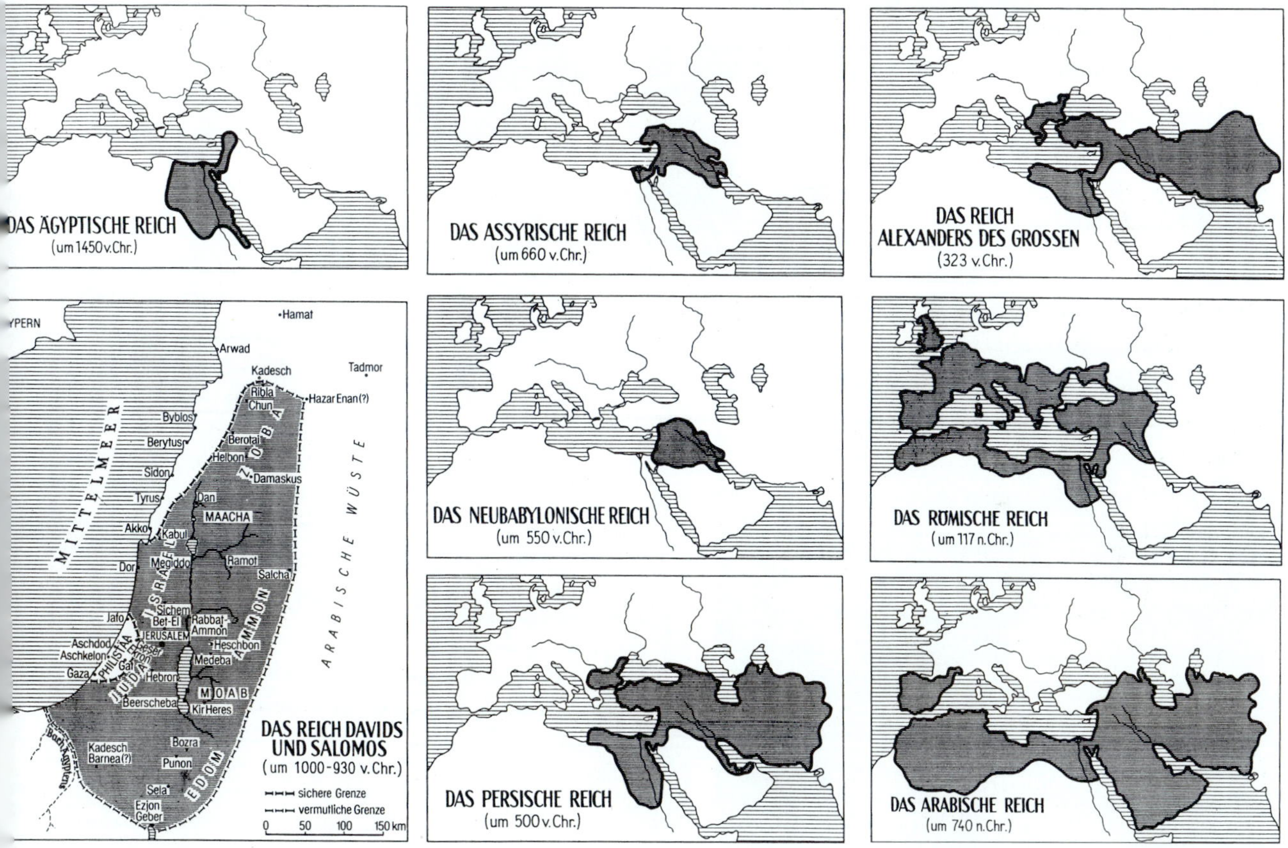

1. Welche der auf S. 178 dargestellten Ereignisse müssten im AT, welche im NT zu finden sein?
2. Welches Bildchen könnte dem Polarstern auf S. 177 entsprechen? Könnt ihr Gründe dafür nennen?
3. Sucht die Textstellen, die zu dem entsprechenden Ereignis in der Bibel passen. Diese Angaben helfen euch, sie zu finden. (1) Gen 12,1–9; 15,1–17 / (2) Ex 1,1–14 / (3) Ex 13,7–22; 14,5–14; 14,21–31 / (4) Ex 19,1–20; 20,1–17 / (5) Jos 1,1–19; 6,1–7.20 / (6) 1 Sam 16,1–13; 2 Sam 5,1–10 / (7) 1 Kön 2,1–4; 6,1–22 / (8) 1 Kön 12,1–19 / (9) 2 Kön 17,1–6; 17,24–33 / (10) 2 Kön 25,1–22 / (11) Mk 1,9–20; Mt 5,1–20 / (12) Mk 15 / (13) Apg 2 / (14) Mk 1,1–8.
   Bearbeitet diese Texte in Gruppen.
4. Zeichnet eine Zeitleiste an die Tafel und tragt dort die Jahreszahlen und Ereignisse ein.
5. Ordnet die Ereignisse auf der linken Seite den Großreichen zu, die hier abgebildet sind.

Wie die Bibel überliefert wurde

Die Höhlen von Qumran, wo 1947 arabische Schafhirten die Schriftrollen entdeckten.

Schreiber bei der Arbeit im Sciptorium von Qumran

Ein Tintenfass aus Qumran

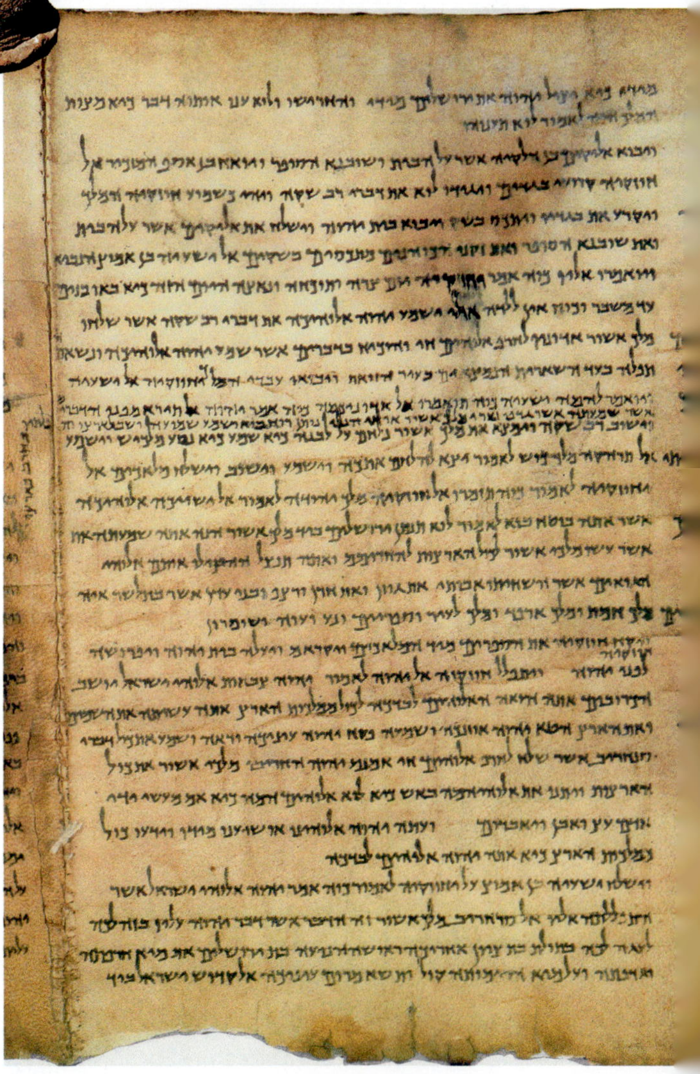

Blatt 9 der Jesaja-Rolle aus Qumran

SCHLÜSSELWISSEN **Schreiber und Priester**

Im Altertum galt alles Geschriebene als sehr wertvoll. Nur Gelehrte konnten lesen und schreiben. Herstellung und Aufbewahrung der Texte erforderte große Sorgfalt. Zumeist wurde auf Rollen von Papyrus* geschrieben. Später heftete man Textseiten zu Büchern zusammen, was das Lesen erleichterte. Bis heute wissen wir bei vielen Büchern der Bibel nicht genau, wer die Verfasser waren, oder wann erste Sammlungen biblischer Schriften zusammengestellt wurden. Wahrscheinlich waren es Schriftgelehrte und Priester, die daran beteiligt waren. Sie waren nicht nur als Verfasser tätig, sondern haben die alten Texte immer wieder abgeschrieben, um sie für die Zukunft zu bewahren. Wahrscheinlich war der Tempel in Jerusalem der Hauptort für diese Arbeit – aber nicht nur; z. B. lebte in Qumran am Toten Meer bis etwa 70 n. Chr. eine Gemeinschaft, die Schriften verfasste und für ihre Erhaltung sorgte. Hier fand man vor rund 60 Jahren wertvolle Abschriften biblischer Texte.

Die Bibel ist in zwei alten Sprachen verfasst worden: Hebräisch (im AT) und Griechisch (im NT). Martin Luther und seine Mitarbeiter haben die Bibel zwischen 1521 und 1545 in die deutsche Sprache übersetzt. Bis heute erschien die Bibel in 2100 Sprachen und ist das meistverbreitete Buch auf der Welt.
Die fünf Bücher Mose (Pentateuch) haben für das Volk Israel* bis heute als »Tora*« eine besondere Bedeutung.*
Man kann sagen, dass im NT die Tora den vier Evangelien entspricht.
Sie führen die Orientierung fort, indem sie erzählen, wie Gott sich den Menschen in Jesus Christus zeigt, und wie Jesus die alten Überlieferungen seines Volkes jetzt neu interpretiert und praktiziert.

GENESIS. בראשית

1 ¹בְּרֵאשִׁית בָּרָא אֱלֹהִים אֵת הַשָּׁמַיִם וְאֵת הָאָרֶץ׃ ²וְהָאָרֶץ
הָיְתָה תֹהוּ וָבֹהוּ וְחֹשֶׁךְ עַל־פְּנֵי תְהוֹם וְרוּחַ אֱלֹהִים מְרַחֶפֶת עַל־פְּנֵי
הַמָּיִם׃ ³וַיֹּאמֶר אֱלֹהִים יְהִי אוֹר וַיְהִי־אוֹר׃ ⁴וַיַּרְא אֱלֹהִים אֶת־הָאוֹר
כִּי־טוֹב וַיַּבְדֵּל אֱלֹהִים בֵּין הָאוֹר וּבֵין הַחֹשֶׁךְ׃ ⁵וַיִּקְרָא אֱלֹהִים לָאוֹר
יוֹם וְלַחֹשֶׁךְ קָרָא לָיְלָה וַיְהִי־עֶרֶב וַיְהִי־בֹקֶר יוֹם אֶחָד׃ פ

Aus der »Biblia Hebraica«, der hebräischen Bibel, der Anfang der Schöpfungserzählung (Genesis 1,1–5)

rechts: Lutherübersetzung Genesis 1,1–5

1 Am Anfang schuf Gott Himmel und Erde.[a] *a* Hiob 38,4; Ps 90,2; Joh 1,1-3; Offb 4,11
2 Und die Erde war wüst und leer, und es war finster auf der Tiefe; und der Geist Gottes schwebte auf dem Wasser.
3 ¶Und Gott [a]sprach: Es werde Licht! Und es ward Licht.[b]
a Ps 33,9; Hebr 11,3 *b* Jes 45,7
4 Und Gott sah, daß das Licht gut war. Da schied Gott das Licht von der Finsternis
5 und nannte das Licht Tag und die Finsternis Nacht. Da ward aus Abend und Morgen der erste Tag.

Ἐν ἀρχῇ ἦν ὁ λόγος, καὶ ὁ λόγος ἦν πρὸς 1
τὸν θεόν, καὶ θεὸς ἦν ὁ λόγος. οὗτος ἦν ἐν ἀρ- 2
χῇ πρὸς τὸν θεόν. πάντα δι᾽ αὐτοῦ ἐγένετο, 3
καὶ χωρὶς αὐτοῦ ἐγένετο ⸀οὐδὲ ἕν⸁ : ὃ γέγονεν :2. ἐν 4
αὐτῷ ζωὴ ⸀ἦν, καὶ ἡ ζωὴ ἦν τὸ φῶς τῶν ἀν-
θρώπων: · καὶ τὸ φῶς ἐν τῇ σκοτίᾳ φαίνει, καὶ ἡ 5
σκοτία αὐτὸ οὐ κατέλαβεν.

»Prolog des Johannesevangeliums« Johannes 1,1–5

unten: Lutherübersetzung, Johannes 1,1–5

1. Das Wort »Gott« ist im hebräischen Text einmal kenntlich gemacht. Schreibt dieses Wort groß auf ein Blatt und gestaltet es.
2. »Gott« kommt noch öfter im Text vor. Findet heraus, wie oft.
3. Überlegt: Was bedeutet es, wenn am Anfang der Bibel die ganze Welt und alle Lebewesen auf Gott als ihren Ursprung zurückgeführt werden?
4. Auch im griechischen Text des NT ist das Wort für »Gott« kenntlich gemacht. Gestaltet es wie das hebräische Wort!

1 Im Anfang war das Wort, und das Wort war bei Gott, und Gott war das Wort.[a] *a* Kap 17,5; 1.Mose 1,1; 1.Joh 1,1.2; Offb 19,13
2 Dasselbe war im Anfang bei Gott.
3 Alle Dinge sind durch dasselbe gemacht, und ohne dasselbe ist nichts gemacht, was gemacht ist.[a]* *a* 1.Kor 8,6; Kol 1,16.17; Hebr 1,2

4 In ihm war das Leben, und das Leben war das [a]Licht der Menschen. *a* Kap 8,12
5 Und das Licht scheint in der Finsternis, und die Finsternis hat's nicht ergriffen.[a]
a Kap 3,19

Wie viele Bücher zu einem Buch wurden

Aufbau und Kanon der Bibel

In der Zeit Israels und der ersten Christen waren die Texte auf Schriftrollen geschrieben.*
Es waren sehr viele mehr, als wir heute in der Bibel haben. Jüdische und später christliche Gelehrte haben dann einen festen »Kanon« (Richtschnur) ausgearbeitet. Dabei wurden die Schriften, die hohes Ansehen hatten, ausgewählt und in einer Reihenfolge geordnet.*
In der christlichen Bibel sind Anzahl und Reihenfolge der Schriften des AT anders als im jüdischen Kanon. Das liegt daran, dass in der frühen Kirche lange Zeit eine griechische Übersetzung von Schriften des AT verwendet wurde: die Septuaginta. Sie enthielt Texte, die später in den jüdischen Kanon nicht aufgenommen wurden. Deshalb haben im AT bis heute die katholischen Bibelausgaben mehr Bücher als die evangelischen. Bei seiner Bibelübersetzung richtete Martin Luther sich nach dem jüdischen Kanon des AT. Die zusätzlichen Bücher aus der Septuaginta wurden als Apokryphen I* herausgenommen. In einigen Ausgaben der Lutherbibel sind sie als besonderer Abschnitt enthalten, ergänzt durch einige zusätzliche Texte (Apokryphen II).*

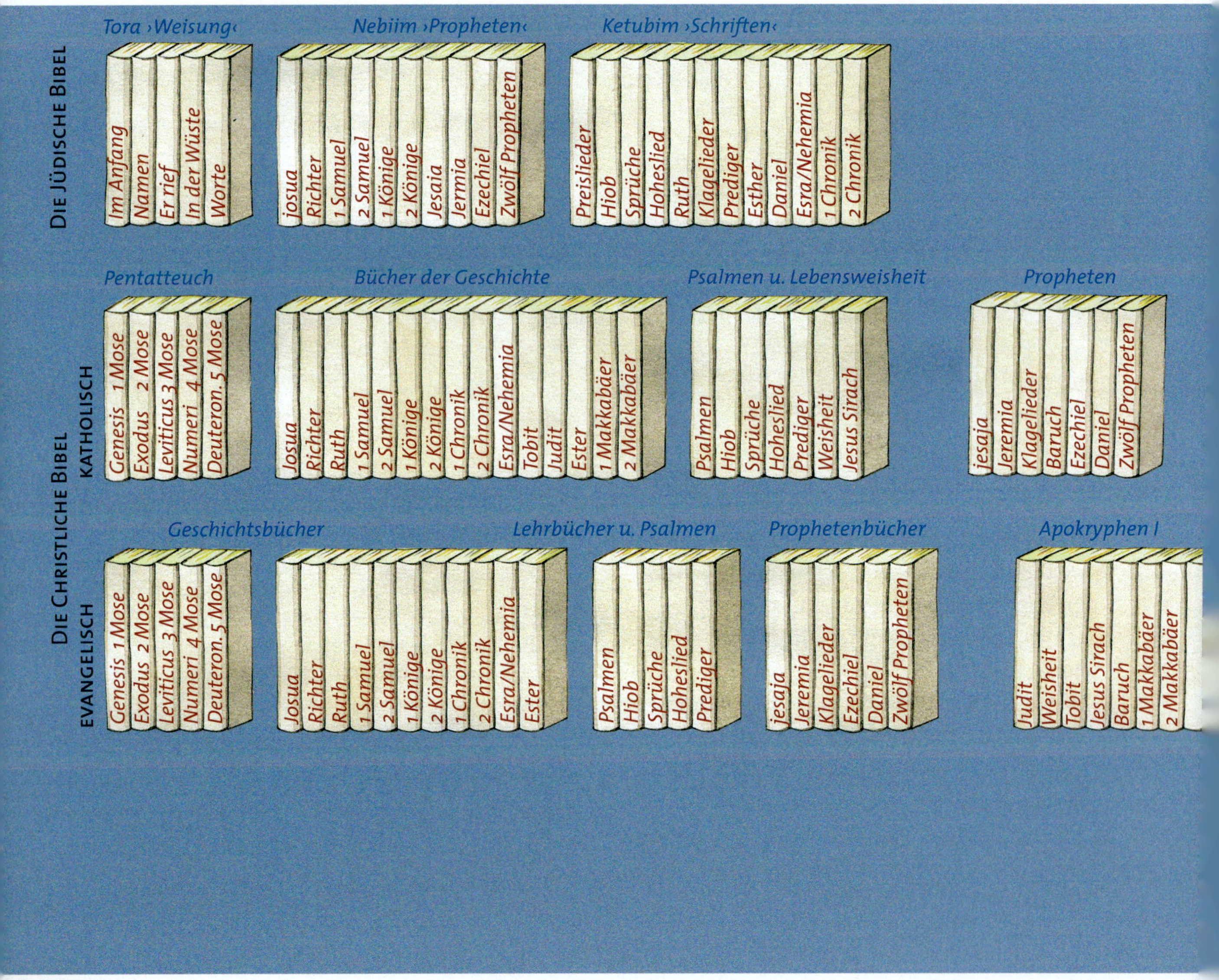

Die Juden nennen ihre Bibel »TaNaK«. Das ist ein Kunstwort aus den Anfangsbuchstaben der drei Teile. Für sie ist es die vollständige Offenbarung Gottes an die Menschen. Christen verstehen das NT als Weiterführung und Vollendung des AT. Denn sie glauben, dass durch Jesus der letzte Sinn des AT offenbart worden und Jesus der Messias sei, auf den viele Propheten des AT hingewiesen hätten. Deshalb wurden die Prophetenbücher im christlichen Kanon an das Ende des AT gestellt, also direkt vor den Teil der Bibel, der von Jesus Christus erzählt.*

1. Vergleicht die Einteilung eurer Bibel mit denen, die die Abbildung enthält.
2. Schlagt jeweils den Anfang der fünf Bücher der Tora* (fünf Bücher Mose/Pentateuch*) auf. Woher haben diese Bücher in der jüdischen Bibel ihre Namen?
3. Wo stimmt der jüdische Kanon mit den beiden christlichen überein, wo nicht?
4. Welche Bücher verbergen sich in den »Zwölf Propheten«? – Sucht sie im Inhaltsverzeichnis der Bibel.

Geschichten von der Mitte des Lebens

Die Bibel erzählt von Menschen aus vielen Jahrhunderten, von ihren Erfahrungen mit Gott, von ihren Fragen, ihrer Sorge und Not, aber auch ihrer Hoffnung und Freude. Die Texte der Bibel stellen Fragen und suchen Antworten: Woher kommt die Welt? Wozu sind Menschen da? Was sollen wir tun? Worauf dürfen wir hoffen, worauf vertrauen? Was wird mit uns nach dem Tod?

Bibelworte in der Rosette einer gotischen Kathedrale

1. Welche Bibelworte auf der gotischen Rosette drücken Vertrauen und Geborgenheit aus?
2. Was wird in den Worten über Gott gesagt?
3. Suche dir den Vers aus, der dir am besten gefällt.

Der Kreis gilt als vollkommenste Form. Im Mittelalter fand er sich z. B. an der Westseite der großen Kirchen und Kathedralen als Rundfenster in Form einer Rosette. Bei abendlichem Sonnenstand fällt so ein bunter Strahl durch die Mitte des Kirchenschiffs hindurch auf den Altar, das Zentrum der Kirche. Dort wird das Abendmahl gefeiert als Zeichen der Gemeinschaft mit Christus. In vielen Kulturen und Religionen finden sich ähnliche Formen, z. B. als »Rad der Lehre« oder als Meditationsmandala.

4. Fertige eine Kopie von dieser Rosette an und schreibe den Spruch, den du gewählt hast, hinein. Gestalte das Bild mit Farben.
5. Zeigt einander eure Bilder. Wer möchte, kann den anderen erklären, was der gewählte Satz für sie/ihn bedeutet.

Die Bibel bewegt Menschen

Die Bibel hat in der Geschichte bis heute Menschen »in Bewegung gebracht". Selbst Menschen, die von sich sagen, dass sie eigentlich nicht an Gott glauben, sind oft beeindruckt von den Erfahrungen und Einsichten, die sie in der Bibel entdecken. Viele Menschen berichten davon, wie Worte der Bibel ihr Leben und Handeln beeinflusst haben.

1 Eine Pfarrerin bei der Predigt im Gottesdienst.
2 Martin Luther predigt.
3 Schülerinnen und Schüler beim Bibelchat.
4 Ein Bibelmobil in Magdeburg.

1

2

3

4

1. Vereinbart mit der Pfarrerin oder dem Pfarrer eurer Kirchengemeinde ein Gespräch im Unterricht – vielleicht unter Vermittlung eurer Lehrkraft – und fragt ihn, was ihm die Bibel bedeutet, wozu sie »bewegt«.
2. Stellt solche Fragen auch an eure Eltern, eure Lehrkraft – macht Interviews dazu in eurem Ort.
3. Informiert euch über andere Aktionen von »Brot für die Welt«, z. B. bei eurer Kirchengemeinde oder unter www.brot-fuer-die-welt.de .
4. Wenn es bei euch einen »Eine Welt Laden« gibt, dann vereinbart mit den Menschen, die dort arbeiten, einen Besuch. Sie informieren euch gern über Aktionen für einen »fairen Handel«.
5. Würdest du dir von deinem Taschengeld einen »fair gehandelten« Fußball kaufen, auch wenn er teurer ist?

Worte der Bibel sind für viele Menschen Anlass, sich um Probleme in unserer Welt zu kümmern: z. B. darum, dass in vielen Ländern schon Kinder arbeiten müssen und für niedrigen Lohn Sachen herstellen, die bei uns teuer verkauft werden. Das Evangelische Hilfswerk »Brot für die Welt« engagiert sich mit vielen anderen im Kampf gegen Kinderarbeit.
Eine solche Aktion ist »Fair Pay – Fair Play". Kinderarbeit in Fabriken soll vermieden werden. Die Herstellung von Fußbällen soll menschlicher gestaltet werden und diejenigen, die sie herstellen, bekommen einen gerechteren Lohn dafür – auch wenn dann die Bälle bei uns etwas teurer sind.

Hände müssen Fußbälle nähen

In Sialkot, im Osten Pakistans, werden 80% aller Fußbälle weltweit produziert. An der Hauptstraße reihen sich die Fabriken aneinander und überall in den umliegenden Dörfern gibt es Nähzentren. Bis 1997 wurden die Bälle in Heimarbeit genäht. Es gab einen Skandal, als bekannt wurde, dass dort Fußbälle von Kindern hergestellt wurden.

Um Kinderarbeit auszuschließen, einigten sich die Fabrikanten darauf, Fußbälle nur noch in Nähzentren fertigen zu lassen, die regelmäßig kontrolliert werden. Die meisten halten sich daran.

Bereits 1998 brachte ein Fairhandelsunternehmen und der pakistanische Partner Talon Sports den ersten »fairen Ball« auf den Markt. Talon Sports ist ein sozial engagiertes Familienunternehmen aus Pakistan, dass seinen Sitz in der Fußball-Metropole Sialkot hat.

Der faire Handel hat für die Näherinnen und Näher viele Vorteile: Sie erhalten Kleinkredite zur Existenzgründung, fast doppelt so hohe Löhne für faire Bälle, und eine kostenlose Gesundheitsversorgung für die ganze Familie. Kinderarbeit ist ausgeschlossen, stattdessen haben die Kinder wesentlich bessere Ausbildungschancen.

Das Nähen der Fußbälle ist Handarbeit.

Eine junge Arbeiterin in einem Nähzentrum.

Nicht zu zählen: die Gedanken Gottes

In vielen Psalmen des Alten Testaments kommt die enge Beziehung zwischen Gott und Mensch besonders zum Ausdruck. In diesen Texten wenden sich Menschen direkt an Gott und sprechen alle ihre Gedanken vor ihm aus. Zugleich staunen sie über die Fülle der »Gedanken Gottes«, die man in der Welt und in der Bibel entdecken kann.*

Beides, die Schöpfung und die Bibel, sind für sie »Zeichen des unsichtbaren Gottes«. Sie weisen auf den Sinn hin, der allem Leben zugrunde liegt.

1. Überlegt, was diese Worte aus Psalm 139 ausdrücken wollen, und deutet sie auf dem Hintergrund des Sternenhimmels. Lest dazu auch noch einmal die → S.177.
2. Sucht euch eine Zeile aus, stellt euch im Kreis auf und sprecht die Worte laut, wobei die einzelnen Sätze ruhig mehrfach vorkommen können, auch in einer anderen Reihenfolge. Einigt euch auch auf Gesten und Bewegungen, die zu den einzelnen Sätzen passen.
3. Zum Abschluss könnt ihr ein Lied singen, das die biblische Botschaft von Gott zusammenfasst: »Ich lobe meinen Gott ...« Evangelisches Gesangbuch Nr. 625.

14 Ich, danke dir dafür, dass ich wunderbar gemacht bin; wunderbar sind deine Werke; das erkennt meine Seele.
16 Deine Augen sahen mich, als ich noch nicht bereitet war, und alle Tage waren in dein Buch geschrieben, die noch werden sollten und von denen keiner da war.
17 Aber wie schwer sind für mich, Gott, deine Gedanken! Wie ist ihre Summe so groß!
18 Wollte ich sie zählen, so wären sie mehr als der Sand: Am Ende bin ich noch immer bei dir.
Aus Psalm 139

Die Vision »Der dreieinige Gott« von Hildegard von Bingen*

Vor rund 900 Jahren lebte Hildegard von Bingen (1098–1179). Sie wurde als kleines Mädchen ins Kloster gebracht. Schon als Kind, so wird berichtet, erfuhr sie in Visionen die Geheimnisse der Bibel und der Welt. Sie verfasste drei große Werke, in denen sie darüber schrieb. Mönche haben diese Texte mit Bildern illustriert, die die Visionen wiedergeben. In diesem Bild sah sie den Schlüssel zur ganzen Botschaft der Bibel.

METHODE **Ein Bild meditieren**
Wenn du ein Bild intensiv betrachtest, prägst du es dir genau ein.

- Betrachte das Bild eine Minute lang.
- Male das Bild aus dem Gedächtnis selbst. Das Original darf dabei nicht mehr angeschaut werden.
- Lege die gemalten Bilder in die Mitte und betrachte sie ohne Kommentar.
- In Kleingruppen einigt ihr euch auf ein Bild, das nach eurer Meinung das Original am besten wiedergibt und nehmt es aus der Mitte.
- Ihr geht dann wieder an die Tische und vergleicht das herausgenommene Bild mit dem Original. Führt ein gemeinsames Gespräch in der Kleingruppe: Was stellt das Bild dar? Was bedeutet es?

Die Bibel – ein einzigartiges Buch

Die Bibel, die in einem Jahrtausend entstanden und über zwei Jahrtausende überliefert worden ist, ist das meistgedruckte Buch in der Welt und einzigartig. Auch heute noch birgt sie viele Geheimnisse: Wir wissen oft nicht, wer die Texte geschrieben hat. Manches, was wir lesen, ist schwer zu verstehen. Und es gibt immer wieder etwas neu zu erforschen.

Um euch zu vergewissern, was ihr aus diesem Kapitel gelernt habt und wo ihr vielleicht noch einmal genauer hinschauen müsst, könnt ihr folgendes »Ratespiel« durchführen. Wenn ihr euch während des Spieles nicht einigen könnt, welche Antwort richtig ist, wendet ihr euch an eure Lehrkraft.

- Formuliert je eine Frage zur Bibel, zu der ihr selbst die Antworten wisst.
- Schreibt diese Fragen auf Blätter und legt sie mit der beschriebenen Seite nach unten in die Mitte des Raumes. Mischt dabei die Blätter so, dass niemand mehr weiß, wo sein Blatt liegt. Wenn alle Gruppen damit fertig sind, setzt ihr euch im Kreis um diese Fragekarten herum.
- In der Reihenfolge eurer Geburtstage (oder nach den Anfangsbuchstaben eurer Vornamen usw.) darf nun je ein Schüler/eine Schülerin eine Frage aufnehmen. Er/sie hat die Wahl, diese Frage zu beantworten oder dem weiterzugeben, von dem er denkt, dass er die Antwort weiß.
- Wer eine richtige Antwort gegeben hat, darf den Kreis verlassen und steht als Berater denen zur Verfügung, die noch keine richtige Antwort gegeben haben.
- So geht das Spiel weiter, bis am Ende keine Frageblätter mehr in der Mitte liegen.

Eine Bibelpräsentation

Die Bibel ist ein wertvoller Schatz nicht nur für Christen und Juden, sondern für die ganze Menschheit. Als wertvollen Schatz, mit dem man behutsam umgehen muss, könnt ihr die Bibel in der folgenden Präsentation zum Abschluss dieses Kapitels erfahren.

Dazu benötigt ihr: Ein großes blaues Tuch als Grundlage für ein Bodenbild, mehrere Papierblätter (DIN-A3), Farbstifte.

Vorbereitung: Ihr bildet Partnergruppen. Jede Gruppe wählt sich ein Ereignis aus, das ihr auf ··› S.179 auch mit den Bibelstellen schon bearbeitet habt. Dazu gestaltet ihr ein Symbol oder eine Zeichnung, die dieses Ereignis darstellt. Zugleich haltet ihr das Blatt mit der Rosette von ··› S. 185 bereit, in die ihr euren ausgewählten Bibelspruch eingeschrieben habt. Nun wird die Mitte des Klassenraums leer geräumt; alle Schülerinnen und Schüler stellen sich im Kreis um die leere Mitte herum.

Jetzt kann die Präsentation beginnen: Wenn es ganz still in der Klasse ist, wird eine Bibel in die Mitte des Raumes gelegt. Vier Schülerinnen und Schüler breiten langsam das Tuch in der Mitte aus und decken damit die Bibel zu. Nun legen die Gruppen ihre gestalteten Blätter auf das blaue Tuch. Das geschieht nacheinander: erst die Ereignisse von oben nach unten in der geschichtlichen Reihenfolge an der rechten Längsseite des Tuches, dann die Rosetten mit den Bibelsprüchen an der linken. An die Stelle, wo die Bibel unter dem Tuch liegt, wird kein Blatt gelegt. Wenn alle Blätter liegen, gibt es eine Zeit der Stille. Alle Schülerinnen und Schüler stehen im Kreis um die gestaltete Mitte. Vier Schülerinnen und Schüler fassen nun an den vier Enden das Tuch an und heben es langsam ein wenig nach oben. Dabei muss das Tuch gespannt sein, damit die Blätter nicht verrutschen. Ein anderer Schüler nimmt die Bibel unter dem Tuch auf. Die anderen legen das Tuch vorsichtig wieder auf den Boden; die Bibel wird nun aufgeschlagen und an die ausgesparte Stelle in der Mitte des Tuches gelegt. Nach einiger Zeit der Stille könnt ihr über eure Gefühle oder Gedanken bei der Präsentation miteinander sprechen.

Glossar

Der **Aaronitische Segen** wurde vom ersten Priester des Volkes Israel, Aaron, gesprochen. Er wird heute noch häufig am Ende des Gottesdiensts als Segensformel verwendet.
→ S. 30, 37.

Adam ist das hebräische Wort für »Mensch«.
→ S. 61, 76f., 113, 164.

Die **anglikanische Kirche** ist die größte Kirche Englands, die heute Teil der anglikanischen Kirchengemeinschaft ist. Mitte des 16. Jahrhunderts löste sie sich von der katholischen Kirche.
→ S. 155.

Apokryphen ist die im evangelischen Bereich übliche Bezeichnung für die zusätzlichen Schriften aus biblischer Zeit. Die Bezeichnung stammt aus dem Griechischen und bedeutet »verborgen«. Im katholischen Bereich werden diese Schriften »deuterokanonisch« genannt, griechisch »zweiter Kanon«. Martin Luther sagte zu diesen Schriften: »Sie sind nützlich zu lesen, aber nicht mit der heiligen Schrift gleichzustellen«.
→ S. 182f.

Baptisten bilden die größte evangelische Freikirche in Deutschland und sind mit einem Teil der Brüdergemeinden im Bund Evangelisch-Freikirchlicher Gemeinden organisiert. Weltweit gibt es etwa 43 Mio. Mitglieder. Der Name leitet sich von dem griechischen Begriff für »taufen« ab. Baptisten taufen nur Jugendliche und Erwachsene, die sich bewusst für den Glauben an Jesus entschieden haben.
→ S. 143, 157.

Bar Mizwa bedeutet »Sohn der Pflicht«. Es bezeichnet den Tag, an dem ein jüdischer Junge mit 13 Jahren religiös mündig wird, d. h. alle Rechte und Pflichten eines Erwachsenen hat. Mädchen feiern in der Regel an ihrem 12. Geburtstag ihre Bat Mizwa, »Tochter der Pflicht«.
→ S. 92.

Bethel ist eine Stadt etwa 25 km nördlich von Jerusalem. Der hebräische Name bedeutet »Haus Gottes«. Nach der Reichsteilung wurde sie zum religiösen Zentrum des Nordreichs. Dort stand der Tempel, in dem die Priester für die nordisraelitischen Stämme dienten.
→ S. 133.

Deuteronomium ist der Name für das 5. Buch Mose. Der Begriff ist griechisch und bedeutet »Zweites Gesetz«.
→ S. 138.

Diaspora ist das griechische Wort für »Zerstreuung« und wird zunächst als Bezeichnung für die Juden verwendet, die nach der Zerstörung Jerusalems durch die Babylonier ins Exil verschleppt wurden oder sich an anderen Orten des Mittelmeerraums ansiedelten. Zentrum ihrer »Diaspora-Gemeinden« wurden die Synagogen. Heute wird das Wort meist für religiöse oder konfessionelle Minderheiten gebraucht.
→ S. 134f.

Eden ist ein hebräisches Wort und bedeutet »Lust«, »Freude« oder »fruchtbares Land«.
→ S. 60f., 113.

Eva bedeutet »Mutter der Menschen«.
→ S. 60f., 77.

Exodus ist der lateinische Name für das 2. Buch Mose. Das Wort bedeutet »Auszug«. Das Buch erzählt von der Befreiung der Hebräer aus Ägypten, von ihrem Weg durch die Wüste und vom Bund Gottes mit seinem Volk.
→ S. 38ff., 78.

Genesis ist die griechische Bezeichnung für das 1. Buch Mose. Er bedeutet »Entstehung«, »Entwicklung«. Das Buch umfasst die Urgeschichte und die Geschichten von den Müttern und Vätern des Volkes Israel.
→ S. 24ff., 60ff., 76, 113, 116, 158, 181.

Gleichnisse sind Geschichten, in denen Bilder benutzt werden, um etwas zu verdeutlichen. Jesus erzählte in Gleichnissen vom Reich Gottes.
⇢ S. 84, 102, 108.

Das **Goldene Kalb** begegnet in den antiken Religionen Kanaans – dem Land, das später Israel besiedelte – als Fruchtbarkeitsgottheit und Symbol des Gottes Baal. In Ägypten gab es ein Stierbild, in dessen Hörner eine Sonne eingearbeitet war – vielleicht ein Symbol des Sonnengotts und seiner Kraft.
⇢ S. 126, 129.

Hebräer bedeutet »Fremdlinge« und ist die Bezeichnung der Juden während der Knechtschaft in Ägypten. Nachdem sie das von Gott versprochene Land in Besitz genommen hatten, nannten sie sich Israeliten – nach ihrem Stammvater Jakob, der von Gott den Beinamen Israel erhalten hatte.
⇢ S. 40ff.

Israel hat als Staat seit 70 n. Chr., als die Römer Jerusalem und den Tempel zerstörten, nicht mehr existiert. Seitdem hatten die Juden nicht länger eine politisch-geografische Heimat. Auch aufgrund der Ermordung von 6 Mio. Juden in der Nazizeit kamen viele Juden zu der Überzeugung, den Staat Israel neu zu gründen, damit sie wieder einen eigenen Staat hätten, der sie schützen kann. Diesen Wunsch hat die Weltgemeinschaft in einem Beschluss der Vereinten Nationen am 29. 11. 1947 bekräftigt. Am 14. 5. 1948 ist der Staat Israel neu gegründet worden.
⇢ S. 24, 63, 74, 90ff., 100ff., 116, 124ff., 168, 178.

Jahwe (JHWH) ist der Name des Gottes Israels. Abgeleitet ist er vom hebräischen Wort für »sein«. Er wurde ursprünglich ohne Vokale als JHWH wiedergegeben. Aus Scheu, diesen heiligen Namen auszusprechen, lesen die Juden »Adonaj«. Jahwe wird von den Juden als einziger Gott und ohne Bilder verehrt.
⇢ S. 42, 60, 113.

Der/die **Kantor/Kantorin** hat im Synagogengottesdienst das Amt des Vorsängers und Vorbeters. In einem überlieferten Sprechgesang tragen sie Abschnitte aus der Tora und aus den Propheten vor. Im christlichen Gottesdienst leiten Kantorinnen und Kantoren die Kirchenmusik.
⇢ S. 39.

Karikaturen sind Zeichnungen, mit denen eine Person, ein Ereignis oder eine Sache komisch-übertrieben dargestellt werden.
⇢ S. 88, 156.

Katakomben sind unterirdische Friedhöfe/Gräberstätten. In der Umgebung von Rom dienten sie in der Vergangenheit den Christen wohl auch als Versammlungsorte.
⇢ S. 140, 151.

Katechismus ist ein Lehrbuch, das den Christen wichtige Glaubensaussagen verständlich machen will, z. B. die Gebote, die Taufe, das Abendmahl. Luthers Kleinen Katechismus findet man im evangelischen Gesangbuch.
⇢ S. 113, 115.

Kanon bedeutet im Blick auf die Bibel soviel wie Maßstab, Richtschnur oder Grenze. Es bezeichnet den Umfang der biblischen Bücher, die als Heilige Schrift im Lauf des 2. und 3. Jahrhunderts n. Chr. von der Kirche als für alle Christen verbindlich anerkannt worden sind.
⇢ S. 182f.

Konfession ist der lateinische Begriff für »Bekenntnis«. Unterschiedliche Konfessionen haben sich im Lauf der Zeit in nahezu allen Religionen entwickelt. Man verwendet diese Bezeichnung um deutlich zu machen, dass es auf der Grundlage eines gemeinsamen Glaubens, z. B. des christlichen, unterschiedliche Interpretationen und religiöse Ausdrucksformen gibt, z. B.: katholische, evangelische.
⇢ S. 173.

Die **Makkabäer** sind eine jüdische Herrscher-Familie, die nach dem jüdischen Freiheitskämpfer Judas Makkabäus, hebräisch »Hammer«, benannt ist, dem es um 160 v. Chr. durch einen

Aufstand gelang, für Israel die Freiheit gegenüber der griechischen Oberhoheit zurück zu gewinnen. Höhepunkt war die Neueinweihung des Tempels in Jerusalem im Jahre 164 v. Chr. Zum Andenken an dieses Ereignis feiern Juden bis heute das »Chanukka-Fest«.
⇢ S. 179.

Messias ist hebräisch und bedeutet »der Gesalbte«, griechisch heißt es »Christos«. Die Juden erwarten ihn als königlichen Retter und Friedensbringer, für Christen hat sich in Jesus diese Hoffnung erfüllt.
⇢ S. 92f., 100ff., 130, 183.

Numeri ist der lateinische Name für das 4. Buch Mose. Er bedeutet »Zahlen« und bezieht sich auf die von Gott angeordnete Volkszählung in Kapitel 1 bis 4. Das Buch beschreibt u. a. die Ordnungen des Lebens mit Gott während der Zeit der Wüstenwanderung.
⇢ S. 30.

Die **orthodoxen Kirchen** (übersetzt: »rechtgläubige Kirchen«) nennen sich die christlichen Kirchen in Ost- und Südosteuropa. Sie sind nach der katholischen und den evangelischen Kirchen die drittgrößte christliche Glaubensgemeinschaft.
⇢ S. 155, 162, 173.

Papyrus ist das Material, aus dem antike Schriftrollen bestanden. Aus der Papyrus-Staude, einer heute selten gewordenen Schilfart, wurden diese Schriftrollen hergestellt, auf denen die meisten Texte der Antike geschrieben worden sind.
⇢ S. 40, 180.

Das **Passahfest** (Pessach) ist ein jüdisches Fest, das an die Befreiung des Volkes Israel aus der Sklaverei in Ägypten erinnert.
⇢ S. 45, 92, 104, 116.

Pentateuch ist die griechische Bezeichnung für die fünf Bücher Mose. Die griechischen Worte »penta« bedeuten »fünf« bzw. »teuchos« »Gefäß, Krug«. Während im Jüdischen Kanon die fünf Bücher als Tora nach den Anfangsworten benannt sind (z. B. »Am Anfang«), werden sie im Pentateuch nach den wichtigsten Inhalten benannt: Genesis – Schöpfung; Exodus – Auszug; Leviticus – Ordnung der Leviten; Numeri – Zahlen; Deuteronomium – Zweites Gesetz.
⇢ S. 181.

Philister sind ein Volk, das etwa 1000 v. Chr. aus Europa über das Mittelmeer kam und sich in der Küstenebene, die Israel vorgelagert ist, niederließ. Noch heute hat das Gebiet einen besonderen Charakter: den Gaza-Streifen. Die Philister waren offensichtlich kräftig gebaut und waffentechnisch den Israeliten weit überlegen.
⇢ S. 130.

Psalmen sind Lieder im Alten Testament, die im Sprechgesang vorgetragen und von Saiteninstrumenten begleitet wurden. In der Bibel gibt es 150 solcher Gebetslieder, in denen die Beter Gott bekennen und loben, um Hilfe bitten und ihm Klagen vortragen.
⇢ S. 8, 21, 29, 67, 134, 160, 174.

Reich Gottes meint eine Welt, in der es so zugeht, wie Gott es will. Jesus erzählte davon immer wieder in Gleichnissen. Ein anderer Begriff dafür ist Himmelreich; er meint aber dasselbe.
⇢ S. 95f., 102ff., 136f.

Sabbat (Schabbat) ist der Ruhetag der Juden. Er beginnt am Freitagabend und endet am Samstagabend.
⇢ S. 50, 92, 97, 160f.

Sakrament ist eine Handlung, die Jesus der Kirche aufgetragen hat. Durch Zeichen und Symbole sollen Menschen erfahren, dass Gott sie liebt. Taufe und Abendmahl sind die beiden Sakramente der evangelischen Kirche; die katholische Kirche kennt dagegen sieben Sakramente.
⇢ S. 143, S. 145.

Septuaginta ist die Bezeichnung für die griechische Übersetzung und Zusammenstellung der

in Hebräisch verfassten Bücher des Alten Testaments und einiger zusätzlicher Schriften, etwa um das Jahr 200 v. Chr. Diese zusätzlichen Schriften wurden später nicht in den jüdischen, wohl aber in den kirchlichen Kanon aufgenommen.Das lateinische Wort bedeutet »Siebzig« und kommt daher, dass 72 Gelehrte diese Übersetzung in 72 Tagen erarbeitet haben sollen.
··→ S. 182.

Synagoge ist ein Gebäude, in dem sich Juden versammeln, um zu beten, zu lernen und um am Sabbat Gottesdienst zu feiern.
··→ S. 92, 96f., 100, 128, 135, 144,161, 173.

Tora bedeutet »Weisung« oder »Belehrung«. Sie ist die jüdische Bezeichnung der Schriftrolle mit den fünf Büchern Mose. Darin stehen neben vielen Erzählungen alle göttlichen Gebote und Verbote, an die sich Juden halten.
··→ S. 84, 92, 100, 108, 144, 160.

Visionen sind Erscheinungen. Die Bibel erzählt von vielen Visionen, in denen sich Gott den Menschen zeigt. Sie geschehen manchmal auch in Träumen.
··→ S. 148, 167, 189.

Text- und Bildquellenverzeichnis

Textquellen

Die nicht namentlich gezeichneten Texte stammen von den Verfassern des Bandes. Soweit nicht anders vermerkt, sind die zitierten Bibeltexte aus der 1984 revidierten Lutherbibel entnommen: Ev. Kirche in Deutschland (Hrsg.): Bibeltext in der revidierten Fassung von 1984, Stuttgart: Deutsche Bibelgesellschaft 2006.

19 Faehling, E.: Schutzengel (gekürzt). Aus: Faehling, E., Fischer, M.: Himmel über'm Asphalt. Motorrad Gottesdienst Hamburg. Neumünster: Wachholtz Verlag 2008, S. 96.
25 Lied »Segne uns mit der Weite des Himmels«. Detlef Jöcker (Text und Melodie): Menschenkinder-Verlag.
26 »Abram und Sarai«. Aus: Zitelmann, A.: Abram und Sarai. Nachwort. Weinheim/Basel: Beltz 1993, S. 231.
29 »Engeltage«. Aus: Seidel, U.: Das kleine Engelbuch. Düsseldorf: tvd 1996, S. 11.
34 Fraas, H.-J., May, H.: Am Anfang des Lebens. Frankfurt/M.: Diesterweg 1977, S. 29f.
36 Schimmel, Annemarie: Dein Wille geschehe. Die schönsten islamischen Gebete, Kandern: Spohr-Verlag, ^{5}2004, S. 64.
44 Lied »When Israel was in Egypt's land«. Aus: Die Mundorgel. Köln: Mundorgel ^{3}1968, Nr. 269.
46 »Das Siegeslied«. Aus: bin Gorion, M. J.: Sagen der Juden zur Bibel. Frankfurt/M.: Insel ^{11}1999, S. 222.
49 Mitscha-Eibl, Claudia (Text u. Musik): Mirjam schlug auf die Pauke. Aus: Evangelische Kirche im Rheinland; Evangelische Kirche von Westfalen, Lippische Landeskirche (Hrsg.): Evangelisches Gesangbuch. Gütersloh/Bielefeld/Neukirchen-Vluyn: Gütersloher/Luther/Neukirchener 1996, Nr. 680.
52 Text nach Exodus 3,14. Aus: Mirjams Mose, 1991. Text: Schall-Team. Musik: Peter Janssens. Alle Rechte im Peter Janssens Musik Verlag, Telgte-Westfalen.
58 Westdeutsche Zeitung (verändert und gekürzt). Giradet-Verlag 23. 08. 1993ff.
60 »Der Garten Eden«. Aus: Hans Heller, Hans Biesenbach (Hrsg.): Die Nacht leuchtet wie der Tag. Frankfurt/M.: Diesterweg ^{2}1993, S. 5ff.
62/63 »Im Anfang« Aus: Hans Heller, Hans Biesenbach (Hrsg.): Die Nacht leuchtet wie der Tag. Frankfurt/M.: Diesterweg ^{2}1993, S. 5ff.
64 »Enuma Elisch«. Aus: Steinwede, D.: Sachbilderbücher zur Bibel, Serie 1. Lahr/Düsseldorf: Kaufmann/Patmos 1978, S. 28.
66 »Der fünfte Tag«. Aus: Bücken, E. (Hrsg.): In und mit der Natur. Gelnhausen/Berlin: Burkhardhaus/Laetare 1983, S. 152f.
66 Lied »Morning has broken«. Eleanor Farjeon/gälisches Volkslied vor 1900.
67 Kordon, K.: Ich bin ein Wunder. Aus: Gelberg, H.-J. (Hrsg.): Das achte Weltwunder. Weinheim/Basel: Beltz 1979.
67 Krenzer, R.: Wasser. Aus: Steinwede, D. (Hrsg.): Neues Vorlesebuch Religion. Lahr: Kaufmann 1996, S. 228.
68 Steinwede, D. (Hrsg.): Neues Vorlesebuch Religion. Lahr: Kaufmann 1996, Dia 24.
68 Seidel, U.: Verpflichtung. Aus: Blum, M., Seidel, U.: Das kleine Engelbuch. Düsseldorf: tvd 1996, S. 124.
69 Kanon. Aus: Musall, P. (Hrsg.): Gottes Schöpfung – uns anvertraut. Offenbach/M. 1986, S. 154.
74 Franz von Assisi: Sonnengesang. Aus: Mack, R., Volpert, D.: Die Bibel. Stuttgart: Calwer 1998, S. 42.
82 Defoe, D.: Robinson Crusoe (gekürzt). Bindlach: Loewes 1992, S. 88ff.
83 Aus: Arbeitshilfe für den RU an Gymnasien (verändert). Hrsg. v. d. Gymnasialpäd. Arbeitsstelle d. Ev.-luth. Kirche in Bayern. Erlangen 1998.
86/87 »Es ist Heiligabend und ich gehöre nicht dazu«. Aus: Berber-Brief, 2. Jg., Nr. 6. Zit. n.: Gerling, A., Klie, Th.: Wohnungslos – Aspekte der Neuen Armut. Arbeitshilfen BBS 15. Loccum: RPI 1992, S. 75.
102 Das Gleichnis vom Festmahl Lk 14,16b–24. Aus: Die Bibel – Einheitsübersetzung.
Im Auftrag der Bischöfe Deutschlands, Österreichs, der Schweiz, des Bischofs von Luxemburg, des Bischofs von Lüttich, des Bischofs von Bozen-Brixen. Für NT und Psalmen auch im Auftrag des Rates der EKD und des Ev. Bibelwerks in der BRD. Stuttgart: Herder Katholische Bibelanstalt GmbH 1985.

113 »Kains Brudermord«. Aus: Hans Heller, Hans Biesenbach (Hrsg.): Die Nacht leuchtet wie der Tag. Bibel für junge Leute. Frankfurt/M.: Diesterweg [2]1994, S. 14.
113 Martin Luther: Der große Katechismus. Aus: Die Bekenntnisschriften der Evangelisch-Lutherischen Kirche, hrsg. im Gedenkjahr der Augsburgischen Konfession 1930, Göttingen: Vandenhoeck & Ruprecht [3]1956, S. 608.
114 »Das tapfere Schneiderlein«. Aus: Brüder Grimm: Hausmärchen, Bd. 1. Stuttgart: Reclam 1984, S. 133f.
115 Martin Luther: Der große Katechismus. Aus: Die Bekenntnisschriften der Evangelisch-Lutherischen Kirche, hrsg. im Gedenkjahr der Augsburgischen Konfession 1930, Göttingen: Vandenhoeck & Ruprecht [3]1956, S. 632f.
134 »Psalm 137«. Aus: Hamp, V., Stenzel, M., Kürzinger, J.: Die Heilige Schrift. Himberg b. Wien: Gondrom 1984, S. 705.
146 Kugler, G. (T), Janssens, P. (M): Feuer, das nicht ... Aus: Wann wird es Recht und Frieden regnen? Telgte/Westfalen: Peter Janssen Musik Verlag.
152 »Das ist das Zeichen«. Bodenstein, W.: Was Christen im römischen Reich erlebten (verändert). Frankfurt/M.: Diesterweg 1981, S. 59.
154 »Besonders die Kerze ...«. Aus: Kirchhoff, I.: Meine Religion – deine Religion. Loccum: RPI Verlag 1996.
155 Lied »Wo zwei oder drei ...« © Jesusbruderschaft Gnadenthal, Hünfelden 1972.
159 Der Koran. Adel Theodor Khoury (Übersetzung) unter Mitwirkung von Muhammad Salim Abdullah. Gütersloh: Gütersloher Verlagshaus Gert Mohn [2]1992.
160 Eli Bar-Chen, Heike Specht, Warum der Schabbat schon am Freitag beginnt (gekürzt). Die Kinder-Uni reist in die Welt des Judentums, München: DVA Sachbuch 2007, S. 45ff.
161 Lied »Mache dich auf...« © Jesusbruderschaft Gnadenthal, Hünfelden.
164 »Ihr sollt nur zu Allah beten«. Islam für Kinder (gekürzt), Hrsg. v. Haus d. Islam. Lützelbach: Haus des Islam 1983, S. 29ff.
165 »Die Vergeltung«. Aus: Annemarie Schimmel: Orientalische Dichtung in der Übersetzung von Friedrich Rückerts. Bremen: Carl Schünemann Verlag 1963.
166 v. Denffer, A.: Das Zuckerfest. Aus: Islam für Kinder. Hrsg. v. Haus d. Islam. Lützelbach: Haus des Islam 1983, S. 111ff.
170/171 Aus: Ben Jelloun, T.: Papa, was ist eine Fremder (gekürzt). Berlin: Rowohlt 1999, S. 9f., 44, 47.
173 Der Koran. Adel Theodor Khoury (Übersetzung) unter Mitwirkung von Muhammad Salim Abdullah. Gütersloh: Gütersloher Verlagshaus Gert Mohn [2]1992.

Bildquellen

Titelbild Foto: Christian Dufoort (l.), Dorothee Krämer „Unmögliches", www. ejw-buch.de, Foto: E. Walford (M.), Foto: L. Golobitsh (r.); Hintergrund: Getti Images
U3 NASA

8/9 Foto: Stephan Röhl, Berlin;
10/11 Collage: Katrin Marenbach „Der Spaziergang". Mit freundlicher Genehmigung der Künstlerin;
13 Pieter Brueghel „Das Schlaraffenland". Alte Pinakothek/Artothek/Foto: Bayer & Mitko (o.), Ferdinand Léger „Die Bauarbeiter". akg-images/© VG Bild-Kunst, Bonn 2009;
14/15 Ocean-Films, Prokino;
17 aus: Welt am Sonntag, 21. 11. 1999;
18 M. Kersten-Klocke, Hameln;
19 MOGO Hamburg – in der Nordelbischen Kirche e.V.;
20 Illustrationen: Roland Beier;
21 Raffael „Ein Engel". The Asmolean Museum of Art and Archaeology;
22/23 Foto: UNICEF/R. Haviv, www.unicef.de;
23 u. Foto: David Sünderhauf, www.unicef.de;
24 Illustration: Hans Wunderlich (o.); © 2009 Bridgeman Art Library (u.);
25 Marc Chagall „Abraham und Sara". bpk/RMN/Gerard Blot/© VG Bild-Kunst, Bonn 2009;
26 CORBIS;
27 Alexej von Jawlensky „Stilles Leuchten". Saarland-Museum, Saarbrücken/© VG Bild-Kunst, Bonn 2009;
28 Francesco dei Franceschi. akg-images/Electa;
31 Jan Provost „Abraham, Sara und der Engel". bpk/RMN/Franck Raux;
32/33 Foto: Musa Sadulajew, Bangladesh;
33 u. Foto: GMB Akash, Bangladesh;
35 Heinrich Müller „Im Stillen und Kleinen das Leben entdecken". Hanna Neubauer: Heinrich Müller, Im Stillen und Kleinen das Leben entdecken, Landshut: RPA;
36/37 Foto: Stephan Röhl, Berlin;
38/39 aus: Biblia Hebraica Stuttgartensia, Deutsche Bibelgesellschaft Stuttgart, 1983;
38 aus: Die Bibel nach der Übersetzung Martin Luthers, Deutsche Bibelgesellschaft (o.), aus: Bildersatz zu KU-Praxis, 26., Gütersloher Verlagshaus, Gütersloh 1989;
39 VISUM/Dirk Vogel (l. u.), Version/Herby Sachs (r. u.);
40 aus: J. Putnam/G. Brightling/P. Hayman, Pyramiden. Von den ägyptischen Königsgräbern bis zu den Tempelpyramiden des alten Mexiko, Hildesheim 1998;
41 Keith Haring „Die zehn Gebote". Museum Fridericianum, Kassel;
43 aus: M. Zohary, Pflanzen der Bibel, Calwer, Stuttgart 1983 (o.), aus: L. Bechstein, Kinder- und Zaubermärchen, dtv, München 1984 (u.);
45 T. Leningrad, Haggadah, 1993;
47 Ellen Schmerbach „Hoffnung-Hoffnungslos". Aus: K.-Chr. Epting/P. Gräb, Gerechtigkeit, Frieden, Bewahrung der Schöpfung, Thoma, Karlsruhe 1990;
48 Marc Chagall „Das Danklied von Mirjam und den Frauen". Aus: M. Zohary, © VG Bild-Kunst, Bonn 2009;
50 www.Claushallmann.de;
51 Foto: V. Mette, Bielefeld;
52 VISUM/Marion Losse;
53 ullstein bild – Norbert Michalke;
54/55 © Bildagentur Huber;
56 Zeichnung: Roland P. Litzenburger;
57 Andre Seale/SplashdownDirect/Splashdown/images.de;
58/59 Illustrationen: Roland Beier;
60 aus: H. Biedermann, Knaurs Lexikon der Symbole, Droemer Knaur, München 1989;
63/65 Illustrationen: Hans Wunderlich;
66 Illustrationen: Roland Beier;
67 Illustration: Jackie Morris (aus: A. Ganeri/J. Morris, Unter dem weiten Regenbogen, Katholisches Bibelwerk, Stuttgart 1997;
68 VISUM/Ralf Niemzig;
69 A1 PIX/AAA;
70/71 Illustrationen: Roland Beier;
72/73 Zeichnung: P. Spier (aus: P. Spier, Menschen, Thienemanns, Stuttgart 1981;
74 aus: Bilderwelten und Weltbilder der Pharaonen. Mainz: von Zabern 1995. Tafel LIX;
75 picture-alliance/allOver;
76/77 Artothek/Foto: J. S. Martin;
78 Ojo Image/F1online;
79 t. pfannenberg/jump Fotoagentur;
81 Edward Munch „Der Mörder in der Allee". Munch-Museum, Oslo/© The Munch Museum/The Munch Ellingsen Group/VG Bild-Kunst, Bonn 2009;
83 VISUM/The Image Works;
85 Vincent van Gogh „Der gute Samariter". Rijksmuseum, Otterlo;
86 Caro/Waechter;
87 vario images;
88/89 Karikaturen: Roland Beier;
90/91 Illustration: Hans Wunderlich;
90 Schapowalow/Huber (o.), Foto: Vidler (u.);
92 Lippo Memmi nachweisbar 1317/47. »Der Apostel Petrus«. Auf Holz. Ereignisjahr: 1330, Standort: Musée du Louvre;
93 akg-images/Nimatallah;
94 Jacopo und Lorenzo Salimbene „Taufe Jesu". Sonia Halliday Photographs (Polly Buston);
95 VISUM/Serge/Flash90;
96 © Richard T. Nowitz/CORBIS;
97 Dorothee Krämer „Unmögliches". www.ejw-buch.de;
98/99 Patmos Verlag, Düsseldorf;
100 Illustrationen: Hans Wunderlich;
103 Foto: Stephan Röhl, Berlin;
105 Liudvikas Natalevicius. „Ohne Titel". Mit freundlicher Genehmigung des Künstlers;
106 Mark Rothko „Ohne Titel". akg-images/© Kate Rothko – Prizel & Christopher Rothko/VG Bild-Kunst, Bonn 2009;
107 Mark Rothko „Nr. 12". akg-images/© Kate Rothko – Prizel & Christopher Rothko/VG Bild-Kunst, Bonn 2009;
108/109 Illustrationen: Hans Wunderlich;
110/111 Katrin Marenbach „Herr Roth und Herr Regen", 1993. Mit freundlicher Genehmigung der Künstlerin;
112 Foto:V. Mette;
114 akg-images/Erich Lessing;
116 Foto: L. Golobitsh, Bonn;
117 Illustration: Hans Wunderlich;
118/119 Katrin Marenbach, 2009. Mit freundlicher Genehmigung der Künstlerin;

120 Cornelis Cornelisz van Haarlem „Der Sündenfall". Rijksmuseum, Amsterdam;
122 die bildstelle/REX FEATURES;
124/125 Illustration: Hans Wunderlich;
128 aus: P. L. Maier, Josephus. Ein Zeuge aus der Zeit Jesu berichtet, Hänssler, Neuhausen 1994 (o.), Zeichnung: P. Knorr, Nierstein (M.);
129 aus: M. Braybrooke/J. Harpur, Der große Bibelatlas, Pattloch, Augsburg 1998;
131 aus: M. Braybrooke/J. Harpur, Der große Bibelatlas, Pattloch, Augsburg 1998;
132 Illustration: Hans Wunderlich;
134/135 aus: Erica C. D. Hunter, Das Buch vom Alten Orient, Arena-Verlag, Würzburg 1994;
136 Photo Scala, Florenz;
138 Illustration: Hans Wunderlich;
139 aus: Die ersten Jahrzehnte, Bibelanstalt Altenburg, 1990, Tafel 16;
140/141 Photo Scala, Florenz;
143 Bildarchiv J. Zink, Stuttgart;
145 Dietmar Gust;
146 Illustrationen: Hans Wunderlich;
147 Wallraf-Richartz-Museum/© Rheinisches Bildarchiv, Köln;
149 akg-images/Suzanne Held;
151 Photo Scala, Florenz (o.), Foto: Pontificia Commissione de Archeologia Cristiana, Rom;
153 Karlheinz Oster (o.), Zeichnung: R. Berger (u.);
155 Foto: Klaus Israel (o.);
156 Calwer Verlag/Werner Tiki Küstenmacher;
157 Illustration: Hans Wunderlich; Luther-Logo: Stiftung Luthergedenkstätten in Sachsen-Anhalt;
158 „Verheißung an Abraham". Österreichische Nationalbibliothek, Wien;
161 picture-alliance/dpa/© dpa-Report;
163 Museo Socro, Vatikan;
165 aus: B. Johansen/F. Steppat, Der Islam und die Muslime, hrsg. von der Ausländerbeauftragten des Senats von Berlin, 1995 (o.), TerraVista/LOOK-foto (u.);
166 Senf, D. Jugendhandbuch Weltreligionen. Gießen: Brunnen 1997, S. 9;
167 Topkapi Saraji Museum, Istanbul;
169 epd-bild;
170/171 Illustrationen: V. C. Case;
172 Illustration: Hans Wunderlich;
173 Ökumenische Centrale Frankfurt am Main, Arbeitsgemeinschaft Christlicher Kirchen in Deutschland;
174 Illusionsbild von T. Baccei (o.), Foto: B. Böttge (l. o.), epd-bild/H. Kaiser (M. l.), akg-images (u. l.);
175 Dan Porges/Peter Arnold (r.), aus: O. Alberti, Jerusalem und seine große Zeit, Arena, Würzburg 1986 (r. u.), Pädagogisch Theologisches Institut Kassel (u. l.);
176 Deutsche Bibelgesellschaft, Stuttgart (o.), Illusionsbild von T. Baccei (u.);
177 Foto: B. Böttge (o.);
178 Illustrationen: Hans Wunderlich;
179 © Astrofoto (o.), aus: Gerhard Kroll, Auf den Spuren Jesu, St. Benno, Leipzig 1988 (u.);
180 Dan Porges/Peter Arnold (o. l.), aus: P. Conolly, Das Leben zur Zeit des Jesus von Nazareth, Tessloff, Nürnberg 1984 (o. r.), aus: O. Alberti, Jerusalem und seine große Zeit, Arena, Würzburg 1986 (M.), Katechetisches Institut, Zürich (u. r.);
181 Deutsche Bibelgesellschaft, Stuttgart (o.), Württembergische Bibelanstalt (u.);
182/183 Illustration: Hans Wunderlich;
185 Bernhard Böttge;
186 epd-bild/Foto: H. Kaiser (o. l.), akg-images (o. r.), Pädagogisch Theologisches Institut, Kassel (u. l.), Foto: H. Krüger (u. r.);
187 GEPA – The Fairtrade Company;
188 Foto: Bernhard Böttge;
189 Foto: B. Böttge, Computeranimation von M. Schwarten unter Verwendung von: Wahre Dreiheit in der wahren Einheit. Aus: C. Bonn, Im Herzen der Schöpfung, Pattloch, Augsburg 1997;
190 Helga Lade Fotoagentur;
191 Deutsche Bibelgesellschaft, Stuttgart.

Alle nicht aufgeführten Bilder entstammen dem Archiv des Verlags.

Redaktion:
Dr. Sabine Schröder
in Verbindung mit der Verlagsredaktion
Bildassistenz: Susanne Scheffer, Dagmar Schmidt

Illustrationen:
Roland Beier, Hans Wunderlich

Umschlag:
Ellen Meister unter Verwendung u.a. einer Illustration von
Dorothee Krämer („Unmöglich")

Layoutkonzept und technische Umsetzung:
Dieter Wendland

Dieses Werk berücksichtigt die Regeln der reformierten Rechtschreibung und Zeichensetzung. Ausnahmen bilden Originaltexte, bei denen lizenzrechtliche Gründe einer Änderung entgegenstehen.

1. Auflage, 1. Druck 2010

Alle Drucke dieser Auflage sind inhaltlich unverändert und können im Unterricht nebeneinander verwendet werden.

Druck: CS-Druck CornelsenStürtz, Berlin

ISBN 978-3-06-120147-0

Inhalt gedruckt auf säurefreiem Papier aus nachhaltiger Forstwirtschaft.